성인 자녀와의 "관계"에서 성공하는 법

부모이길
포기하지 말라

짐 뉴하이저 & 엘리제 핏츠패트릭 지음
이영란 & 신보경 옮김

개혁주의신학사

Presbyterian and Reformed Publishing

P&R(Presbyterian and Reformed Publishing Company)은
미국 뉴저지 주에 소재한 기독교 출판사로서
웨스트민스터 신앙고백서와 요리문답에 기초하여
성경적인 이해와 경건한 삶을 증진시키는
탁월한 도서들을 출판하고 있습니다.
P&R Korea(개혁주의신학사)는
P&R과 CLC가 공동으로 운영하는 출판사로서
P&R의 도서를 우선적으로 번역출판하고 있습니다.

You Never Stop Being a Parent

by

Jim Newheiser & Elyse Fitzpatrick

translated by

Young Ran Lee & Bo Kyung Shin

Copyright © 2010 by Jim Newheiser and Elyse Fitzpatrick
Originally published in English under the title as
You Never Stop Being a Parent
by Jim Newheiser and Elyse Fitzpatrick
Translated and used by the permission of
P&R Publishing Company, P. O. Box 817
Phillipsburg, New Jersey 08865-0817.

All rights reserved.

Korean Edition
Copyright © 2012 by Presbyterian and Reformed Publishing Company
Seoul, Korea

목차

추천사 6
서론 13

1장_ 벌써 그때가 되었나? 23
2장_ 대문 밖을 나서기 전에 45
3장_ 부모는 "잘 가라", 자녀는 "다녀왔습니다" 69
4장_ 하나님을 기쁘시게 하는 일을 반기자 89
5장_ "얼마든지 집에 있어도 좋다. 하지만…" 107
6장_ "고맙습니다. 같이 살아요. 하지만…" 127
7장_ 부모의 집이 자녀의 임시 거처여야 하는가? 153
8장_ 돈이라는 미로를 현명하게 빠져나가라 177
9장_ 결혼: 우리의 꿈, 자녀의 꿈 199
10장_ 부모의 새로운 계산법: 빼는 것이 곧 더하는 것이다 223

결론_ 부모이길 포기할 수 없으니 아픔이 따르는 것이다 243
부록 A_ 며느리 또는 사위와의 갈등을 해결하는 방법 250
부록 B_ 뒤바뀐 역할: 부모를 돌보는 자녀 257
부록 C_ 역사상 최고의 뉴스 264
부록 D_ 성인 자녀와 맺을 수 있는 계약서 샘플 274
참고자료 278

추천사

랜스 퀸 | 리틀 록 Bible Church 목사

저자는 『부모이길 포기하지 말라』에서 그리스도의 몸인 교회에 훌륭한 보물을 선사하였다. 아마도 이 책에 버금가는 양육관에 관한 기독교 서적은 또 없을 것이다. 저자는 이 책에서 말하고 있는 원칙을 충실한 성경적 바탕으로 제시하고 있다. 저자 또한 부모이며 지금은 집을 떠난 성인 자녀를 두고 있다. 이 책은 성인 자녀와 지속적으로 경건한 관계를 가지기 위해 애쓰는 부모에게 직접적이고 신중한 권면을 한다. 부모이자 상담가이기도 한 저자 짐과 엘리제는 많은 부모에게 귀중한 도움을 제공한다. 현재 성인 자녀와 갈등을 겪고 있는 부모 또는 좋은 관계를 갖고 있는 모든 부모에게 이 책이 많은 격려가 되길 바란다.

마르다 피스 | 『나는 현숙한 아내이고 싶다』(*The Excellent Wife and Damsels in Distress*) 저자

저자는 성인 자녀를 둔 부모를 돕기 위해 성경적 원칙에 근거한 매우 실용적인 책 한 권을 소개한다. 이 책은 흥미로운 문체와 지혜로운 조언으로 가득하다. 우리 맏아이가 결혼하기 전에 읽었으면 얼마나 좋았을까 생각해본다!

브라이언 보그만 | 네바다 민덴 Grace Community Church 목사

저자는 그리스도 중심적, 성경적, 실제적 지혜를 주는 책을 성도들에게 소개한다. 상담가이면서 동시에 부모로서 풍부한 경험을 갖고 있는 저자의 글은 매우 흥미롭다. 자녀양육에 관한 도서는 끝없이 출판되겠지만, 소홀해지고 있는 부모와 "성인" 자녀의 관계를 다루는 책으로서 이 책은 독특한 공헌을 한다. 나도 상담을 하는 목사로서, 성인 자녀를 둔 부모로서 이 책이 나온 것에 대해 감사한다. 이 책을 교인들에게 나누어줘서 목회에 활용할 것이다.

브래드 비그니 | 켄터키 플로렌스 Grace Fellowship Church 수석목사

'부모가 성인 자녀와 어떤 관계를 유지하여야 하는가' 하는 문제는 잠재적인 갈등을 가지고 있는 지뢰밭이 되었다. 성인 자녀는 성인의 자유는 누리고 싶어하면서 독립하기 위해 필요한 희생을 치르는 것은 싫어한다. 이런 상황에서 앞치마 끈을 어떻게 자를 것인가? 사랑은 무엇을 요구하는가? 하나님은 어떤 기대

를 하시고 계신가? 언제, 어디서, 얼마나, 언제까지 자녀를 도와주어야 하는지에 대한 혼란스러움을 부모는 어떻게 해결할 것인가? 저자는 개인적인 경험과 오랜 상담 경험을 토대로 그리고 겸손한 마음으로 자녀양육 중 겪게 되는 많은 문제의 해답을 성경에서 찾는 방법을 제공한다. 이 책은 간단명료하게 쉬운 해답을 제공하는 것이 아니라 하나님 앞에서 겸손과 은혜로 살아가는 것에 대한 실제적인 단계를 설명한다. 현재 성인기로 접어들고 있는 다섯 자녀를 둔 부모로서, 나는 이 책으로부터 많은 격려와 힘을 얻었다. 나는 이 책을 반복하여 읽으면서, 주위에 경건한 조언을 구하는 부모와 함께 내용을 나눌 것이다. 이 책은 더 이상 어린아이는 아니지만 언제까지나 "자녀"로 남아있을 성인 자녀와 소통하는 혼란스러운 시기를 극복하도록 도울 것이다.

스튜어트 스콧 | National Center of Biblical Counseling 수석위원

부모로서 인생의 후반기는 매우 어려운 시기가 될 수 있다. 그러나 이 책에서 당신은 가야할 방향과 공감되는 이야기 그리고 희망을 얻을 수 있을 것이다. 독자는 저자가 우리와 같이 삶 속의 고통을 겪는 죄인이자 형제와 자매의 입장에서 글을 썼다는 것을 쉽게 간파할 수 있을 것이다. 이러한 겸손한 시각에서 이 책은 몇 가지 "뜨거운" 이슈(연애, 부모의 권한, 며느리와 사위, 조부모 등)를 성경적으로 다룬다. 독자가 그 원칙을 실제 생활에 쉽게 적용할 수 있도록 저자는 현실적인 이야기와 실제적인 대안을 소개한다. 저자는 부모의 마음과 반응 그리고 부부간의 결속에 우선순위를

두는 관계의 중요성을 강조한다. 사랑, 신실, 용기, 자녀의 문제를 하나님께 드리는 신뢰의 근본적인 의미를 제시하고 독자로 하여금 그리스도의 인격과 크리스천이 가지고 있는 모든 자원, 즉 성령, 말씀, 교회 등으로 시선을 돌리도록 도와준다. 이 책의 뒷부분에 수록된 부록은 부모와 성인 자녀 사이의 갈등 해결 방법과 샘플 계약서와 같이 실제적인 도움을 주는 자료다. 이 책은 모든 부모가 소장하고 읽어야 할 만한 가치가 있다.

에드워드 T. 웰치 | Christian Counseling and Educational Foundation
상담학 과장

시기적절한 책이다. 성인 자녀를 가진 부모로부터 끊임없는 질문들이 쏟아지고 있는 이때에, 확실한 성경적 내용을 부모의 손에 쥐어줄 수 있게 되었다. 그리고 내용이 알찬 책이다. "그럼…이제 어떻게 되는 거지?"라는 생각이 들 때마다, 현명한 설명으로 나를 인도한다. 매우 고마운 책이다.

웨인 맥 | 남아프리카공화국 프레토리아 케이프타운
Grace School of Ministry 성경적 상담학 교수

나는 많은 부모들을 만나게 되는데, 그들 중에는 자신의 기독교 신앙과 가치의 기준을 우습게 보는 성인 자녀를 다루는 법에 대한 조언자를 찾고 있다. 이 책은 그들에게 큰 도움이 될 것이다. 어두운 골짜기를 지날 때 하나님을 가장 영화롭게 하면서 실질적으로 도움이 되는 방법을 부모에게 알려주는 분명한 가이드

라인을 제공함과 더불어 성경에 근거하여 이 책을 써준 것에 대해 짐과 엘리제에게 감사한다. 하나님께서 이 책을 사용하셔서 어려운 상황에 있는 부모들에게 용기를 주시고 모든 일에 하나님께로 향하는 길을 더욱더 명확하게 가리켜 주는 데 이 책이 도움이 되길 바란다.

존 스트리트 | Master's College and Seminary
성경적 상담학 대학원 석사과정 학장

이 책은 가슴앓이를 하고 있는 부모들을 위한 탁월한 책이다. 많은 부모가 마음에 와 닿는 말을 해주는 확실하고 성경적인 해답을 원하고 있다. 이 책은 단순히 자녀양육 테크닉이나 행동 교정에 관한 책이 아니고 부모를 십자가 밑으로 데리고 가서 부모의 마음과 부모로서의 행적을 솔직하게 돌아보게 한다. 또한 이 책은 자녀양육의 이론만 제시한 책이 아니라, 부모로서 그리고 상담가로서 쌓은 수년간의 경험을 바탕으로 쓴 책이다. 만약 당신이 현재 고전(苦戰)을 벌이고 있는 부모라면, 이 책은 당신이 부모 역할을 성경적으로 이해할 수 있도록 새로운 희망을 가져다 줄 것이다.

테드 트립 | 『자녀의 마음을 보살펴주자』
(Shepherding a Child's Heart) 저자

자녀양육이라는 주제에 대해서 강의할 때마다 나는 청소년기에서 성인기로 넘어가는 과정 가운데 일어나는 문제에 관해 많은

질문을 받는다. 이 책은 이런 질문들을 명쾌하고 지혜로운 성경적 통찰력으로 대답한다. 또한 부모가 성인 자녀를 상대할 때 일어나는 문제에 대해 좀 더 명확한 시각으로 바라볼 수 있도록 도와줄 것이다. 이 책이 제공하는 해답은 뚜렷하고 실질적이면서 희망 가득하고 복음적이다. 나는 이 책을 대량으로 구입해서 많은 이에게 추천할 것이다.

캐롤 루볼로 | 『다른 복음은 없다』(No Other Gospel),
『하나님 보좌 앞에서』(Before the Throne of God) 저자

성인(또는 성인기에 접어드는) 자녀를 가진 부모를 위한 지혜로우면서도 연민이 담긴 조언으로 이 책은 많은 이에게 필요한 상담책이다. 짐과 엘리제는 하나님의 주권 안에서 행하는 성경적 자녀양육에 필요한 요소를 상세하게 설명한다. 현재 도서 시장에 이런 책은 또 없을 것이다. 살아있는 동안 자녀에게 올바른 영향을 끼치기를 진실로 소원하는 모든 이에게 이 책을 강력하게 추천하는 바이다.

서론

    몇 해 전 필자는 어린이 훈육에 관한 설교를 하면서 결론 부분에서 자녀양육에 대한 부모의 책임은 자녀가 성인이 될 때 마침내 종결된다고 했다. 예배를 마친 후, 오랜 친구인 엘머(Elmer)가 내 어깨 위로 슬며시 손을 올리며 미소를 지었다. 그리고서는 이렇게 말했다.

    "짐, 부모 역할에는 결코 끝이라는 것이 없다네."

    그때 엘머의 말이 내 인생에서 얼마나 명료한 진리가 될 것인지 당시의 나는 생각지도 못했다.

    당시 자녀들이 아직 어린아이였던 나에게 엘머의 말은 많은 생각을 하게 했다. 나는 엘머와 그의 아내 에블린(Evelyn)이 이미 성장한 그들 자녀의 인생에 많은 부분에서 아직도 개입하는 것을 지켜봤다. 자녀 중 몇은 나와 나이도 비슷하다.

엘머의 아들이 부상을 당했을 때, 엘머는 단숨에 북미 대륙을 건너가 아들 곁을 지키면서 건강이 회복될 때까지 아들의 사업을 돌보았다. 또 다른 아들과 며느리는 멕시코에 선교사로 가 있었다. 엘머 부부는 멕시코로 간 아들 내외를 자주 찾아가서 그들의 사역을 거들어주곤 했다. 이렇게 먼 곳으로 아들을 찾아가는 것 외에도 에블린은 같은 지역에 살고 있는 손녀딸을 직접 가르치는 홈스쿨링(자녀를 학교에 보내지 않고 가정에서 직접 교육하는 일)을 했다. 엘머의 삶은 그가 했던 말의 요지를 잘 보여주었다. 한시도 부모 역할을 그만둔 적이 없었던 것이다.

언젠가 지역 신문에서 한 여성이 105번째 생일을 맞이했다는 기사를 읽으면서, 나는 부모의 지속적인 책임에 대해 다시 상기하게 되었다. 그 기사에는 105번째 생일을 맞는 그녀와 그녀의 자녀와의 친밀한 관계에 대하여 언급하는 말이 있었다.

"우리 아이들은 더 이상 아이가 아니지만 제게는 아직도 아이로 보입니다."

두 자녀의 나이는 74세와 75세였다. 반세기 전에 이미 성인이 되었지만 부모 눈에는 여전히 "아이"였던 것이다. 기사를 읽으면서 문득 생각이 든 것은 자녀가 아무리 나이들어도 모든 부모는 언제까지나 자녀를 "나의 아이"라고 여긴다는 것이다.

지난 몇 년 동안 아내와 나는 세 아들이 차례로 성인기에 접어드는 것을 지켜보았다. 그 과정에서 아이들과 좋은 관계를 유지할 수 있었던 것에 매우 감사하게 생각한다. 아들이 남자가 되는 과정을 지켜보는 동안 우리는 많은 것을 배웠고, 결코 쉽지만은 않았다.

아이들의 질풍노도의 시기를 같이 헤쳐 나갈 때, 나는 해도(海圖)에 나타나 있지 않은 망망대해에 나와 있다는 기분이 자주 들곤 했다. 나는 이 암초투성이의 지역을 벗어나기 위해 도움이 되는 성경적 자료를 찾기 위해서 애를 썼지만 아무 것도 찾아낼 수 없었다. 물론 자녀양육에 관한 좋은 기독교 서적은 많다.

최근 몇 년간 자녀의 사춘기와 반항을 다루는 책이 쏟아져 나왔다. 하지만 그 많은 서적 중에 나와 아내가 겪고 있는 독특한 문제의 해답을 직접적으로 다루고 있는 책, 부모와 성인 자녀가 겪는 문제에 대한 책은 없었다.

부모와 성인 자녀 사이의 갈등은 크리스천만이 겪는 문제가 아니다. 「타임」(Time)은 "트웍스터"(Twixter)[1]에 대하여 다룬 적이 있는데, 트웍스터는 어른으로서 마땅히 감당해야할 책임을 못하고 어른 몸 안에 갇힌 아이를 가리킨다.[2]

영화 "달콤한 백수와 사랑 만들기"(Failure to Launch)에서 매튜 맥커너히이(Matthew McConaughey)는 부모를 절망에 빠트린 30대 트웍스터 아들의 역할을 절묘하게 연기한다. 부모는 골칫덩이 아들로부터 자유로워지기 위해 전문가를 고용한다. 비록 계획대로

---

[1] 부모 집에 살면서 어른도 아니고 아이도 아닌 어중간한 시기에 있는 자녀를 일컫는 신조어다. Lev Grossman, "Grow Up? Not So fast," Time, January 16, 2005, http://www.time.com/time/magazine/article/0,9171,1018089,00.html.
[2] 「머니」(Money) 잡지는 부모와 성인 자녀들 간의 금전적인 관계에 대해서 시리즈 기사를 다루기도 했다.

일이 풀리지는 않지만 아들은 마침내 집을 떠나고, 부모는 "떠나 버리게"(Hit the Road Jack)라는 노래를 신나게 부르면서 영화는 끝이 난다.

몇 달 전 네바다주의 피닉스 공항에서 이러한 트윅스터 현상이 오늘날 우리 삶의 일부분이 되었다는 것을 명백하게 보여주는 일이 있었다. "나는 아직 부모님과 살고 있답니다"라는 문구가 쓰여 있는 티셔츠를 자랑스럽게 입고 있는 한 청년을 보게 된 것이었다. 그 청년은 그저 재미로 그랬겠지만 도저히 왜 그런 티셔츠를 입고 싶었는지 궁금했다.

기독교 공동체는 이 문제와 관련된 교회만의 문제를 안고 있다. 기독교 가정에서 양육된 많은 젊은이가 성인이 되어 독립한 후에는 신앙생활을 그만 두기 때문이다.

바나 리서치(Barna Research)에 의하면 십대에 교회에 다녔던 20대 청년, 10명 중 6명이 그동안 적극적으로 참여해왔던 교회활동을 중단한다는 것이다.[3] 몇 년 전 홈스쿨링을 받은 첫 번째 세대의 아이들이 졸업을 했다. 그런데 홈스쿨링이 대부분 부모의 기대에 부응하지 못한 결과를 가져왔다고 한다. 이 아이들의 문제는 트윅스터처럼 집을 떠나지 않는 것이 아니라, 신앙을 저버린다는 것이다. 홈스쿨링 지도자 렙 브래들리(Reb Bradley)는 다음과 같은 말을 했다.

---

[3] The Barna Group, "Most Twentysomething Put Christianity on the Shelf Following Spiritually Active Teen Years," Barna Group, http://www.barna.org/barna-update/article/16-teensnext-gen/147-most-twentysomethings-put-christianity-on-the-shelf-following-spiritually-active-teen-years.

"지난 2년간, 홈스쿨링을 하면서 골머리를 앓고 있는 전국의 수많은 부모로부터 소식이 전해졌습니다. 이들 중 상당수는 홈스쿨링 지도자 역할을 하고 있었죠. 최근 자녀를 홈스쿨링으로 졸업시켰는데, 예상했던 것과 전혀 다른 결과에 놀랐다고 하는 것입니다. 홈스쿨링을 받은 자녀 중 많은 아이가 자랄 때는 모범적인 학생이었지만, 18세가 넘어가면서 부모의 가치관을 더 이상 따르지 않는 것을 알게 되었다고 하더군요. 어떤 아이는 부모에 대한 반항으로 성인이 되자마자 집을 떠나고, 어떤 아이는 부모의 바람을 어기고 결혼하고, 또 몇몇은 술과 마약에 찌들어 부도덕한 생활을 하기 시작했다고 합니다. 심지어 제가 알던 몇몇의 모범적인 청년도 신앙을 저버렸다는 소식을 들었습니다. 저희 자녀도 제가 상상도 못한 고난의 여정을 보냈더군요. 이들 부모 중 대부분이 자녀의 예상치 못한 선택에 충격을 받았습니다. 홈스쿨링을 하면 이런 결과를 예방할 수 있다고 자신했기 때문이죠."[4]

부모는 20년이라는 짧지 않은 시간을 바치면서 많은 노력과 좋은 의도로 아이들을 양육하기 때문에 자녀가 집을 나설 때 많이 힘든 것이 사실이다. 특히 이 시기에 자녀가 부모 의견에 어긋나는 선택을 할 때는 더욱더 힘들어 진다.

성인이 된 자녀에게 부모는 어떤 권위를 가지고 있는가?

만약 자녀가 부모의 동의없이 어리석은 선택을 한다면 부모는 어떻게 해야 할까?

---

[4] Reb Bradley, "Solving the Crisis in Homeschooling," *Family Ministries*, http://www.familyministries.com/HS_Crisis.htm.

다음은 언젠가 면담을 한 한 부모로부터 온 편지의 내용이다.

"자녀가 18세가 되면 부모로서 할 일은 다 끝난다고 생각했습니다. 그런데 전혀 그렇지 않더군요. 부모로서 가장 어려운 시기는 자녀가 18세에서 20세 사이에 있을 때라는 것을 깨달았죠. 아이들이 어릴 때는 부모 역할이 간단했어요. 쉽다는 말이 아니라 단순했다는 거죠."

또 다른 부모가 보낸 편지에는 이런 글이 있었다.

"이렇게 어려울 줄은 꿈에도 생각하지 못했습니다."

나는 성인 자녀가 된 아들들을 다루는 일 외에도 캘리포니아주의 에스콘디도에 있는 Institute for Biblical Counseling and Discipleship에서 상담가로 일하고 있다. 지난 수년간 내가 다룬 사례 중에는 부모와 성인 자녀 사이의 갈등에 관련된 일이 많았다. 이 책에서 소개하는 문제와 갈등은 모두 내가 직접 보고 들은 것이다.

그동안 성인 자녀를 통제하고 사사건건 간섭하며 어린아이 취급하는 부모, 결혼이나 연애 문제, 심지어는 빚과 불법 행위에 휘말린 성인 자녀 때문에 고민하는 가정을 도운 적도 있다. 그리고 성인 자녀를 넘어 부모가 손자 손녀의 삶에 어떤 역할을 해야 하는지에 대해서도 상담을 했다.

실제 가정들을 상대로 상담을 하며 보낸 시간은 나의 영혼을 매우 풍요롭게 해주었다. 하나님 말씀의 권세가 삶 속에서 샘솟고 이로 인해 힘을 얻고 자신감을 되찾고 하나님의 임재 안에서 지혜와 축복을 경험하는 가정을 보며 참으로 감사하다는 생각이 들었다.

이 책을 읽는 당신 또한 그들이 받았던 축복을 경험하기 원하고, "비록 어려울 때도 많지만 나는 언제까지나 '부모'일 것이다"라고 말하는 것의 참 의미를 나와 엘머와 함께 알아가기 바란다.

이 모든 번민과 갈등을 겪으면서 배운 한 가지는 성경적 관점에서 이 문제를 다루는 책이 꼭 필요하다는 것이었다. 우리는 모든 선한 일을 하기 위해서는 성경의 무오성과 하나님의 말씀만으로 충분하다는 것을 완전히 믿고 있기 때문에(딤후 3:16-17), 이 책은 아마 독자가 지금까지 읽어본 책과는 좀 다를 것이다. 성경은 우리에게 구원의 조건을 알려주는 것 뿐만 아니라 성인 자녀와의 현명하고 경건한 관계를 확립하는 데에도 충분한 가르침을 담고 있다.

이 책에는 또 다른 특이요소가 있다. 공식 같은 일련의 단계나 규칙에 의존하기보다는 당신에게 십자가를 바라보라고 가리킬 것이며, 완벽한 아버지를 두시고 본인 또한 완벽한 아들이신 예수 그리스도를 바라보라고 할 것이다. 성육신하신 그리스도는 우리처럼 평범한 가정에서 부모 형제와 사셨기 때문에 우리가 지금 겪고 있는 모든 시험을 친히 경험하셨다.

그리스도는 죄 없는 온전한 삶을 통해 하나님과 하나님의 백성을 완벽히 사랑하셨기 때문에 우리는 죄 사함 받아 의로운 자녀로서 하나님의 임재 안에 거할 수 있다. 그리스도께서 십자가에 죽으셨고, 그로 인해 우리의 죄 값을 치르셨기 때문에 우리는 죄 없는 완전한 의로운 자로 하나님 앞에 설 수 있게 되었다. 그리스도께서는 우리가 하나님보다 우리 자신이나 우리의 자녀를 더 사랑한 사소한 것처럼 보이는 죄까지도 우리를 위하여 모든 값을 치르셨다. 그리스도는 또한 당신을 옛 방식인 노예의 삶에서 구원하시기 위해 죽음과 죄의 권세를 정복하시어 부활하신 우리의 주님이시다.

그리스도께서 부활하셨기 때문에 우리는 해낼 수 있다! 그리고 복음은 예수 그리스도가 만유를 다스리시고 우리 삶과 우리 자녀의 삶을 인도하며 모든 주권을 가지고 계신다고 가르친다. 또한 그리스도는 성령을 보내시어 우리의 마음속에 거하게 하시고, 지금 우리가 겪는 고난은 언젠가는 끝이 날 것이라고 위로하신다. 지금 당신은 마음속 깊이 번민하고 있을지도 모른다. 그러나 마음을 집중해야 할 삶은 이 땅 위의 삶 뿐만이 아니라는 것을 명심해야 한다.

영원에 들어설 때 우리의 자녀에 대한 부모 역할은 끝나겠지만, 크리스천이라면 하나님은 영원토록 당신의 부모 역할을 하실 것이라는 확신을 가져도 좋다. 하나님은 결코 우리를 버리거나 떠나지 않으실 것을 약속하셨고, 언제까지나 변함없이 우리의 하늘에 계신 아버지이시다. 하나님은 언제나 당신을 보호하시고, 필요한 것을 공급해 주시며, 당신을 용서하신다. 하나님은 자비롭고 영원하신 당신의 하늘에 계신 아버지이시다. 이 진리 속에서 당신은 마음 가득히 확신을 갖고 그 날을 기다리며 안심해도 된다.

이 세상과 삶 속의 고난이 인생의 전부로 느껴지는가?

우리는 모든 고민과 마음속 깊은 생각을 하늘에 계신 아버지께 솔직하고 자유롭게 터놓을 수 있다.[5]

---

[5] 만일 당신이 크리스천이라는 확신이 없다면, 이 책 뒷부분에 있는 부록 C를 보라.

1장

벌써 그때가 되었나?

케이트(Kate)는 대학에서 음악을 공부하고 싶었지만 부모님은 그 대신 의과대학에 진학할 것을 권유했다. 대학생이 되어 열심히 노력한 결과 케이트는 그토록 하고 싶었던 음악을 전공하고 부모님의 권유대로 의과대학 진학을 위한 필수과목도 전부 마칠 수 있었다. 하지만 이제 졸업반이 된 케이트는 또 다른 고민이 생겼다. 케이트를 통해 자신의 꿈을 이루고 싶어 하는 아버지는 케이트가 의대에 진학한 후 의사가 되어 경제적으로 독립하기를 원하지만, 반면 케이트는 졸업 후에 바로 결혼을 하고 가정을 꾸리고 싶어 한다. 게다가 케이트는 이미 괜찮은 크리스천 남자친구도 있고, 둘이 졸업하는 5월에 바로 결혼식을 올리고 싶어 한다.

하지만 문제는 여기서 끝이 아니다. 케이트는 어려서부터 보수적인 성공회 집안에서 자랐지만 남자친구는 침례교 신자이다. 자신의 손주가 혹여 유아세례를 못 받을지도 모른다는 생각에 케이트의 아버지는 남자친구가 성공회 신자로 개종하지 않는 이상 결혼은 절대 허락할 수 없다고 했다.

케이트는 아버지의 바람대로 의대에 진학해야 할까?

케이트는 지금 하나님의 뜻이 도대체 무엇인지 혼란스럽고, 또 부모님의 허락 없이도 결혼할 수 있는지 고민하고 있다.

케이트는 과연 어떻게 해야 할까?

빌(Bill)과 아이린(Irene)은 많은 노력 끝에 현재 성공적인 사업을 운영하고 있다. 아이들에게 최고의 물질적, 교육적 혜택을 주기 위해 쉴 새 없이 일한 결과다. 빌과 아이린은 24세인 아들 피트와 22세인 딸 제인과 안정적이고 건강한 관계를 유지하고 있지만, 자녀들이 너무 인생을 허비하고 있다는 생각에 매우 걱정스러워하고 있다. 아들 피트는 간호사가 되기 위해 대학교 3학년까지 공부를 마쳤지만 갑자기 진로에 대한 확신이 없어서 학업을 중단하고 집 근처 패스트푸드점에서 아르바이트를 하고 있다.

빌과 아이린은 미래에 대한 아무런 대책도 없이 집에서 게임을 하면서 시간을 보내는 피트가 염려스럽기만 하다. 한편 딸 제인은 공부도 포기하고 오로지 결혼해서 주부가 되는 것만을 목표로 두고 있다. 물론 집안일을 자주 돕는 편이지만 미래에 대한 아무런 대책이 없는 것은 피트와 다를 바 없다. 하루의 대부분을 컴퓨터 앞에 앉아 페이스북을 하며 전국각지의 친구들과 연락하기에 바쁘지만 정작 자신과 결혼할 만한 상대는 한 명도 없다.

빌과 아이린은 '자녀들을 너무 사랑하지만 아이들의 게으름을 너무 방치한 것은 아닐까?' 하는 생각이 들 때가 있다. 도대체 왜 자녀들이 미래에 대한 희망도 야망도 없이 시간을 낭비하고 있는지 이해가 되지 않는다.

"우리가 저 나이였을 때는 의지와 야망으로 가득 찼었는데, 요새 애들은 도대체 왜 그런지 모르겠어요"라며 의아해 한다. 아이린은 가끔 힘든 하루 끝에 집으로 돌아왔을 때 집안에 퍼질러 있는 아이들을 보면 무척 화가 난다. 나이를 먹어서도 일을 열심히 안하고 부모님 덕만 보려고 하는 모습이 이제는 진절머리가 나는 것이다.

웨인(Wayne)과 캐시(Kathy)는 10세부터 19세 사이에 있는 다섯 명의 훌륭한 자녀를 두고 있다. 다섯 명이나 되는 아이들을 키우는 것은 힘들지만 그들은 늘 감사한 마음으로 살고 있다. 가족 전원이 서로 가깝게 지내고 아이들도 모두 부모님 말씀을 잘 따르는 매우 건강한 가족이지만, 최근 들어 웨인과 캐시는 18세인 딸 대니엘(Danielle)의 갑작스러운 변화에 걱정을 하고 있다. 대니엘은 늘 부모님 말씀에 귀를 기울이고 동생들도 잘 돌보던 순종적인 딸이었는데, 요새 들어 부모님 의견과 자주 충돌한다. 특히 옷차림과 오락을 즐기는 자세에서 부모님의 기준을 거부하는 것이다. 또한 대니엘의 부모는 대니엘이 집 근처의 대학에 다니면서 집안일을 도왔으면 했었는데, 대니엘은 이제 집을 떠나 먼 곳에서 대학을 다니고 싶어 한다.

그리고 제일 걱정스러운 부분은 대니엘이 더 이상 부모님과 함께 옛날부터 다니던 교회에 가지 않고 친구들과 좀 더 개방적인 교회를 찾아 돌아다니고 싶어 하는 것이다. 웨인과 캐시는 이러한 대니엘의 변화에 어찌 할 바를 모르고 있다.

위에 열거한 사례들은 갈등 속에 있는 부모와 성인이 된 자녀 간의 이야기이다. 케이트는 순종적이고 부모 말을 잘 듣는 아이이기는 하지만, 성인이 된 자신의 삶에 부모의 권한이 어디까지 미치는 것이 정당한지 의문을 품고 있다. 피트와 제인은 전형적인 트윅스터(Twixter)[1]로, 그저 부모의 노고에 의존하여 살아가면서 미래에 대한 아무런 대책이 없다. 대니엘은 부모와 함께 살면서 점점 부모의 권위에 도전적인 태도를 보이고 있다.

이 이야기들을 보면 인간관계는 역시 간단하지 않다는 것을 느낄 수 있다. 수십 년간 함께 살면서 교류하며 얽히다 보면 인간관계는 마치 엉켜버린 그물처럼 복잡하게 묶여지게 된다. 이처럼 인간관계는 표면에 드러나는 것보다 내면에 감춰진 많은 부분이 있고 미묘한 것이기 때문에 위 문제들의 해답을 찾는 것은 쉽지가 않다. 흑과 백으로 나눠지지 않는 혼란스러운 상황 속에 우리는 더욱더 주님의 지혜에 의지해야 한다.

1. 지혜로운 삶을 살게 하는 것이 자녀양육의 목표다

대부분의 부모는 자녀들의 어린 시절은 그들을 더욱더 지혜롭고 독립적인 성인으로서 살아가는 데 필요한 것들을 갖추도록 양육하는 시기라는 것을 이해하고 있다.

---

[1] 부모 집에 살면서 어른도 아니고 아이도 아닌 어중간한 시기에 있는 자녀를 일컫는 신조어다. 서론 각주1 참고.

얼마나 많은 부모가 이 시기에 자신의 자녀를 위해 충실하게 기도하고 노력했는가!

하지만 그렇게 우리도 모르는 사이에 자녀들은 이미 대학에 갈 나이가 되고, 결혼을 하게 되고 그리고 "조만간 전화할게요"라는 말만 남긴 채 떠나가는 성인이 된다. 부모가 되는 것은 어쩌면 우리가 생각하는 것보다 훨씬 더 짧은 기간일지도 모른다. 미처 마음의 준비를 하기 전에 작별인사를 하게 될 날이 올 것이다.

하지만 이 짧은 양육기간은 다 하나님의 설계에 의한 것이다. 단순한 사회적 관습이 아닌, 하나님의 거룩한 계획의 일부분이다. 하나님은 태초부터 아들과 딸은 자기 부모 집을 떠나 새 가정을 이루게 될 것이라고 말씀하셨다(창 2:24). 설령 성인 자녀가 결혼을 하지 않더라도, 고린도전서 13:11의 말씀처럼 모든 자녀는 한 사람의 독립된 성인으로 변화하는 과정을 겪기 마련이다.

> 내가 어렸을 때에는 말하는 것이 어린 아이와 같고 깨닫는 것이 어린 아이와 같고 생각하는 것이 어린 아이와 같다가 장성한 사람이 되어서는 어린 아이의 일을 버렸노라 (고전 13:11).

그러나 기간이 짧다고 해서 중요하지 않다는 것은 아니다. 자녀들을 지혜롭고 독립적인 성인이 될 수 있도록 쓴 양육에 대한 설명서가 성경 안에 버젓이 있지 않은가. 잠언은 예로부터 자녀들을 양육하기 위한 가르침을 담은 책이었다. 한 교사는 이렇게 말한다.

아이들을 가르치고 훈계하는 행위는 그들을 성인으로 이끄는 것과 같은 것입니다. 아이들이 집을 떠나기도 전에 스스로를 다스릴 줄 아는 성인이 된다는 것은 우리에게 대단한 축복일 것입니다.[2]

테드 트립(Tedd Tripp)의 훌륭한 저서 『자녀의 마음을 보살펴 주자』(Shepherding a Child's Heart)의 결론에는 이런 말이 있다.

"부모의 의무는 언젠가 끝이 난다. 우리는 더 이상 현장에 있는 목자가 아니다. 그 관계는 끝났다. 아이들이 결혼을 하거나 단순히 사회에서 성인으로 자리를 잡거나, 그 관계는 끝나게 되어 있다. 그것은 하나님께서 자녀양육을 일시적인 일로 만드셨기 때문이다."[3]

2. 빈 둥지를 위한 대비책

변화를 좋아하는 사람이 과연 있을까?

우리 삶이 힘들고 어려운 일로 가득할 때조차 우리는 변화를 두려워한다. 부모 역할을 놓아버린다는 것은 무섭고 혼란스러운 일이 될 수 있다. 비록 그 역할이 지금껏 스트레스의 연속이었다 할지라도 상관없다. 자녀들 위주로 부부 사이의 관계를 형성해온

---

[2] Reb Bradley, "The Four Seasons of Child Training," *Family Ministries*, http://www.familyministries/4_Seasons_of_CT.htm.

[3] Tedd Tripp, *Shepherding a Child's Heart* (Wallowopen, NJ: Shepherd Press, 1995), 236.

부모에게는 아이들이 떠나는 것이 어떤 결과를 초래할지 두렵다.

아이들에 관한 얘기가 아니면 서로 도대체 무슨 대화를 해야 하는 것일까?

우리는 이 시련을 견뎌낼 수 있을까?

우리 부부 사이는 오로지 자녀들 때문에 유지된 것일까?

어떤 어머니들은 20년간 헌신해 오던 아이들이 갑자기 떠나가면 어찌할 바를 모르는 경우가 많다.

한 아버지는 다음과 같이 말한다.

"전업주부였던 내 아내에게 가장 힘들었던 것은 막내 아이의 인생에 개입하는 정도가 변했다는 것입니다. 아내가 이러더군요, '주전 선수로 뛰다가 갑자기 벤치에 앉아 기다리는 후보 선수가 된 느낌이었어요.'"

누구도 선발에서 제외되는 것을 좋아하지 않는다. 쓸모없어지는 느낌을 좋아하는 사람이 어디 있겠는가. 한 사람의 인생의 큰 부분을 차지했던 아주 중대한 일이 끝나게 되면, 누구나 허무해지기 마련이다. 우리는 변화를 싫어한다. 그중 우리의 정체성과 인간관계를 재설계해야 되는 변화라면 더욱더 끔찍해한다.

3. 사실 빈 둥지가 아니다

아이들이 성인이 되어 집을 떠나면, 부모는 이때 부부관계의 실상을 깨닫게 된다. 만일 부부 사이의 관계가 원래 좋았다면, 아이들과 작별을 해야 하는 인간관계의 커다란 변화는 주위의 새로운 환경을 만들어 주며, 다시 건강한 부부관계에 새로운 발동을 걸어줄 계기가 될 수 있다. 하지만 부부관계가 위태로웠다면, 아이들과 작별인사를 하는 것은 아이들 위주로 형성된 부부관계의 끝을 알리는 것이기 때문에 큰 혼란을 불러일으킬 수가 있다.

이 책을 읽고 있는 성인 자녀를 둔 부모는 이미 부부관계의 초점과 방향을 재조정하는 것이 너무 늦었다고 생각 할 수 있다. 자녀가 성인이 될 때까지 이미 오랜 시간동안 자녀 위주의 부부관계를 형성해 왔기 때문에, 미래가 암울하게 느껴질 수 있다. 비록 지금 당장 부부관계를 개선하는 것이 불가능한 것처럼 보여도, 하나님은 부부를 한 몸이 되라고 명하셨기 때문에 남녀가 처음 부부가 되었을 때처럼 그들의 관계를 소생시키실 수 있다.

사실 하나님은 원수들을(이것이 당신 부부의 현재 모습이라면!) 취하여 하나로 만드는 일에 전문이시다. 하나님은 그 크신 사랑으로 타락한 인간을 하나님의 권속으로부터 분리시켜 놓은 죄를 취하셨다.

> 중간에 막힌 담을 자기 육체로 허시고…이는 이 둘로 자기 안에서 한 새 사람을 지어 화평하게 하시고…이제부터 너희는 외인도 아니요 나그네도 아니요 오직 성도들과 동일한 시민이요…서로 연결하여…성령 안에서 하나님이 거하실 처소가 되기 위하여 그리스도 예수 안에서 함께 지어져 가느니라(엡 2:14-22).

예수 그리스도는 미움, 의심, 무관심과 지루함으로 피폐해진 사람들이 사랑으로 가득하도록 일하신다. 그리스도는 증오로 가득한 불순종자들을 거룩하신 하나님께 화목시켰다는 것을 잊었는가? 아무리 부부간의 관계가 오랜 세월 동안 메말라 있었더라도, 그리스도는 당신과 당신의 배우자를 다시 화합시킬 능력이 있으시다.[4]

지금 당장 당신이 배우자에게 처음 이성적으로 이끌렸을 때를 기억해보자. 그때 느꼈던 매력을 기억하는가?

아이들이 떠나간 이 시기를 당신 부부관계에 찾아온 절호의 기회로 생각해야 한다. 두 사람이 함께 했던 추억과 과거를 떠올리며 이제 배우자를 당신의 가장 절친한 동반자로 만들어 보자!

이 시기는 또한 함께 사역을 할 수 있는 좋은 시기도 될 수 있다. 그동안 주님과 그의 교회를 섬기고 싶었는데 시간과 여유가 없어서 힘들었다면 지금이 그토록 그리던 기회가 찾아온 것이다. 나는 이제 아이들 걱정 없이 나의 아내 캐롤라인과 함께 다니는 강습회와 단기 선교를 매우 즐기고 있다. 또한 캐롤라인도 시간의 제약 없이 디도서 2:3-5의 모델을 따라 교회와 동네에 있는 젊은 여성들과 함께 서로의 삶을 나누며 그들을 더욱 적극적으로 섬길 수 있게 되었다.

"빈 둥지"라는 것은 사실 잘못된 표현이다. 아이들이 떠나고 난 후에도 둥지는 사실 비어있지 않다. 당신과 배우자가 아직 둥지 안에서 안락하게 지내고 있지 않은가. 더구나 부부관계가 성

---

[4] 참고자료에 이 주제를 다루는 도서들이 소개되어 있다.

장하고 더욱 견고해지면 당신의 둥지는 성인 자녀들에게도 그들의 가족과 함께 명절이나 가족 행사 때 찾아올 수 있는 평안하고 화목한 장소가 될 것이다. 어려운 시기에 자녀들이 잠시 휴식을 취하는 곳이 될 수도 있다. 이래도 "빈 둥지"라고 생각할 것인가?

4. 부모로서 통제할 것인가? 친구처럼 영향을 줄 것인가?

내 아이들이 어렸을 때 나와 내 아내는 자녀들 생활의 모든 영역을 감독할 권리와 의무가 있었다. 자녀들이 어떤 교육을 받을지, 어떤 친구들을 사귀는지 결정했고, 자녀들의 오락을 즐기는 문화의 기준을 정해주기도 했다. 우리는 모든 통제권을 가지고 있었고, 자녀들은 순종적으로 그 통제에 따랐다. 하지만 시간이 지남에 따라 통제권을 서서히 줄이고 자녀들이 스스로의 경험을 바탕으로 인생에 대한 결정을 하도록 교육했다. 결국 성숙해진다는 것은 생활 속에서 현명하고 지혜로운 선택을 하는 것이기 때문에, 우리는 자녀들이 독립한 후 찾아오는 자유와 책임감에 갑작스럽게 적응하는 것보다는 서서히 성인으로 성장하면서 성공과 실패를 맛보며 스스로 자신의 인생에 대하여 현명하게 대처하기를 원했다.

우리 부부와 성인이 된 자녀들과의 관계는 자녀들이 나이를 들수록 미묘하게 변한다. 부모로서의 통제권을 포기하는 것이 싫다고 하여도 우리는 자녀들에게 통제하는 부모가 아닌 존경스러운 친구와 같은 관계를 형성하도록 노력해야 한다.[5] 우리 아이들이 진정 성인으로 성숙하게 성장하길 바란다면, 더 이상 그들 인생을 통제하지 않고 그들이 스스로 현명한 선택을 하고 그 선택의 결과를 통해 인생을 배울 수 있도록 기회를 주어야 한다. 심지어 우리의 생각이 옳다는 것을 알고 있어도 자녀들의 선택을 강제적으로 통제할 수는 없다(그리고 해서도 안 된다). 자녀들과 솔직한 가운데 서로를 존중하는 관계가 몇 년 간 지속된다면 자녀들은 그들의 안위를 늘 생각하는 부모의 마음을 깨닫고 스스로 조언을 구하기 위해 찾아 올 것이다.

"중재 사역"(Peace Ministries)[6]은 우리가 영향을 끼치려는 사람들에게 다가갈 때 "여권"을 가지고 있어야 한다는 개념에 대하여 말해준다. 외국 영토에 들어가기 위해 여권이 필요한 것처럼, 우리는 다른 어른의(심지어 우리 자신의 아이의) 삶에 영향을 미치기 위해서는 그 권리를 얻어야 할 필요가 있다. 물론 큰 군대를 가지고 있으면 외국 영토를 무력으로 밀고 들어갈 수 있는 것처럼, 성인이 된 아이를 협박이나 속임수로 우리 요구에 순응하게 만들 수도 있을 것이다. 이와 같은 경우, 비록 우리가 지금 당장 "전투"에서는 이겼다 할지라도 막상 "전쟁"에서는 지게 될 수 있다.

억지로 사람들의 마음을 비집고 들어가 독재자와 같은 횡포를

---

5 Tedd Tripp의 *Shepherding a Child's Heart*, 201페이지에는 도표가 있는데, 자녀가 성숙해 감에 따라 자녀양육 과정이 어떻게 이루어져야 하는지를 잘 보여주고 있다. 자녀가 아주 어릴 때 부모의 초점은 통제에 맞춰져 있다. 아이들이 나이를 들어가면서, 부모의 역할은 영향력을 끼치는 것에 좀 더 초점이 맞춰지게 되고, 아이들이 성인이 되었을 때는 부모의 권한이 사라지게 된다.

6 Ken Sande, "First Visit? Please Read This," *Peacemaker Ministries*, http://ww.peacemaker.net/site/c.aqKFLTOBIpH/b.937085/k.A1EB/First_Visit-Please_Read_This.htm.

부린다면 결국 자녀들로부터 존경과 신뢰를 절대 얻을 수가 없을 것이다. 이런 방법으로는 우리가 가까워지고자 하는 사람들의 마음을 절대 얻을 수 없으며, 오히려 그 반대 결과를 불러일으킬 것이다. 성인 자녀는 그저 독재적인 부모를 벗어날 기회만 엿보면서 수감자처럼 살게 되거나, 어떤 경우는 아예 포기를 하고 답답함과 좌절 속에서 부모를 원망하며 살아가게 될 수도 있다.

성인 자녀를 사랑과 존경으로 대한다면 우리는 그 아이들의 마음으로 갈 수 있는 여권을 얻게 된다. 항상 부모의 의견만을 강요하지 않고 야고보서 1:19의 말씀대로 인내심을 가지고 아이들의 입장에 귀를 기울인다면, 자녀들은 부모가 자신의 의견을 존중해 주고 자신이 부모와 다른 입장을 표명할 권리가 있다는 것을 느끼게 될 것이다. 아이들의 의견을 존중하기로 다짐한 한 부모는 나에게 이런 말을 했다.

"제 아이들이 저에게 도움이 되는 조언을 해줄 때도 있더군요.
아이들 말에 더욱 귀를 기울여야 한다고 느꼈습니다."

쓸데없는 잔소리를 하거나 아이들 인생을 조종하려 들거나 독재자처럼 통제를 하려고 할 때, 우리는 아이들 마음으로 갈 수 있는 여권을 잃게 된다.[7] 경험이 많은 부모에게 성인이 된 자녀들을 다루는 일에 있어서 중요한 조언을 부탁할 때 가장 흔히 들을 수 있는 대답은 "언제 말을 하지 않아야 하는지"를 배웠다는 것이다.

---

[7] 이제 성인이 된 아들에게 이 책의 원제목(*You Never Stop Being a Parent*)을 말해줬을 때, 아들은 약간 농담조로 처음 두 단어(*You Never*)를 빼버려야 한다고 말했다.

어떤 부모는 다음과 같이 말했다.

"가장 어려운 일은 제 의견을 말하지 않는 것이었어요. 내 아이들이 실수를 하거나 잘못된 선택을 하지 않게 하기 위해 이것저것 많은 조언을 해주고 싶었지만 조절을 해야 했죠."

또 다른 부모는 이런 이야기를 했다.

"성인 자녀를 대하는 일에서 가장 어려운 점은 제가 단지 상담원 역할을 하고 있다는 사실을 깨달아야 한다는 것이에요. 자녀들은 제가 하는 모든 말을 절대적으로 순종할 의무가 없는 것이죠."

누군가의 말을 차분히 들어주는 것은 결코 쉬운 일이 아니다. 특히 아이들이 미숙하고 어리석은 말을 할 때는 더더욱 그렇다. 하지만 그리스도께서는 얼마나 기꺼이 우리 이야기에 귀를 기울여 주셨는가. 한 없이 어리석고 나약한 죄인의 이야기도 기꺼이 들어주시는 예수님의 사랑을 생각하면 우리는 자녀들에 대한 조급함을 극복할 수 있을 것이다.

5. 관계가 변했다

자녀들이 결혼하면 또 하나의 가족 단위를 만들기 때문에(창 2:24) 대부분의 크리스천은 더 이상 부모의 권위 아래 있지 않다는 것에 동의한다.

그러나 미혼으로 남아있는 자녀들은 어떻게 될까?

결혼할 때까지는 성인 자녀들이라도 자기 부모에게 절대적으로 복종해야 한다고 주장하는 크리스천 교사들과 세미나 강사들이 있다. 물론 미혼 성인이 부모를 공경해야 한다고 성경은 가르치지만, 결혼을 하지 않아도 성인이라면 스스로 독립하여 자신의 선택에 책임질 수 있는 사람이 되어야 한다는 가르침도 있다.

우리는 그리스도와 어머니 마리아와의 관계가 변하는 것을 요한복음 2장에서 볼 수 있다. 마리아가 가나의 혼인 잔치에서 포도주가 떨어졌다고 그리스도께 말했을 때, 미혼이면서 젊은 청년이었던 그리스도는 이렇게 대답하셨다.

> 예수께서 이르시되 여자여 나와 무슨 상관이 있나이까 내 때가 아직 이르지 아니하였나이다(요 2:4).

예수님은 물론 어머니를 사랑하고 공경하지만, 더 이상 어머니에게 종속되는 사람이 아니신 것이다. 이 본보기는 그리스도께서 직접 보여주신 것이기 때문에 경건한 자녀가 따라야 할 행동지침에 있어 최고의 예증이라는 것을 우리는 확신할 수 있다.

요한복음 9장에서도 미혼 성인으로서의 책임감 있는 독립적인 삶에 대해 배울 수 있다. 9장에서 예수께서 눈 먼 자를 고쳐주셨을 때 유대인들은 눈 먼 자의 부모를 찾아가 질문 공세를 했다. 부모는 성인이 된 아들을 가리켜 "그에게 물어 보소서 그가 장성하였으니 자기 일을 말하리이다"(요 9:21)라며 대답을 회피했다.

단순히 겁에 질려 바리새인들로부터 자신을 보호하려는 의도에서 대답을 회피한 이유도 있겠지만, 우리는 이 행동에서 그 당시 성인이 된 사람에게 주어진 책임의 개념을 볼 수 있다.

이러한 성인의 책임감에 대한 개념은 복음서뿐만 아니라 성경 곳곳에서도 쉽게 찾아볼 수 있다. 민수기 1:3에서는 20세 이상이 된 남자는 정식으로 이스라엘의 남자 중 한 명으로 인정받고 전쟁에 나갈 수 있었다. 사도 바울은 갈라디아서 4:1-2에서 성년에 이른 사람에 대해 이야기를 하는데, 상속자는 성인이 되면 더 이상 후견인에게 종속되어 있지 않고 스스로의 일을 관리할 권리가 있다고 설명한다.

바울은 또한 고린도전서 7:32-34에서 미혼으로 남아있는 것의 이점을 다음과 같이 기술한다.

> 장가 가지 않은 자는 주의 일을 염려하여 어찌하여야 주를 기쁘시게 할까 하되 장가 간 자는 세상 일을 염려하여 어찌하여야 아내를 기쁘게 할까 하여 마음이 갈라지며 시집 가지 않은 자와 처녀는 주의 일을 염려하여 몸과 영을 다 거룩하게 하려 하되 시집 간 자는 세상 일을 염려하여 어찌하여야 남편을 기쁘게 할까 하느니라(고전 7:32-34).

여기서 바울이 가르치고 있는 것은 무엇인가?

성인은 미혼으로 남아 전적인 헌신으로 주를 섬길 수도 있다는 것을 말하고 있다. 미혼 성인은 자기 부모를 섬기거나 기쁘게 하기 위해 미혼으로 남아 있어야 한다는 말도 없고, 부모가 원한다면 딸은 반드시 결혼해야 한다는 말도 없다. 바울의 전제는 미혼 성인은 하나님과 직접적인 관계로 인해 누군가에 속한 것이 아니라는 것이다. 특히 그 당시에는 부모가 크리스천이 아닌 경우가 많았기 때문에 독립적인 개념을 더욱 강조했을 수도 있다. 사도 바울도 비록 미혼이었지만 자신의 부모에게 종속되었다는 기록은 없다. 딸들은 아들과 다르게 결혼하기 전까지는 부모의 절대적인 권한 안에 있다고 주장하는 사람들도 있다. 하지만 위의 말씀에서 미혼 여성이 하나님께 전적으로 삶을 맡기는 모습으로 봐서 결혼을 하지 않은 처녀도 부모의 통제를 벗어나 독립적인 삶을 산다고 볼 수 있다.

    성경에는 부모와 다른 입장을 취하여 대응하고 맞서는 자녀의 모습을 나타내는 예도 찾아볼 수 있다. 사울의 아들 요나단은 아버지의 뜻을 어기고 친구 다윗을 돕고 보호했다. 모세가 보낸 열두 정탐꾼이 약속의 땅에 대하여 보고했을 때, 사람들은 여호수아와 갈렙의 보고보다는 믿음이 없는 열 명의 정탐꾼의 허위 보고를 더 신뢰했다. 민수기 32:11은 하나님의 약속을 믿지 않았던 20세 이상의 사람들은 아무도 약속하신 땅에 들어가지 못한다고 선언하시는 하나님의 말씀을 다시 반복하여 말한다.

    이것은 미혼이며 20세가 된 성인은 이미 성년으로서 자신의 선택에 대해 책임을 져야 함을 의미한다. 단지 자기 부모들의 불신을 따를 수밖에 없었다고 핑계를 댈 수는 없었다. 오히려 여호수아와 갈렙을 따르는 것이 믿음이 없는 정탐꾼들 편에 선 자기 부모를 거역하는 것을 의미했다 하더라도, 그들은 여호수아와 갈렙을 따름으로 하나님 편에 서야 하는 의무를 가지고 있었다.

존 파이퍼(John Piper) 목사는 교회의 의무를 이렇게 말한다.

"젊은 청년들로 하여금 부모로부터가 아닌 예수 그리스도로부터 궁극적인 인도함을 받도록 권고의 나팔을 부는 것이다."⁸

한 똑똑한 24세 여성이 권위에 대해 쓴 글에는 이런 말이 있다.

"진리가 무엇인지 결정하는 것은 부모가 아니다. 오로지 하나님만이 진리의 결단자이시기 때문에 우리는 사실 그분과 결판을 내야 한다."

6. 그렇지만 자녀들은 부모에게 순종하라는 명령을 받지 않았는가?

이 책을 읽는 사람들 중에는 에베소서 6:1에 자녀들은 부모에게 순종할 것이라는 명령을 떠올리며 의아해하는 사람이 있을 것이다. 이 명령은 당연히 자녀가 성인이 되어서도 유효하지 않을까? 혹은 그 명령에 어떤 제한이 있는 것은 아닐까? 어떤 부모는 이 명령이 자녀의 나이를 불문하고 적용된다고 생각한다. 그러나 위에 열거된 모든 성경 구절에 비추어 볼 때, 에베소서 6:1은 바울이 성년이 된 사람들이 아니라 부모의 보호 밑에서 부모에

---

[8] John Piper, "A Church-Based Hope for 'Adultolescents,'" *Desiring God*, November 13, 2007, http://www.desiringgod.org/ResourcesLibrary/TasteAndSee/byDate/2007/2487_A_ChurchBased_Hope_for_Adultolescents/.

게 의존하고 있는 자녀들을 가리키고 있는 것이라고 생각한다.[9] 결혼여부와 상관없이 모든 성인 자녀에게 적용되는 명령은 존경하는 마음으로 어려운 일이 있을 때마다 부모를 도와드리고(딤전 5:4) 부모를 늘 공경하라는(출 20:12) 말씀이 있다.[10] 하지만 역시 어디에도 성인 자녀가 부모에게 절대적으로 복종해야 한다는 말은 없다.

권위를 남용하는 부모들이 있다는 것은 서글픈 현실이다. 30대 초반의 아멜리아는 부모와 함께 살고 있었는데, 그 당시 괜찮은 크리스천 청년에게 구애를 받았다. 한 가지 문제는 이 청년의 직장이 아멜리아 부모의 집에서 수천 마일이나 떨어진 곳에 있다는 것이었다. 아멜리아의 부모는 단지 딸이 그 청년과 결혼을 하게 되면 먼 곳으로 가게 된다는 이유만으로 결혼을 허락하지 않았다. 나는 아멜리아의 부모가 이런 이유로 아멜리아를 통제하려고 하는 것은 부모의 권위를 남용하는 것이라고 조언해 주었고 (에 6:4), 성경의 가르침에 따라 결혼을 할지 안할지는 아멜리아의 선택에 달려있다고 했다.

또 다른 경우는 40대 초반의 독신남성 조지의 이야기이다. 조지는 이혼한 어머니와 함께 살고 있었는데, 어머니는 조지와 교제하고 있는 경건한 크리스천 여성과의 결혼을 반대했다. 조지의 어머니는 조지에게 자신이 정한 여성과 결혼하지 않을 것이라면

---

[9] 에베소서 6:1의 가르침이 성인 자녀에게도 적용된다고 가르치는 사람들도 대부분은 성인 자녀가 결혼을 하면 부모와의 관계가 변한다는 것을 인정한다(창 2:24). 또한 대부분의 사람은 부모의 권한은 한계가 있고 항상 하나님의 권위아래 있다는 것에 동의한다. "사람보다 하나님을 순종하는 것이 마땅하니라"(행 5:29).
[10] 이에 관한 자료는 부록 B를 참고하라.

계속 자기와 함께 살기를 원했다. 조지의 어머니는 아들이 어머니의 뜻을 어기고 결혼하는 것은 에베소서 6:1의 말씀을 인용하여 성경을 어기는 일이라고 주장했다. 조지는 교회 지도자들로부터 조언을 구했는데, 교회 지도자들은 조지가 자신의 아내를 선택할 자유가 있다는 확신을 주었다. 현재 조지는 아내와 아름답고 사랑스런 자녀들과 함께 축복받은 결혼생활을 하고 있다. 어머니께서 자신의 결혼을 반대했음에도 불구하고 지금도 조지는 아내와 함께 최선을 다해서 어머니를 정성껏 모시고 있다.

부모가 성인이 된 자녀를 놓아주기를 거부하고 그들의 모든 선택을 통제하려는 문제는 사실 전혀 새로운 것이 아니다. 16세기 때, 마틴 루터(Martin Luther)는 아버지가 원하는 변호사가 되지 않고 수도사의 길을 걷기로 결정했다. 루터는 당시 아버지와의 갈등으로 인한 고통이 컸겠지만, 지금의 모든 개신교 신자들은 루터가 수도사의 길을 가기로 결심한 스스로의 선택이 잘한 것이었다고 생각할 것이다. 하나님은 루터라는 한 사람의 독립적인 의지를 크게 사용하셨고, 500년이 지난 지금도 그 여파는 계속되고 있다.

루터와 같이 우리의 젊은 성인들은 하나님 앞에서 스스로의 인생에 대한 결정을 내릴 책임이 있다. 직업, 배우자, 거주지와 같은 결정들을 스스로 선택할 의무가 있다는 것이다. 자녀들이 어린아이였을 때 그들의 모든 선택은 부모의 권위 안에 있었겠지만, 이제 성년이 된 그들은 부모의 울타리와 권위 밖으로 벗어날 자유가 있고, 스스로 결정을 내릴 책임이 있다. 설령 그 결정이 어리석게 보여도 말이다.

7. 우리는 모두 은혜 안에 살고 있다

모든 인간관계가 지속되기 위해서는 은혜가 필요하다. 가깝게 지내는 사람들일수록 서로에게 상처를 주기 쉽다. 부모는 조급함에 심한 잔소리를 할 때가 있고, 자녀들은 때로 자기중심적이고 감사할 줄 모를 때가 있다. 때로 우리의 방법만이 유일한 길이라고 생각하기도 하고, 우리가 모든 것을 가장 잘 알고 있다고 자만하기도 한다. 우리의 성인 자녀들도 같은 실수를 저지른다. 그들 또한 본인들의 선택이 가장 옳다고 생각한다. 우리 집안의 모든 세대는 교만하고 이기적이고 욕심이 많다. 누군가가 우리에게 상기시켜주면서 이렇게 말한 적이 있다.

"죄 때문에 놀라지 말라! 우리는 모두 죄인이다."

그렇다. 우리는 모두 죄인이다. 이것이 우리가 그토록 은혜가 많이 필요한 이유이다. 하지만 기쁜 소식은 예수 그리스도로 인해 우리는 은혜 위에 은혜를 넘치게 받았다는 것이다. 주 예수 그리스도로 말미암아 무한히 거룩하시며 영원토록 지혜로우신 하나님으로부터 이러한 놀라운 은혜를 받은 자들로서 우리는 서로에게 은혜를 보여주지 않을 수 없으며, 우리 영혼을 집어삼키려고 위협하는 이기심, 두려움 그리고 욕심과 싸우지 않을 수 없다. 우리는 "서로에게 친절히 대하고 불쌍히 여기며 서로 용서하라"는 명령을 받았다. 그러나 어떻게 할 수 있을까?

우리에게 상처를 주거나 우리의 말을 거역하는 아이들을 어떻게 용서하란 말인가? 우리 자녀들을 마땅히 성인으로 대접할 수 있게 하는 능력의 근원은 오직 복음에서 우러러 나오는 용서와 은혜의 힘이다. 성인 자녀들을 어떻게 대하는 지는 이미 성경에 분명하게 나타나 있다.

> 하나님이 그리스도 안에서 너희를 용서하심과 같이 하라(엡 4:32).

좀 더 이야기해 보자

책의 한 부분을 읽은 뒤 곧바로 요점을 복습하면 읽은 내용을 기억하는 데 많은 도움이 될 것이다. 아래 질문의 답은 본인의 일기나 책 사이 여백에 써도 상관없다.

1. 당신이 지금 성인 자녀들과의 관계에서 직면하고 있는 어려운 점은 무엇인가?

2. 자녀가 성인이 되면 스스로의 인생에 대한 책임이 있고 결정권이 있다는 성경적 근거를 다시 읽어보며 복습하라. 이 구절들에 대한 당신의 반응은 어떠한가? 어느 부분에 동의하고, 어느 부분에 동의하지 않는가?

3. 기혼자라면, 자녀가 떠난 후에도 당신의 집은 "빈 둥지" 가 아니라는 말에 어떻게 생각하는가? 현재 당신의 결혼

생활은 어떠한가? 메마른 결혼생활을 다시 행복하게 만들기 위한 구체적인 방안이 있는가? 있다면 무엇인가?

2장

대문 밖을 나서기 전에

나와 아내 캐롤라인은 자녀를 열 명이나 둔 매우 각별한 사이의 친구 부부가 있다. 그 부부의 자녀 열 명 중 막내는 이제 초등학생이 되었고, 첫째는 이제 20대 중반의 청년이다. 그 부부의 가족만큼 화목하고 즐거운 가족은 본 적이 없다. 그들은 정말 훌륭한 부모다. 특히 나와 캐롤라인이 가장 놀라웠던 부분은 그 가족의 아이들이 성인으로 성장하는 과정이었다. 내 친구들은 아이들을 책임감 있고 독립심 있는 어른이 될 수 있도록 일찍이 훈련시켰다. 아이들이 자라나면서 여러 가지 시련을 겪고 어려운 선택앞에 놓여 있을 때도 그 친구들은 억지로 아이들을 통제하거나세세한 것까지 일일이 간섭하지 않고 자신들이 스스로 부모의 조언을 구할 때까지 지긋이 기다렸다.

"저희는 아이들 각자와 개별적인 관계를 형성했어요. 아이들이 살아가면서 경험하게 되는 일들과 아이들의 삶을 형성하는 요소들에 대해 개개인과 깊은 토론을 하기 위해서였죠. 아이들과 이런 개별적인 관계를 형성하고 그들의 이야기를 들을 수 있었던 것은 저희가 아이들을 존중해 주었기 때문이라고 생각해요. 아이들이 저희의 생각과 기준에 의문을 품을 때 저희는 여느 어른에게 설명하듯 저희 입장을 상세하게 얘기 해주었죠. 언젠가 아이들에게 어떻게 성인이 되어서도 속마음을 부모에게 털어 놓을 수 있게 되었냐고 물었더니, 아이들은 저희가 그들을 어른처럼 대하고, 의견을 존중하고, 책임 있게 행동하는 이상 자유를 주었기 때문이라고 대답했어요. 우리는 더 이상 명령과 훈계만으로 아이들을 다스릴 수 없다고 생각했어요. 저희 목표는 아이들이 커가면서 성경적인 사고방식을 갖도록 양육하고, 아이들이 성인이 되었을 때는 더 이상 직접적인 관여를 하지 않는 상담원 역할을 하는 것이에요. 저희는 아이들을 항상 존중하고, 조언을 할 때도 성경에서 알 수 있는 절대적인 진리만 말해주려고 노력하기 때문에 아이들은 저희의 상담과 조언을 신뢰해요."

나는 이 친구들의 20세 아들의 입장을 들어 보기로 했다.

"우리 가족은 늘 함께 재밌게 놀았어요! 가족끼리 같이 논다는 것은 그저 생각 없이 웃고 떠들며 시간을 보내는 것이 아니라 가족의 전통과 서로의 관계를 다지는 데 있어서도 굉장히 중요하다고 생각해요. 제가 어렸을 때부터 저희 가족은 늘 도서관을 같이 다니고, 몇 주간 캠핑도 하고, 놀이공원과

박물관도 자주 가고, 같이 게임도 하고, 씨름도 하고, 장난도 많이 쳤죠. 부모님은 제가 사춘기에 접어들었을 때에도 우리 '가족은행'에 시간과 애정을 꼬박꼬박 입금하시는 것을 잊지 않으셨죠. (물론 십대 자녀들에게는 가끔 '돈'으로 예금하시는 것도 나쁘지 않죠!) 저희 부모님 밑에서 자라면서 한 가지 크게 배운 것은 그들이 항상 마음을 터놓고 여러 가지 생각과 견해에 대해 편견 없이 있는 그대로 보여주셨다는 것이에요. 무슨 일이 있어도 부모님은 한 번도 제가 무조건 틀렸다고만 추궁하지 않으셨어요. 부모님께서는 침착하게 제 얘기를 들어주셨고, 정말로 틀린 부분이 있다면 친절하게 가르쳐 주셨죠. 그리고 제가 부모님의 상식 밖의 행동이나 결정을 해도 성경적 견지에 적합한 이상 저를 믿고 지지해주셨어요."

1. 얘야, 이것만큼은 잊지 말아라

크리스천 부모라면 단지 교육시키는 것만이 자녀양육의 전부가 아니라는 것을 알고 있다. 부모란 그저 아이들이 학교에서 사고를 저지르지 않고 무사히 고등학교나 대학교 졸업장을 따도록 도와주는 존재가 절대 아니다. 우리는 아이들이 집을 떠나고 부모의 영향력에서 벗어나는 날까지 아이들이 독립적이고 성숙한 어른이 되도록 훈련시켜야 한다.

사도 바울은 그가 훈련시키는 제자들, 즉 그의 "믿음 안의 자녀들"에 대해 이런 말을 했다.

이 교훈의 목적은 청결한 마음과 선한 양심과 거짓이 없는 믿음에서 나오는 사랑이거늘(딤전 1:5).

우리가 자랑스러워할 만한 (혹은 적어도 부끄럽지 않을) 자녀를 양육하는 것이 목표가 아니라는 것이다. 자녀가 "하나님이 우리를 사랑하시는 사랑을 우리가 알고 믿어"(요일 4:16)라는 말씀을 깊이 이해하고 그에 따른 청결한 사랑과 선한 양심 그리고 신실한 믿음의 삶을 사는 것이 최종 목표가 되어야 한다. 우리가 갖고 있는 이러한 자녀양육 목표가 세속적인 양육 사상과 낮과 밤처럼 다르다는 것을 느낄 수 있을 것이다. 믿음이 없는 사람들은 자녀의 미래 계획을 세울 때 현세의 미래만을 보며 준비하지만, 우리는 자녀의 미래적 영성을 위해 준비해야 한다.

우리 모두의 궁극적인 미래는 죽임 당하신 어린양의 아름다움을 하나님의 임재 속에서 영원히 찬양하고 만끽하는 것이기 때문이다. 이러한 양육 계획을 인도하고 도와주실 하나님의 몇 가지 노하우를 정리해 보았다.

2. 예수 그리스도 안에서 하나님의 사랑을 가르치라

복음 외에는 그 어느 것도 중요하지 않다. 과장하는 것이 아니다. 자녀들이 하나님 앞에 섰을 때는 학점, 자격증, 명예, 상장이나 천문학적인 수능 점수도 다 소용없다. 그 상황에서 하나님은 오로지 한 가지 질문을 하신다.

누가 너의 죄 값을 치를 것이냐?

이 최후의 상황에서 자녀들은 두 가지 대답을 할 수 있을 것이다. 하나는 자녀 스스로가 죄 값을 치르고 하나님의 임재 밖에서 영원히 고통의 시간을 갖는 것이고, 다른 하나는 누군가가 대신 죄 값을 치렀다고 대답하는 것이다. 자녀를 끔찍이 사랑하는 마음에서 당신은 자녀의 죄 값을 직접 치러주고 싶겠지만 아쉽게도 불가능한 일이다. 당신에게도 청산해야 할 빚이 있기 때문이다. 오직 완벽하게 의로운 사람만이 다른 이의 죄 값을 치를 수가 있다. 오직 예수 그리스도만이 하나님 안에서 완전히 순종하고 하나님의 공의로운 진노의 무게를 감당하실 수 있는 것이다.

그러므로 우리는 자녀를 가르칠 때 예수 그리스도가 죄인을 구하러 이 땅에 오셨다는 것을 알려야 한다. 또한 하나님 앞에서 죄 없는 자는 오직 예수 그리스도 뿐이시라는 것을 알려야 한다. 그리스도는 성공적인 사람, 의로운 사람, 부모 말 잘 듣는 사람, 법 잘 지키는 사람, 또는 누구의 도움도 필요하지 않는 사람을 구하러 오신 것이 아니다. 자신이 죄인임을 아는 사람들을 구하러 오셨다. 하나님은 우리를 너무나도 사랑하시기 때문에 하나 뿐인 아들을 보내셔서 우리의 죄를 직접 씻어주셨다. 이 진리를 당신의 성인 자녀들에게 전달하라.

자녀들에게 예수 그리스도를 알려라!

이것이 부모로서 최대의 책임이다. 자녀들이 가치를 매길 수 없는 하나님의 무한한 사랑을 모르고 대문 밖을 나선다면 우리는 부모로서 마땅히 해주어야 할 말을 하지 못한 것이다. 즉 가장 중요한 진리인 그리스도는 모든 만물 위에 뛰어나시고 그 모든 것을 다스리시는 머리가 되시며 우리의 죄를 짊어지고 죽으셨다는 것을 전해주지 못한 것이다!

당신은 지금 후회로 가득 차 있을지도 모른다. 어쩌면 지금까지 살아오면서 하나님의 사랑을 자녀들과 공유하는 것보다는 상위권의 성적이나 방을 어지럽히지 않는 것을 더 중요하게 생각했던 기억 때문에 괴로워할지도 모른다. 어쩌면 당신은 하나님의 사랑을 최근에 발견하고 아직 자녀에게 알려줄 기회가 없었을지도 모른다. 이 책의 목표는 당신을 질책하기 위한 것이 절대 아니다. 아직 늦지 않았다는 것을 알리고, 지금 당장 자녀들에게 진리를 알릴 수 있도록 당신을 응원하는 것이 우리의 목표다. 자녀들에게 그리스도에 대해 이미 수십 번, 수백 번 말한 사람도 있을 것이다. 자, 이제 안심하고 한번 더 해보자.

"예수 그리스도는 우리의 죄를 위해 죽으셨단다."

이것이 우리의 가장 중요한 소명이다.

3. 자녀가 하나님을 경외하고 하나님의 영광을 위해 살도록 가르쳐라 (신 6:5; 마 22:37)

잠언(자녀양육에 도움을 주기 위해 쓴 성경)은 이렇게 말한다.

여호와를 경외하는 것이 지식의 근본이거늘(잠 1:7).[1]

---

[1] 잠언을 잘 이용하는 법에 대해서는 짐 뉴하이저의 『잠언을 열어 보이다』(*Opening Up Proverbs*)를 읽어보라.

자녀가 상식과 세상 물정에 밝고 세 나라의 언어를 능통하게 구사한다고 해도 하나님을 찬양하고 사랑하지 않으면 아무 것도 모르는 것이나 마찬가지다. 그저 무지한 삶을 사는 것이다.

크리스천 가정에서 자란 젊은이들 중에도 많은 사람이 소위 성경에서 말하는 "어수룩한" 사람들이다. 성경에서 "어수룩하다"는 것은 어쩌면 순진함처럼 들릴지도 모르겠지만 사실 전혀 칭찬이 아니다. 어수룩하다는 것은 하나님의 지혜와 의로우심과 세상의 유혹 사이에서 갈팡질팡하고 있는 사람들을 가리킬 때 쓰는 말이다. 어수룩한 사람은 부모와 있을 때와 친구들과 어울릴 때의 행동이 완전히 다르다. 신념을 갖지 못하고 이러지도 저러지도 못한 채 미지근한 삶을 사는 사람은 참으로 안타까울 정도로 어수룩하다. 하나님의 지혜를 선택하지 않은 삶은 어쩔 수 없이 어리석은 삶이 된다는 것을 깨닫지 못하기 때문이다.

잠언의 첫 아홉 장은 젊은이들에게 세상의 어리석음으로부터 돌아서서 하나님과 하나님의 지혜에 헌신하라는 내용을 담고 있다. 사실 지혜라는 것은 무조건 가르친다고 해서 배워지는 것이 아니다. 부모는 자녀들의 어수룩함을 억지로 고칠 수 없다. 부모로서 우리가 할 수 있는 일은 우리의 지혜와 의가 되시는(고전 1:30) 하나님의 아름다움을 삶 속에서 꾸준히 자녀들에게 보여주는 것이다. 또한 삶을 살면서 찾아오는 여러 시련 앞에 어떤 대응을 하는지도 분명한 선택으로 몸소 보여 주는 것이다.

지혜로운 길을 걷는가, 아니면 어리석은 길을 걷는가?

매사에 기뻐할 것인가, 좌절할 것인가?

그 어떤 예상외의 일도 축복으로 받아들일 것인가?

아니면 아픔으로 받아들일 것인가?

이 전부가 우리의 선택이다. 그리고 우리는 기도를 할 수 있다. 보잘 것 없는 우리의 계획과 바람들을 성령께서 자녀들의 마음을 움직이는 도구로 쓰시길 기도하자.

4. 자신보다 남을 먼저 생각하는 것을 자녀에게 보여줘라

우리 삶 안에서 성령이 하시는 일을 제외하면 우리는 모든 일을 자기중심적으로 한다. 아직 어른보다 속마음을 숨기는 데 익숙하지 않은 젊은이들은 더욱더 자기중심적으로 보일 수 있다. 세속의 문화는 자기애와 자기존중을 강조함으로써 자기중심주의를 부추기고 있다(딤후 3:2). 사회학자 제프리 아넷트(Jeffrey Arnett)는 젊은 성인들의 성향을 거론하는 가운데, 다음과 같이 말한다.

> "늦게 철드는 것도 하나의 새로운 사회현상이다. 자기중심적인 미국인들은 의무와 책임이 없는 젊은 시기를 연장하여 오직 자신에게만 초점이 맞춰진 시간이 지속되길 바란다. 그 무엇에도 아무런 의무가 없고 다른 사람을 책임지지 않아도 되는 시기는 이때 뿐이기 때문이다. 그렇기 때문에 이들은 이 자유로운 시기를 이용해서 자신이 되고 싶은 사람이 되기 위하여 오직 자신의 삶에만 집중하려고 노력한다."[2]

---

[2] Lev Grossman, "Grow Up? Not So fast," *Time*, January 16, 2005, http://www.time.com/time/magazine/article/0,9171,1018089,00.html.

자기중심적이고 모든 욕망을 즉시 충족시켜야 직성이 풀리는 인본주의적 권위를 내세우는 세속의 사고방식과는 대조적으로, 예수 그리스도는 이 땅에서 당신이 이루고자 하는 일이 성취되기까지 본인의 안락을 뒤로 하고 끝까지 인내하셨다. 그리스도는 "앞에 있는 즐거움을 위하여 십자가를 참으사 부끄러움을 개의치 아니"하시고, 구유에 태어나 참소를 당하고 가시와 망치의 고통을 당하시고 난 이후에야 비로소 "하나님 보좌 우편에 앉으셨다"(히 12:2).

예수 그리스도는 자신의 안위와 평안을 개의치 않고 먼저 우리를 섬김으로써 본을 보여주셨다(롬 15:2-3; 빌 2:3-8). 이 시대의 젊은이들은 그리스도가 단지 관대한 섬김의 상징만이 아니라는 것을 알아야 한다. 그리스도는 직접 고난의 종이 되시어 모든 죄인을 형제와 자매로 여기시고 본인의 기쁨을 맛보기 전에 우리의 영원한 기쁨을 보장하셨다. 그리고 누구든지 그리스도를 믿고 따르는 자들에게 예수 그리스도의 업적을 함께 나누도록 하셨다.

갓난아기는 귀엽고 사랑스럽지만 조금만 배고파도 울음을 터뜨릴 정도로 참을성이 없다. 아직 무언가를 참는다는 개념이 형성되지 않았고, 그저 지금 당장 배고프다는 것 외에는 아무 생각이 없기 때문이다. 성숙해진다는 것은 이처럼 자신의 필요와 욕구를 채우기 위해 행동하는 것이 아니라 남을 먼저 생각하며 행동하는 것이다. 자아도취적이면서 남들과 단절된 채 게임에만 몰두하는 젊은이들이 성숙해지려면 우선 자신만의 조그마한 세상에서 벗어나 다른 사람을 위하고 생각할 줄 알아야 한다. 그런 자녀들이 대학교 기숙사나 사회공동체, 혹은 가정을 꾸리러 대문 밖을 나서기 전, 마지막 몇 달 혹은 몇 년은 부모로서 자신의 자녀가 화목하고 풍요로운 공동체 생활을 할 수 있도록 대비시켜줄 수 있는 마지막 기회일지도 모른다.

5. 당신의 자녀에게 지혜와 겸손으로 의사소통하는 법을 가르쳐라

자녀가 부모 품을 떠나서 다른 성인들과 인간관계를 형성하기 전에 사랑으로 의사소통하는 방법을 익히는 것이 매우 중요하다. "말"에는 굉장한 힘이 있다. 잠언 18:21은 "죽고 사는 것이 혀의 권세에 달렸나니"라고 가르치는데, 요즘 젊은이는 이런 "혀의 권세"를 너무 남용하는 경향이 있다. TV를 켜고 15분만 시청해도 느낄 수 있을 것이다. 자신의 감정을 표출할 때, 무언가를 요구할 때, 남의 이야기를 하며 험담할 때, 자랑할 때 그리고 비속어를 사용할 때 요즘 젊은이들은 놀라울 정도로 언변이 뛰어나다.

하지만 사랑이나 격려의 말과 교양과 깊이가 있는 말은 쉽게 찾아볼 수가 없다. 의사소통의 전략을 전문적으로 배운 사람들도 다른 사람을 축복하고 섬기는 말보다는 자신에게 이익이 되고 개인적인 목표달성에 도움이 되는 소통을 우선시한다. 앞서 말한 것처럼 우리의 자기중심적 성향은 이렇게 하루하루 내뱉는 "말"에도 녹아있다. 사람들에게 은혜가 되는 의사소통을 한다는 것은 자녀뿐 아니라 우리 모두가 노력해야 할 부분이다.

늘 사랑과 겸손으로 의사소통을 한다는 것은 외국어를 배우는 것처럼 간단하지 않다. "감사합니다"와 "실례합니다"를 12가지

언어로 자녀에게 가르친다고 해도 그 말이 예수 그리스도가 보여주신 사랑과 겸손에서 비롯된 말이 아니라면 아무 소용없다. 성경은 우리의 말이 내면의 거울이라고 가르친다. 말은 은혜로 말미암아 변화되어 겸손해진 마음의 열매가 될 수도 있고, 통제, 권위, 자기중심적 쾌락에서 비롯된 썩은 독이 될 수도 있다.

예수 그리스도도 다음과 같은 질문을 하시며 왜 악한 마음에서 악한 말이 나오는지를 설명하셨다.

> 너희는 악하니 어떻게 선한 말을 할 수 있느냐 이는 마음에 가득한 것을 입으로 말함이라(마 12:34).

자녀의 언행이 은혜로우려면 우선 자녀의 마음이 그리스도의 은혜로 충만해야 한다. 은혜로운 마음은 오직 복음에 의해 움직이는 성령의 힘으로만 형성될 수 있다.

우리는 자녀에게 작은 말다툼으로 불필요하게 남에게 상처를 주는 일(잠 16:19; 17:14; 20:3; 26:21)과 남에게 무성의하거나 화를 내며 말하는 것(잠 12:16; 13:3; 16:32; 21:23)을 피하도록 가르쳐야 한다. 또한 남의 말을 능동적으로 집중해서 듣고(잠 18:3; 20:5) 격려의 말로 서로를 세워주는(잠 12:25; 15:7; 25:11) 사람이 될 수 있도록 도와줘야 된다. 그리고 죄인과 죄인이 같이 살면 불가피하게 충돌할 수밖에 없기 때문에 우리는 잘못을 고백하고 용서를 일삼는 것(잠 19:11; 엡 4:32)과 성경적인 방법으로 갈등을 해소하는 것(롬 12:18) 그리고 부드러운 말로 죄를 지적해주는 방법(잠 27:6; 갈 6:1)을 가르쳐야 할 것이다.

한 가지 명심해야 할 것은, 자녀가 자신의 언행의 잘못을 지적받을 정도로 충분히 악하여도(마 12:37) 하나님 사랑으로 용서를 받았다는 것을 깨달았을 때 비로소 실천으로 옮길 수 있는 동기가 생긴다는 것이다. 자녀에게 이런 의사소통방법을 가르치기에 가장 좋은 방법은 십자가 중심의 일상생활 속에서 부모가 먼저 본보기가 되는 말과 행동을 하는 것이다.

당신은 자녀에게 예수 그리스도는 누구든지 자신에게 쉽게 다가올 수 있도록 늘 온유하고 겸손한 언행을 일삼으셨다는 것을 가르쳐 왔는가?

만약 그렇다면 자녀는 자신의 죄와 부족함을 뉘우칠 줄 알고, 의사를 분명하고 솔직하게 전달할 수 있으며, 혹여 부모의 의견에 반대를 할 때도 존경을 표할 줄 알며, 걱정이 있거나 혼란스러울 때 침착하게 부모에게 속마음을 털어 놓을 수 있는 심리적인 여유가 있을 것이라고 생각해 본다. 그러나 만약 자녀에게 어렸을 때부터 이런 가르침을 주지 못했다고 해서 이미 너무 늦었다는 생각을 할 필요는 없다. 이제부터 성인이 된 자녀와 서로 간의 성숙한 소통방법을 배워 나가면서 꾸준한 대화를 통해 자녀에게 은혜가 되는 관계를 형성할 수 있을 것이다.

6. 성과 결혼에 대한 하나님의 목적을 가르쳐라

잠언의 많은 부분은 젊은이들에게 부부관계 안에서 성적 성취감을 발견하도록 격려해 주면서 한편으로는 성적 부도덕의 위험성에 대해 경고한다(잠 2:16-19; 5:1-23; 6:20-35; 7:1-27). 사람들은 결혼에 대한 욕구가 생기면 성숙하고 책임감 있는 삶을 추구하게 된다. 연구에 따르면, 교육적으로 그리고 직업적으로 같은 환경에 있는 남성 중에 기혼 남성이 미혼 남성보다 훨씬 더 경제적으로 성공한다고 한다.[3] 이것은 기혼 남성이 가족을 돌보고자 하는 욕구와 함께 아내의 전폭적 지지를 받고 있어 더욱 큰 동기 부여가 되기 때문이라고 본다.

일반적인 추세와 비교하여 볼 때, 크리스천 젊은이들은 평균적으로 매우 이른 나이에 결혼을 한다. 그 이유는 성과 도덕적인 순결을 지키기 위한 것도 있지만 같은 나이에 있는 하나님을 모르는 사람들보다 더욱 성숙하기 때문이기도 하다. 부모로서 우리는 자녀가 성과 도덕적인 순결을 지키도록 격려해주는 것뿐만 아니라 자녀가 결혼에 적합한 사람이 될 수 있도록 그리고 결혼에 적합한 배우자를 잘 고를 수 있도록 성경적인 남성상과 여성상을 명확히 가르쳐야 한다.

7. 친구를 신중하게 선택하라고 가르쳐라(고전 15:33)

잠언은 한 젊은이에게 어리석은 친구를 피하고 집단의 압력에 지지 말라는 호소로 시작한다(잠 1:10-19; 29:25).

---

3 Kate Antonovics, "Marriage Prospects: Richer, Not Poorer," *Kiplinger*, February 2005, http://www.kiplinger.com/magazine/archives/2005/02/interview.html.

지혜로운 자와 동행하면 지혜를 얻고 미련한 자와 사귀면 해를 받느니라(잠 13:20).

그리고 진정한 친구는 어떤 친구인지 가르친다.

친구는 사랑이 끊어지지 아니하고 형제는 위급한 때를 위하여 났느니라(잠 17:17; 27:9-10도 보라).

8. 어른이 되면 하게 될 인생의 결정들을 미리 연습시켜라

결정권이 부모에 의해 철저한 통제를 받고 있는 10대 아이는 집에서는 순종적이고 말썽을 피우지 않을지 몰라도 부모 없이 혼자라면 스스로 현명한 선택을 하기에 아직 준비가 되어 있지 않을 수 있다. 만일 현재 당신의 자녀가 아직 어리고 부모의 보살핌 안에 있다면 지금부터 자녀에게 자신만의 신념을 발달시키고 스스로 결정을 내리면서 문제 해결을 할 수 있도록 자유를 주는 것이 좋다. 이처럼 독립심을 키워준다면 자녀는 더 이상 부모의 보살핌과 도움이 없을 때에도 스스로 자기 인생의 여러 가지 함정을 파악하고 헤쳐 나갈 수 있을 것이다. 한 현명한 아버지는 다음과 같이 쓴다.

"저희 딸들이 꼭 배웠으면 하는 것은 바로 문제 해결 능력이었어요. 딸들이 저희에게 조언을 구하러 올 때 저희는 딸들에게 우선 스스로 생각하고 해결 방안을 찾아보라고 했죠. 그 자리에서 바로 해답을 줄 수도 있었지만 스스로 문제를 해결하는 것이 딸들에게 결과적으로 더 큰 도움이 될 것이라고 생각해요."

이런 방법으로 어린 자녀들과 소통하는 것은 사실 쉬운 것이 아니다. 자녀가 스스로 생각해서 부모의 생각과 같은 해결 방안을 찾는 경우가 드물기 때문이다. 진리는 상대적인 것이 아니고 모든 일에는 뚜렷한 선과 악이 있다는 것에 동의하면서도, 가끔 경건한 신자들도 어떤 일에는 의견 차이가 일어나게 되는 경우가 있다. 이런 경우에는 자녀에게 스스로의 선택에 책임질 수 있는 결정권을 주는 것이 좋다.

우리의 삶과 지금까지의 상담 경험에 비추어 보았을 때, 우리가 생각하는 크리스천 부모의 가장 치명적인 실수는 자녀를 세상으로부터 너무 과도하게 감싸는 것이다. 악한 영향력으로부터 자녀(특히 어린 자녀)를 어느 정도 보호하는 것은 당연하지만 너무 과한 보호 속에서 자란 자녀는 나중에 세상 속에서 직면하게 될 수많은 유혹에 전혀 대비가 되어 있지 않은 경우가 많다. 처음으로 맛보는 자유에 취해 세상 속으로 돌진하여 악한 유혹에 쉽게 굴복하게 되는 젊은이들도 많다.[4] 그렇기 때문에 자녀가 자랄수

---

[4] 지난 5년간 나는 과잉보호 속에 홈스쿨링을 받은 자녀들이 성인이 되어서는 자기 부모들이 중요하게 여기고 있는 가치들을 더 이상 따르지 않는다는 말을 수없이 들었다. 이 아이들의 일부는 자기 부모의 눈이 미치지 못하는 곳으로 나가는 것이 전혀 허락되지 않았고, 또 어떤 종류의 그룹 활동 속에 끼는 것도 허용되지 않았다. 심지어 "같은 생각을 가진" 아이들과도 어울리지 못하게 했었다. 그럼에도 불구하고 그 아이들은 여전히 세상의 쾌락을 좋아하게 되는 취향이 발달되었던 것이다. 과잉보호를 받을 때 아이들은…그 당시 알고 있었던 기독교를 "나쁜 짓을 하지 않는 것" 쯤으로 보게 된다. 세상으로부터의 보호가 기독교를 정의하는 특징이 될 때, 우리 아이들이 자라서 우리

록 스스로 책임을 질 수 있는 상황을 만들어주고 선택권의 자유도 줘야 된다. 가끔 허용되는 범위 안에서 부모의 이상과 맞지 않은 선택을 하더라도 자유를 빼앗아서는 안 된다. 한 아버지는 우리에게 다음과 같이 말했다.

"아이들이 10대에 들어섰을 때 저희는 아이들에게 이제 너희를 어른으로 생각하고 대하겠다고 말했습니다. 물론 아이들에게 아직은 철이 안든 어른이라는 점도 확실히 말해줬죠. 그리고 이제부터 하는 행동과 선택에 따라 점차 자유를 더 주겠다고 말했습니다. 하지만 자식을 갑자기 품에서 내보낸다는 것은 쉽지 않더군요. 저희는 오래전부터 아이들이 스스로 부모 집을 떠나서 독립적이고 책임감 있는 생활을 하도록 훈련했는데도 막상 그 시기가 다가오니 굉장히 감정이 북받쳐 오르고 힘들었습니다. 아이들이 태어나고 어른이 될 때까지 저희는 늘 곁에서 지켜주고 모든 태도와 언행에 귀를 기울이고 사고방식과 사상에 직접적인 영향을 끼쳤었죠. 하지만 이제는 저희 영향 밖에서 스스로 인생에 대한 결정을 짓고 자신만의 사상과 의견을 형성해가고 있습니다."

에게서 배운 생명 없는 "도피의 종교"를 떠나버린다 해도 우리는 결코 놀라서는 안 된다. 과잉보호를 받았던 아이들은 자라서 자기 부모들이 자기 아이들에게 보여주지 않으려고 했던 바로 그런 것들을 좇아가게 되는 것을 보면서, 그리고 보호를 덜 받고 자란 아이들은 자라서 강하게 살아가고 있는 것을 본 후에, 나는 어느 산에서 죽고 싶은가에 대해서 좀 더 선별적이 된다. 이제 나는 나의 전투를 좀 더 조심스럽게 고른다. 열매를 많이 맺는 부모의 역할은 우리가 아이들을 어떤 것으로부터 보호할 것이냐 하는 문제보다는, 아이들에게 무엇을 주입해주어야 하느냐의 문제라고 나는 결론을 내렸다. Reb Bradley, "Solving the Crisis in Homeschooling," *Family Ministries*, http://www.familyministries.com/HS_Crisis.htm.

9. 근면과 돈의 참 가치를 가르쳐라

자녀를 홀로서기에 대비시키기 위해서는 반드시 그들 스스로 물질적인 필요를 해결할 수 있도록 가르쳐야 된다. 잠언에서 가르치는 "일"의 공식은 근면에 기술을 더하면 부(富)를 생산해낸다는 것이다(잠 10:4; 12:24; 22:29). 맡은 일을 부지런히 하는 자는 성공하고 게으른 자는 빈손이 된다(혹은 부모의 집으로 돌아가려 할 것이다). 기술 또한 중요한 요인이다. 기술이 없는 노동자가 일주일 일해야 버는 돈은 아마 숙련된 기술자가 하루에 버는 돈보다 적을 것이다. 우리는 자녀가 경건한 노동 윤리를 깨닫고 취업 시장에서 수요가 있을 기술을 배워서 앞으로 "왕 앞에 설"(잠 22:29) 수 있도록 격려해줘야 한다.

반면에 돈 버는 일에 너무 집착하여 극단으로 치닫는 사람들도 있다. 현대 문화는 물질적 재산 확보와 오직 개인적인 성공 위주가 되어 버렸다. 사도 바울은 이런 목표는 결과적으로 자멸적이며 영적 자살이나 다름없다고 했다.

> 부하려 하는 자들은 시험과 올무와 여러 가지 어리석고 해로운 욕심에 떨어지나니 곧 사람으로 파멸과 멸망에 빠지게 하는 것이라 돈을 사랑함이 일만 악의 뿌리가 되나니 이것을 탐내는 자들은 미혹을 받아 믿음에서 떠나 많은 근심으로써 자기를 찔렀도다(딤전 6:9-10).

예수 그리스도께서도 이 점에 대해 분명하게 말씀하신다.

너희가 하나님과 재물을 겸하여 섬기지 못하느니라(마 6:24).

자녀에게 근면과 돈의 가치를 가르치기 전에 부모는 하나님과 함께 하는 영원한 삶의 풍요로움을 추구하는 모습을 먼저 모범으로 보여주어야 한다. 하나님의 사랑을 가르치는 것은 그 어떠한 물질적 재산이나 세속적 성공보다 더 값진 유산을 물려주는 셈이다. 자녀에게 구주의 은혜를 늘 상기시켜야 한다.

부요하신 이로서 너희를 위하여 가난하게 되심은 그의 가난함으로 말미암아 너희를 부요하게 하려 하심이라(고후 8:9).

모든 근면의 동기는 하늘나라의 부요함을 포기하고 스스로 가난하게 되어 자신이 가졌던 모든 것을 아낌없이 모든 사람에게 전했던 예수 그리스도의 크신 관대함에서 비롯되어야 한다. 성인 자녀에게 그저 보기에 현명한 개신교의 노동 윤리만 가르친다면 돈과 일에 있어 가장 중요한 진리를 간과하는 것이다. 예수 그리스도께서 이렇게 말씀하셨다.

사람이 만일 온 천하를 얻고도 자기 목숨을 잃으면 무엇이 유익하리요(막 8:36).

10. 아직은 밖으로 나갈 때가 아니란다

많은 아이들이 어른이 가진 특권에 대한 책임을 잘 준비가 되지도 않은 채 그저 눈앞의 자유만 원하는 것은 안타까운 일이다. 간혹 자녀는 미성숙한 상태로 분노와 반항심을 가지고 집을 떠나기도 한다. 어떤 경우에는 스스로 홀로서기를 할 수 있다는 것을 부모에게 증명하고 싶어 하는 아이들도 있다.

독립해서 살 수 있다는 것을 입증하고 싶은 욕구는 이해가 되지만, 교육을 받거나 혹은 직업 훈련을 이수하는 과정 속에서 부모와 함께 지내는 것이 훨씬 더 좋은 점이 있다는 것을 모르는 것이 안타깝다. 아이러니하게도 집안의 권위에서 벗어나고자 군에 입대하는 남성들이 있고, 부모에게 독립하고자 결혼을 하는 여성들도 있다. 흔히 집에서 뛰쳐나오기 위해 억지로 나간 젊은이들이 오히려 더 제한적이고 억압적인 환경에 처해지는 경우가 있다. 물론 집안에서 학대를 받거나 유기되거나 혹은 과도하게 억압적인 부모로부터 도피하는 자녀도 있다.

> 아비들아 너희 자녀를 노엽게 하지 말지니 낙심할까 함이라 (골 3:21).

부모에게 학대받는 젊은 남성 그리고 지나치게 권위적인 아버지 때문에 굴욕감을 느끼는 젊은 여성이 느낄 절망을 이해한다. 우리는 아직 집을 떠날 준비가 되지 않았지만 18세가 되기 무섭게 집을 떠나버린 많은 젊은이를 개인적으로 알고 있다. 이런 패턴이 점점 흔해진다는 것이 우리 가슴을 아프게 한다.

11. 미숙한 자녀에게 자유를 주면 조금 더 오래 곁에 둘 수 있다

자녀가 성인이 되어가는 과정을 곁에서 지켜보고 도와줄 때, 우리는 하나님의 은혜와 지혜가 절실히 필요하다. 성인 자녀라도 집에서 같이 살면 부모가 어느 정도 관리할 권리를 가지고 있는 한편, 자녀의 나이와 성숙도에 따라 부모의 권한을 조정해야 할 필요도 있다. 어른들도 그렇듯이 젊은 성인들은 잔소리와 세세한 간섭을 싫어한다. 무엇보다도 어린아이 취급을 받는 것을 싫어하고 어른으로서 존중 받기를 원한다. 그러나 또한 성인 자녀는 부모가 자신을 인정하고 격려하기를 희망한다.

부모 입장에서는 굉장한 인내심이 필요할 것이다!

우리를 향한 하나님의 끝없는 인내심을 생각하며 자녀를 이해해야 한다.

성경은 모든 사람이 각자 다른 인격과 요구가 있다는 것을 말하며, 성숙한 수준에 따라 알맞게 대해야 한다고 말한다(살전 5:14). 20세가 되면 어른이 된다는 일반적인 지침도 맞는 이야기지만, 무조건적으로 그렇지는 않다. 첫째 딸이 23세때 독립을 했다고 해서 다른 아이들도 같은 시기에 독립하게 될 것이라는 생각을 해서는 안 된다. 어떤 아이들은 10대 후반에 이미 안정된 전문직으로 생활비를 직접 벌기도 하고 어떤 아이들은 20대 중반이 되어서도 사교 관계가 어수룩하고 부모의 도움을 필요로 한다(그 이런 아이들은 대개 자신이 도움이 필요하다는 것을 깨닫지 못한다).

자녀가 준비도 되지 않고 집을 나선다고 할 때에는 정말 마음이 착잡하겠지만, 그렇다고 억지로 집에 잡아두는 것은 절대로 해서는 안 된다. 그런 자녀는 세상에 나와 자신이 뿌린 것을 거두는 과정을 겪으면서(갈 6:7) 성숙해져야 할지도 모른다. 성경에서 말하는 돌아온 탕자처럼 먼 나라에서 긴 시간을 보내면서 하나님 앞에서 겸손하게 되고 가족과 부모에 대해 감사하게 될 수도 있는 것이다. 만약 자녀가 너무 일찍 집 밖을 나섰다 하더라도 너무 걱정하지 말라. 하나님께서 그 아이를 하나님 품으로 인도하신다는 희망을 갖고 계속 기도하라!

12. 작별할 때인가?

요즘 부모는 자녀를 너무 일찍 독립하도록 내버려두는 경향이 있다. 오락을 즐기는 문화, 이성관계, 옷차림을 마음대로 결정할 수 있도록 모든 권한을 쉽게 내어 준다. 반면 많은 크리스천 부모는 자녀 대신 모든 결정을 직접함으로써 성인 자녀를 너무 통제하려는 경향이 있다. 적절한 균형을 찾아내는 것은 결코 쉬운 일이 아니다.

사실 우리는 모든 문제를 직접 해결할 필요가 없다. 우리 자녀와 마찬가지로 우리들도 한없이 많은 지혜가 필요한 사람들이다. 한 가지 당신이 붙잡아야 할 약속이 있다.

너희 중에 누구든지 지혜가 부족하거든 모든 사람에게
후히 주시고 꾸짖지 아니하시는 하나님께 구하라 그리하면
주시리라(약 1:5).

당신이 구하면 지혜를 후히 주시는 하나님이 계시다. 이것을 위해 두세 번 이상 구해야 될지도 모른다. 6개월이 걸릴 수도 있고, 2년이 걸릴 수도 있다. 하지만 지혜의 근원이신 하나님은 당신의 마음에 빛을 비추셔서 아주 정확한 대처를 할 수 있도록 도와주실 것이다. 그것은 자녀에게 작별인사를 하라는 말씀일수도, 아직 집에 좀 더 머무르게 하라는 말씀일수도 있다. 하나님은 성경 말씀이나 그 밖의 현실 속 여러 가지 상황, 혹은 주위의 조언이나 심지어 이 책을 통해서도 인도하실 수 있다. 정확히 어떻게 하실지는 결코 알 수 없지만 하나님은 약속하신대로 당신에게 매일 필요한 지혜를 반드시 주실 것이다.

좀 더 이야기해 보자

1. 당신은 그리스도가 전한 복음에 대해서 어떻게 생각하는가? 복음은 진정으로 당신의 영혼을 기쁘게 하는 소식인가? 당신의 성인 자녀에게 이 기쁜 소식을 전하려고 시도한 적이 있는가? 아니면 자녀에게 복음은 그저 도덕적인 윤리로만 인식되어 있는가?

2. 자녀가 집을 떠나기 전, 아직 어떤 부분에서 준비되어 있

지 않은가? 만약 있다면 어떤 방법으로 자녀를 준비시켜 줄 것인가?

3. 자녀가 아직 집을 떠나야 하는지 아닌지 확실히 모르겠다면, 지혜를 간구하는 기도일지를 작성해보라. 기도한 내용과 하나님의 인도하심에 대해 기록하라. 하나님은 절대로 말씀에 불순종하는 방향으로 우리를 인도하시지 않는다는 것을 기억하라.

4. 이 장에서 배운 것을 네다섯 문장으로 요약해 보라.

3장

부모는 "잘 가라", 자녀는 "다녀왔습니다"

　에디(Eddie)는 참 착한 아이다. 또 온순하고 다정하다. 하지만 에디는 서른 살이 되어서도 자신의 인생에 별다른 진보가 없다. 에디는 일단 "학생" 신분이기는 하지만 집근처 전문대에서 매년 겨우 두세 과목만 이수하고 있다. 전공도 아직 못 정했다. 지금은 스타벅스에서 아르바이트를 하면서 최저임금보다 조금 높은 시급에 팁을 조금 더해서 받고 있다. 에디는 아직 부모님 집에서 살고 있기 때문에 차를 굴리고 여자친구와 데이트하고 최신핸드폰을 가지고 다닐 정도의 여유는 있다. 하지만 지난 달 에디는 자동차 보험료 때문에 어머니 로이스(Lois)에게 돈을 빌리게 되었다. 에디의 어머니는 선뜻 돈을 빌려 줄 수밖에 없었다. 에디가 차를 운전할 수 없으면 학교도 못가고 일도 못한다는 이유 때문에 망설임 없이 내준 것이다.

에디의 아버지 제레미(Jeremy)는 이런 상황에 진절머리가 나기 시작했다. 아들 에디가 하루 반나절을 뒹굴며 놀고 있는데 왜 자신은 일주일에 50시간씩 일해야 하는지 모르겠다며 한탄한다. 아버지 제레미는 아들이 집에서 게임을 하거나 아이폰으로 페이스북을 하는 모습을 볼 때마다 비꼬는 말투로 신경질을 낸다. 간혹 제레미는 화를 내며 아들을 집 밖으로 내쫓아버린다고 으름장을 놓기도 하지만 그럴 때마다 어머니 로이스는 중재를 하고 또다시 모든 것이 흐지부지되어 버린다. 제레미는 이제 아들 에디와 작별할 준비가 충분히 되어있다.

폴의 부모님은 폴이 다른 집 아이들과는 다르게 4년 안에 대학을 무사히 마친 것에 대해 다행으로 생각했다. 비록 여태까지 저축해둔 돈이 다 거덜 나긴 했지만, 일단 졸업장은 따냈으니 안심이 된 것이다. 폴은 졸업 후에 부모님과 함께 살면서 여름 내내 친구들과 놀거나 집에서 인터넷만 했다. 부모님은 폴이 졸업하고 잠시 쉴 시간이 필요하다는 것을 이해하지만, 슬슬 폴이 취직을 했으면 한다. 그러나 폴은 지금 직장에 매이고 싶어 하지 않는다. 공사장에서 막노동을 몇 달간 해서 돈을 모은 다음 유럽으로 여행을 가고 싶어 한다. 폴의 부모님은 거금을 들여서 폴을 공부시켰는데 이렇게 빈둥대면서 놀 생각만 하는 아들 때문에 속상해 한다. 폴은 결국엔 "다녀왔습니다" 하면서 다시 집에 들어와 부모 덕을 보며 사는 성인 자녀가 된 것이다.

1. 트윅스터(Twixter)[1]의 시대

폴이나 제레미의 이야기와 같은 시나리오가 지금 수많은 가정에서 반복되고 있다. 사회학자들은 점점 더 많은 젊은 성인들(18-30세)이 어른으로서의 책임을 미루고 있다고 한다. 육체적으로 성인으로 성장하는 청년기가 있다면 지금 젊은이들은 청년이 되어서도 따로 어른이 되어가는 성인기를 겪고 있는 셈이다. 이 시기의 사람들은 자신의 정체성에 대해 탐구하고 대체적으로 불안하고 자기중심적이며 어쩐지 모르게 중간지대에 갇혀있는 느낌이 들면서도 무한한 가능성을 쉽게 꿈꾼다. 이러한 특징들은 과도기, 혼란, 불안, 강박 관념, 극단적인 행동, 갈등 그리고 실망 등을 수반한다.[2]

이런 성인들은 도무지 성장하려고 하지 않기 때문에 몇몇 학자들은 이 현상을 "피터팬 증후군"(Peter Pan syndrome)이라고도 한다. 부모와 함께 살고 있는 20대 중반의 미국 성인들, 즉 "어른아이"(kidults)들의 비율은 1970년 이후로 거의 두 배가 되었다.[3] 심지어 한 번도 집을 떠나본 적이 없는 성인도 있다. 집을 떠난 적이 있었던 성인 자녀들은 대학을 마쳤거나[4] 아니면 경제적인 문

---

[1] 부모 집에 살면서 어른도 아니고 아이도 아닌 어중간한 시기에 있는 자녀를 일컫는 신조어다.
[2] John Piper, "A Church-Based Hope for 'Adultolescents,'" *Desiring God*, November 13, 2007, http://www.desiringgod.org/ResourcesLibrary/TasteAndSee/byDate/2007/2487_A_ChurchBased_Hope_for_Adultolescents/.
[3] Marilyn Harris, "What Do You Owe Your Kinds?" *Money*, March 2008, 103.
[4] "An estimated 65 percent of college graduates have moved back in with their parents, according to the U.S. Census Bureau." Karina Bland, "For many grads, first big move is

제나 개인적인 문제 때문에 집으로 다시 돌아오고 있다.

성인 자녀를 둔 부모를 대상으로 실시된 한 설문조사에는 100명 중 겨우 16명의 어머니와 100명 중 19명의 아버지들이 자신의 자녀(18세에서 26세의 나이)가 제법 어른스럽다고 대답했다. 더 놀라운 사실은 자녀조차도 그 사실을 부인하지 않는다는 것이다. 같은 설문조사에서 자녀의 의견을 물었을 때도 100명 중 겨우 16명이 자신을 성숙한 어른으로 생각하고 있다고 대답했다.[5] 「머니」(Money),[6] 「뉴욕 타임즈」(The New York Times), 「월 스트리트 저널」(The Wall Street Journal)과 같은 많은 언론 매체에서도 부모와 부모에게 전적으로 의존하고 사는 성인 자녀들 사이의 갈등에 대해 이미 언급하고 있다.

이러한 경향은 미국에만 있는 것이 아니다. 다른 나라에서도 비슷한 상황에 처했다고 「타임」(Time)은 보고한다. 영국에서는 그런 성인 자녀들에게 "키퍼스"[7](KIPPERS)라는 이름을 붙여줬다. 호주에서는 자녀가 집을 나가도 다시 돌아온다며 "부메랑 자녀"(boomerang kids)라는 별명을 만들었다. 교회도 이 문제에서 벗어나진 못했다. 존 파이퍼(John Piper) 목사와 앨버트 몰러(Albert

---

back home," *The Arizona Republic*, May 4, 2008, http://www.azcentral.com/news/articles/2008/05/04/20080504stayingput0504.html.

5 Marilyn Elias, "Kids and parents agree: 18-25-year-olds aren't adults," *USAToday*, December 12, 2007, http://www.usatoday.com/news/health/2007-12-12emerging-adults_N.htm.

6 Dan Kadlec, "Protecting Your Big Kid—and You," *Money*, September 2009, 34; Harris, "What Do You Owe Your Kids?"

7 Kids In Parents' Pockets Eroding Retirement Savings의 약자로, 부모의 호주머니 속에 살면서 노후 자금을 갉아먹는 아이들을 가리킨다.

Mohler) 등 여러 저명한 크리스천 학자들도 이런 사회현상이 교회에 어떤 영향을 미치는 지에 대해 글을 썼다.[8]

갈등의 핵심은 젊은 성인들이 어른으로서의 책임은 회피하고 어른의 특권과 자유만을 원한다는 것이다. 어머니가 빨래와 밥을 해주고 아버지가 돈을 벌어다 주는 것을 당연하게 여기는 것도 모자라 부모가 취직을 하라고 부추기면 웬 간섭이라며 성질을 낸다. 사실 이런 트윅스터 효과는 부모의 방치가 큰 요인이 된다. 공짜로 먹고 자면서 노는 것을 누가 마다하겠는가?

2. 일단, 현재로서 트윅스터가 부모 집에서 살아도 되는 타당한 이유

이런 트윅스터들과 무조건 작별을 해야만 하는 건 아니라고 말하고 싶다. 성인 자녀와 함께 살 때, 가정과 경제 상황에 많은 도움이 되는 경우도 있다. 가족들과 동등한 선에서 교제를 하고 친구처럼 친근하고 성숙한 상호관계를 맺을 수도 있다. 성인 자녀는 또한 가족 분위기에 많은 기여를 할 수 있고,[9] 부모의 조언을 구하거나 부모를 의식하여 더욱 지혜로운 생활을 하게 될 수도 있다.

---

[8] Piper, "A Church Based Hope for 'Adultolescents'"; Albert Mohler, "The Generation That Won't Grow Up," Albert Mohler, January 24, 2005, http://www.albertmohler.com/commentary_read.php? cdate=2005-01-24; Alex and Brett Harris, "Addicted to Adolescence," Boundless, February 16, 2006, http://booundless.org/2005/articles/a0001217.cfm.

[9] 대학을 마치고 집으로 돌아온 우리 막내아들은 밤에 TV를 켜지 않고 대신에 오목이나 다이아몬드 게임 같은 것을 하며 가족으로 더욱 가깝게 만들어주었다.

4년제 대학을 마치거나 기술을 배우는 데에는 시간이 걸리기 때문에[10] 대부분의 자녀는 성인이 되어도 가정을 이루거나 취업을 할 준비가 되어 있지 않다.

젊은 성인은 남은 교육과정을 마칠 때까지 그리고 사업을 시작하고 결혼자금을 모을 때까지는 집을 떠나는 것을 잠시 연기할 수도 있다. 임시적으로 부모와 함께 지내면 수천만 원을 절약할 수 있고, 만약 자취를 하는 학생이라면 방값과 식비로 나가는 돈이 없기 때문에 교육 과정을 더욱 빨리 마칠 수도 있다. 부모가 조금씩 내주는 사소한 지출이 자리를 잡으려는 성인 자녀에게는 굉장한 도움이 될 수 있다. 이것은 잠언의 지혜를 따르는 것이라고 볼 수 있다.

> 네 일을 밖에서 다스리며 너를 위하여 밭에서 준비하고 그 후에 네 집을 세울지니라(잠 24:27).

어떤 성인 자녀는 신체적으로나 정신적으로 자기 자신을 보살 필 수 없는 경우가 있다. 데이비드(David)와 레아(Leah)에게는 다 큰 자녀가 여섯인데, 그중 30대에 들어선 피터(Peter)와 레이첼(Rachel)은 심각한 장애 때문에 혼자서 일하거나 생활할 수 없다. 데이비드와 레아는 앞으로 더 이상 피터와 레이첼을 돌볼 수 없을 때 과연 누가 도와줄 것인지 고민하고 있다.[11]

---

10 시장성이 높은 기술의 획득은 언젠가 우리 아이들이 자기 자신의 가족을 돌보는 일을 준비시켜주는 데 여전히 큰 영향을 미친다(잠 22:29을 보라).
11 현재 미국에는 약 300만 명의 장애 어린이가 있다고 추정 된다. University of Maine Cooperative Extension Aging Initiative Office, "Supporting Family Caregivers Conference,"

이런 경우처럼 성인 자녀는 부모와 생활에 도움이 필요한 형제나 친척을 위해 집을 떠나지 않고 같이 살 수도 있다(마 15:5-6; 딤전 5:4).**12**

올해로 35세가 되는 랄프(Ralph)는 컴퓨터 프로그래머라는 안정된 직업을 가지고 있지만 아직 결혼을 하지 못했다. 랄프는 70대 후반의 부모님을 모시고 사는 것이 삶의 행복이라고 여기며 살고 있다. 최근 아버지가 뇌졸중으로 쓰러지신 이후로는 더욱더 지극정성이다.

또한 성인 자녀가 부득이하게 집으로 돌아오는 경우도 있다. 출가한 딸이 남편과 사별하여 아이를 데리고 부모 집으로 돌아오는 경우도 있고, 직장을 잃은 아들이 잠시 동안 지낼 곳을 찾아 돌아오는 경우도 있다.

그 예로 케이트(Kate)와 톰(Tom)은 결혼을 하고 분가하여 열심히 살고 있었는데, 케이트가 교통사고를 당하는 바람에 어린 세 자녀는 물론 자신조차 제대로 돌볼 수 없게 되었다. 그러자 케이트는 아이들을 데리고 친정 부모 집으로 들어 갈 수밖에 없었고, 남편 톰은 그제야 안심하고 다시 직장을 다닐 수 있었다.

University of Maine Cooperative Extension, http://www.umext.maine.edu/AgigInitiatives/SupportingFamilyCaregiversConference.htm.

12 도움을 필요로 하는 부모들을 돌봐주는 일에 관해서 더 알고 싶다면 부록 B를 보라.

3. 집에 머물 때는 기간을 정하고 이유를 확실히 하라

부지런한 자의 경영은 풍부함에 이를 것이나 조급한 자는 궁핍함에 이를 따름이니라(잠 21:5).

성인 자녀가 부모 집에서 살고 있다면 머무는 동안의 목적과 계획에 대해 확실하게 말해주어야 한다. 아무런 목적이나 계획 없이 집에서 머문다면 부모와 갈등이 생길 것이고, 자녀는 갈등을 피해 이리저리 정처 없이 돌아다니고 싶은 충동에 빠질 수가 있다.

예를 들어 학생이라면 언제 모든 교육 과정을 수료하고 졸업하는지 확실한 계획을 세우고 있어야 하고, 결혼하기 전 부모와 함께 사는 딸이라면 무작정 기다리지 말고 일이나 공부를 하면서 열심히 자기관리를 하는 것이 좋다.

혹시라도 딸이 혼자 살게 될지도 모르기 때문에 결혼에만 의존하지 않고 미래에 대한 대비를 해야 한다. 경제적인 어려움 때문에 부모 집으로 다시 돌아온 아들이 있다면 그가 빚을 청산할 계획을 확실히 세우도록 하며 다시 독립할 목표를 가지고 열심히 일하도록 해야 한다. 위와 같이 확실한 목적을 두고 계획을 세운다면 많은 갈등을 피할 수 있을 것이다.

사실 자녀가 성인이라고 해서 무조건적으로 집을 떠나야 하는 것은 아니다. 자녀가 열심히 책임감 있게 살면서 부모와 원만한 상호 간의 합의가 있는 한 성인 자녀 또한 한 집안의 중요한 일원이 될 수 있다.

4. 집을 떠나야 할 때와 떠나야 하는 이유가 있다

합당한 이유로 부모 집에서 머무는 많은 성인 자녀들이 있지만 그렇지 않고 부모의 시간과 자원을 낭비하는 자녀들도 있다. 지난 50년에 걸쳐 이런 종류의 행동이 증가하는 세대 변천이 있었다고 「뉴욕 타임즈」 기고자 데이비드 브룩스(David Brooks)는 주장한다.

"1964년 이전에 출생한 사람들은 어른이 된다는 것이 몇 가지 일을 성취했다는 것으로 정의했는데, 그것은 집을 떠나 재정적으로 독립하여 결혼해서 가정을 꾸리는 것이다.

1960년에는 30대에 들어선 사람 중 약 70퍼센트가 어른의 조건을 성취했다. [그러나] 2000년에 이르러서 같은 연령대에 그것을 이룬 사람은 겨우 40퍼센트에 불과했다."

이러한 "어른의 조건"은 현재의 젊은 세대와 그들의 부모 세대를 갈라놓는 사상이다. 브룩스는 현 세대의 젊은이들은 "방황의 10년"을 겪는다고 하며 그 시기는 "청소년기와 성년기 사이에서 빈번히 일어난다"고 했다.

"이 10년 동안, 20대들은 학교에 다니지 않는다. 그들은 친구들과 살기도 하고 부모 집에서 살기도 한다. 사랑에 빠지고 다시 헤어지기를 반복한다. 직업도 수시로 바뀐다.

이때 그 아이들의 부모는 점점 불안해진다."[13]

부모가 자녀 마음대로 하도록 계속 내버려둔다면, 이는 사실 자녀의 미성숙과 이기심을 부추기고 있는 것일 수도 있다. 예를 들어 부모가 맹목적으로 자녀를 계속 재정적으로 도와줄 때, 부모는 자녀가 직업을 갖고 돈을 벌고 싶다는 자연스러운 발상을 제거하는 것이다.

잠언 16:26은 이렇게 말한다.

> 고되게 일하는 자는 식욕으로 말미암아 애쓰나니 이는 그의 입이 자기를 독촉함이니라(잠 16:26).

필요는 노력을 재촉한다. 부모가 차와 휴대폰과 집과 음식을 모두 공급해 줄 때 젊은 자녀는 솔직히 일을 열심히 하거나 기술을 배울 이유가 없는 것이다. 그저 아무런 희생 없이 대가만 받아먹고 있는 꼴이다.

이전 세대에서는, 대학생활은 어른으로 전환하는 아주 짧은 기간이었다. 대학을 마치면 자연스럽게 취직을 했다. 그러나 지금은 많은 젊은이들이 원래 짧아야 할 전환기를 10년 단위로 늘리면서 수많은 다양한 진로와 선택 사이에 방황하고 부모의 돈을 탕진하며 살고 있다. 메릴랜드대학교의 발달 심리학자 제프리 아넷(Jeffrey Arnett)은 현 세대의 18세에서 25세 사이의 시기를 놀이

---

[13] David Brooks, "Navigating the Odyssey Years," *New York Times*, October 9, 2007, http://www.nytimes.com/2007/10/09/opinion/09brooks.html.

터에서 모래장난을 하는 시기라고 말했다. 많은 젊은이가 이 직업 저 직업으로 옮겨 다니며 흐지부지하게 인생을 실험하는 것이 마치 모래사장에서 모래성을 쌓고 무너뜨리고를 반복하는 것과 비슷하다는 것이다.

뭐, 결국 "이 세상은 선택이 넘쳐나는 세상"이긴 하다.[14] 이러한 자기중심적 나르시시즘이 현재의 청장년층, 즉 "잃어버린 세대"의 핵심이 되는 동기라고 할 수 있다.

20대 후반이 되어서도 최저 임금을 받으면서 먹고 사는 것이 매우 버거운 사람들이 많다.[15] 자기 자신조차 부양할 수 없는 이 무능력함의 원인은 바로 "좋아하는 일"만 하고 싶은 생각과 "자아실현"에 도움을 주는 직업이 아니면 눈길도 주지 않는 태도다. 많은 젊은이는 아무리 만족스러운 직업이어도 그 일을 항상 좋아하고 즐겁게 하는 사람이 드물다는 현실을 모른다. 게다가 현실(부모 집에서 떠난 바깥 세계)은 자기가 꼭 원하는 꿈의 직업만 좇는다고 해서 그것을 얻게 되는 것이 아니다(잠 28:19). 아무나 빌 게이츠(Bill Gates)나 스티브 잡스(Steve Jobs)처럼 될 수 있는 것이 아니다. 대부분의 사람들은 엄청난 부자가 되지도 못할뿐더러 늘 즐거운 일을 하면서 살고 있지도 않다.

많은 젊은이가 이처럼 "직업"이라는 것을 헛되고 미숙한 시각으로 보기 때문에 막상 일하다가 어려운 일이 닥치면 견뎌내질

---

[14] Lev Grossman, "They Just Won't Grow Up," *Time*, January 16, 2005, http://www.time.com/time/covers/1101050124/.
[15] 20대 중반의 미국의 젊은이들 중 겨우 절반만이 한 가족을 부양할 정도의 돈을 벌고 있다고 「타임」은 지적한다. Ibid.

못한다. 일이란 무조건 재미있어야 한다고 믿는 헛되고 미숙한 근로 시작으로 많은 젊은 사람이 일의 개념을 흡수해 왔기 때문에, 그들은 사정이 어려워질 때 잘 견뎌내지 못한다. 일이란 항상 재밌어야 한다고 믿고, 언제나 자신을 즐겁게 해주는 것만 찾는다. 현대의 젊은 세대는 일이라는 것이 노력이 들어가고 항상 재미있지만은 않다고 해서 일이라 불린다는 것을 깨우쳐야 한다.

정작 본인은 꿈의 직업만 쫓고 있으면서 열심히 일하는 부모더러 일중독이라고 비난하는 젊은이들도 있다. 아마 어렸을 때부터 부모가 사교와 여가생활을 포기하고 일에 매진하는 것을 보았을 것이다. 그런 아이가 커가면서 일에 전념하는 사람들에 대해 분개를 품을 수 있는데, 이는 잘못된 것이다. 우리는 물론 일이 삶의 우상이 되어 그로 인한 파멸을 많이 보았지만, 게으름과 나르시시즘의 무서운 위력 또한 보았다. 이러한 젊은이들이 자신의 인생은 낭비하면서 남들이 갖는 일에 대한 열정을 그저 물질주의적 집착이라고 치부하는 것은 비극이 아닐 수 없다.

사람마다 여러 형태를 지닐 수 있겠지만, 노동에 대한 크리스천의 사상 속에는 우리를 위해 십자가에서 고난 받으신 예수님을 위해 일을 한다는 개념으로 인해 우러러 나오는 기쁨이 있어야 한다. 아무리 일이 힘들고 지겨워도 우리는 예수님을 향한 깊은 감사의 마음으로 일을 해야 한다. 겉으로 보기에는 하찮은 직업들도 예수님을 위해 하는 일이기 때문에 의미가 있는 것이다. 사도 바울은 이런 태도를 가질 것을 우리에게 권면하고 있으며, 우리의 참 보상이 어디에 있을 것인지를 설명해주고 있다.

무슨 일을 하든지 마음을 다하여 주께 하듯 하고 사람에게 하듯 하지 말라 이는 기업의 상을 주께 받을 줄 아나니 너희는 주 그리스도를 섬기느니라(골 3:23-24).

성인 자녀가 크리스천이라면 그들의 삶은 이미 의미가 있다. 무슨 일을 하든 자녀는, 쓸모없거나 장래성 없는 삶을 사는 것이 아니다. 오히려 하나님이 인도하신 삶을 살고 있는 것이다. 비록 지금은 그다지 대단하게 보이지 않을지라도 결국 하나님께 영광을 돌리기 위한 과정에 있는 것이다. 우리는 부모로서 성실한 노동의 가치와 하나님을 위해 살아가는 것의 참된 기쁨을 가르쳐야 한다. 현재 자녀의 직장 고용주는 그다지 효과적인 동기부여가 안 될 수도 있지만 그건 상관없다. 자녀의 진정한 고용주는 예수 그리스도이시기 때문이다.

자녀가 재미에 재미를 더한 환상적인 꿈의 직업을 계속 좇을 수 있는 이유는 바로 지금 현재 자녀가 열심히 일하지 않아도 편하게 살 수 있기 때문이다. 이런 정신 상태로는 앞으로도 누군가 자신을 경제적으로 챙겨줄 것이라고 기대하게 한다. 재정적인 독립은 한때, 성숙함의 상징으로 많은 젊은이들이 목표로 삼았지만 지금은 18세에서 29세 사이 젊은이 중 겨우 반이 그 목표를 이루었다.[16]

재정적으로 독립하지 못한 사람들 중 대부분은 아직도 용돈을 받거나 부모 집에서 숙식을 하며 자신의 아빠와 엄마의 주머니를 탈탈 털고 있다. 어떤 사람들은 정부의 도움을 요청하면서 열

---

16 Ibid.

심히 일을 하여 성실하게 세금을 내는 납세자들이 자신의 재정적 욕구를 대신 해소시켜 주길 바라기도 한다. 그들 중 몇몇은 끝이 보이지 않는 맹목적인 교육과정으로 온갖 장학금과 학비 보조를 받는 만년 학생들이다. 많은 젊은이들은 아직 안정된 생활을 위해 돈을 벌고 예산을 짜고 저축을 하면서 경험하는 여러 삶의 도전과 축복을 겪어보지 못했다.

부모에게 도움을 받는 것을 당연하게 여기는 것도 부족해서 돈 관리에 아주 허술한 성인 자녀도 많다. 그런 아이들은 사고 싶고 하고 싶은 것을 감당할 수 있을 정도의 돈이 모일 때까지만 일한다. 꼭 필요로 하는 것은 부모가 대신 내주기 때문에 남은 돈은 전부 오락과 최신장비 구입에 다 써버린다. 심지어 부모보다 외식도 자주 하고, 이곳저곳으로 여행도 더 많이 다니고, 더 좋은 차를 끌고 다니는 것도 모자라 온갖 최신기기는 다 갖고 있다.

이는 모두 부모가 성인 자녀와 제대로 된 작별인사를 하지 못해서 그렇다. 젊은 층을 겨냥하는 요즘 광고들을 잘 보라. 광고업주들은 이 세대를 "부모 집에 살면서 장난감을 자주 사는 길들이기 쉽고 이용가치 있는 '어른아이' 상태"[17]에 최대한 집중적으로 관심을 가지는 것이 목표다.

성인 자녀가 원하는 대로 부모가 무조건 요구를 들어주다 보면 자녀는 즉각적인 욕구 만족이 정상적이라고 믿게 될 것이다. 많은 성인 자녀들은 아직 저축에 대한 개념도 없다. 그렇기 때문에 대부분이 빚더미에 앉아도 돈을 갚거나 저축할 생각은 안하고

---

[17] Ibid.

일시적인 쾌락을 위해 계속 돈을 쓰는 것이다(잠 22:7). 부모가 언제까지나 카드빚을 내주고 자동차 할부금을 내준다는 당연한 기대를 갖고 있다.

부모로서 긴급한 상황에 자녀를 돕는 것은 당연하지만, 그것이 끝없이 지속된다면 부모는 진정한 사랑과 현명함으로 자녀를 대하는 것이 아니다. 성경은 우리가 먼저 우리의 필요를 직접 책임지고 남들이 우리를 돌보아주기를 바라지 말라고 가르치고 있다(살후 3:10-13).

금전적으로 소홀한 것 외에도 현대 젊은이들은 결혼을 대수롭게 생각하지 않는다. 많은 성인 자녀들이 결혼을 해서 가정을 이루는 대신 부담이 적은 가벼운 연애를 하면서 부정한 성관계를 갖고 있다. 그런 아이들은 일이나 가족을 이루는 책임을 회피하고, 무엇에도 얽매이기를 싫어하고, 항상 많은 자유와 선택권을 갖고 싶어 하기 때문에 늦은 시기에 결혼하게 되는 것이다.

현대 젊은이들은 역사상 가장 결혼시기가 늦다. 이전 세대와 비교할 때 초혼의 평균 연령이 5년이나 올랐다.[18] 지금도 아무 젊은이나 붙잡고 물어보면 대부분이 결혼은 언젠가 하고 싶지만 우선 젊음을 먼저 만끽하고 싶다고 말할 것이다.

이러한 경향에 문제가 있는 것은 당연지사다. 우선 이 사고는 자기중심적 생각의 결실이라고 할 수 있다. 삶과 에너지를 하나님을 사랑하고 이웃을 사랑하는 데 사용하지 않고(빌 2:3-4) 많은

---

[18] 평균 결혼연령은 요즘 여성이 26세, 남성이 28세이다. Information Please® Database, "Median Age at First Marriage, 1890-2007." Pearson Education, Inc., http://www.infoplease.com/ipa/A0005061.html.

젊은이들은 이기적인 쾌락을 위해 삶을 낭비한다. 미국 남침례신학대학원(Southern Baptist Theological Seminary)의 총장 앨버트 몰러 총장은 이렇게 경고한다.

> "결혼을 미루면 늦게 부모가 되고, 가족 수가 적어지며, 심지어 자기중심적인 부모가 되는 것과 같은 부정할 수 없는 사회적 결과를 초래할 수 있다."[19]

나아가 우리는 자녀가 결혼을 미룬다고 해서 성관계를 미루는 것은 아니라는 불편한 진실을 접하고 있다.

> "젊은이들이 결혼을 늦게 한다는 사실은 이전 세대보다 더 많은 사람들과 성관계를 가지게 된다는 것을 의미한다."[20]

우리는 기독교 가정에서 자란 자녀도 포함하여 많은 젊은이들과 상담을 했었는데, 그중 너무나 많은 숫자가 혼전 성관계를 갖고 있다는 것에 놀라지 않을 수 없었다. 성경은 분명히 이렇게 가르친다.

> 모든 사람은 결혼을 귀히 여기고 침소를 더럽히지 않게 하라 음행하는 자들과 간음하는 자들을 하나님이 심판하시리라(히 13:4)

---

[19] Albert Mohler, "The Generation That Won't Grow Up." *Albert Mohler*, January 24, 2005. http://www.albertmohler.com/commentary_read.php?cdate=2005-01-24.

[20] Grossman, "They Just Won't Grow Up."

그럼에도 대다수는 이러한 성생활이 아무런 문제가 되지 않는다고 생각한다.

5. 작별하는 것이 사랑일 때도 있다

베스(Beth)와 스티브(Steve)는 19세 된 아들 칩(Chip)을 도와야 할지 말아야 할지 의견이 나뉘었다. 칩은 독립하여 작은 사업을 하나 시작했는데, 아직까지는 좀 힘든 시기를 겪고 있다. 그러나 칩은 지금 멋진 스포츠카를 사고 싶어 한다.

아버지 스티브는 지금 칩을 도와줄 경제적인 여유가 있기 때문에 아들이 근사한 자동차를 몰고 다니게 해주고 싶다. 반면 어머니 베스는 아들이 지금까지 물질적인 혜택을 너무 쉽게 받아왔기 때문에 칩이 좀 더 사업을 하면서 돈을 벌어 사고 싶은 것을 직접 사는 것이 낫다고 생각한다. 아버지 스티브도 겨우 몇 년 전 열심히 일해서 번 돈으로 스포츠카를 하나 장만한 것처럼 자신의 아들도 그렇게 하기를 바라고 있다.

성인 자녀를 가진 부모로서 자녀에게 작별을 고하는 것이 얼마나 힘든 일인지 잘 알고 있다. 물론 처음에는 자녀를 놓아주는 것이 매우 힘들었지만, 자녀와 함께 질풍노도의 시기를 겪으면서 차차 아주 편안한 관계가 형성될 것이다. 작별을 통해 느끼게 될 허무함과 다시는 자녀가 돌아오지 않을 거라는 망연한 기분을 처음에는 견뎌내기 힘들 수도 있다.

특히 자녀를 보내기까지 온 마음과 정성을 다해 양육한 어머니에겐 더욱더 힘든 시기일 것이다. 그리고 '아이가 떠나고 난 뒤 남겨진 두 부부만의 삶이 어떨까' 하는 불안함도 있을 것이다. 외로움, 삶의 변화 그리고 해마다 하나씩 늘어나는 주름은 두렵기도 하고 비통하기도 하다. 지금 당장은 그렇게 느껴지지 않을지 몰라도 그리고 자녀가 성인이 되어서도 일일이 챙겨주고 싶고 도와주고 싶어도, 때로는 당신이 자녀에게 베풀 수 있는 가장 큰 사랑은 눈 딱 감고 작별인사를 하는 것이다.

좀 더 이야기해 보자

1. 작별인사를 하는 것에 대해 어떤 기분이 드는가? 작별을 하지 못하는 이유가 있는가? 아이를 떠나보낼 때, 어떤 단계를 밟아야 좋은지 담당 목사님으로부터 조언을 들어보려 했는가?

2. 성인 자녀가 정해진 기간 동안 집에 머물러도 좋은 몇 가지 이유를 제시했다. 그 이유 중 당신의 상황에 적용할 수 있는 것이 있는가? 만일 없다면, 당신의 아들이나 딸이 집을 떠나는 계획을 생각해 두었는가?

3. 이 장에서 언급한 성인 자녀의 파괴적 성향을 당신의 자녀에게서 보았는가? 당신은 자녀를 양육할 때, 현 세대 젊은이들에게서 볼 수 있는 지나친 자아도취와 이기심을 부추긴 행동을 한 적이 있는가?

4. 칩의 부모가 칩에게 스포츠카를 사주는 것에 동의하는가? 동의한다면 왜 그런가? 당신이 성인 자녀에게 사주었던 비싼 물건에는 어떤 것들이 있는가?

5. 이 장에서 배운 것을 네다섯 문장으로 요약해 보라.

4장

하나님을 기쁘시게 하는 일을 반기자

케빈(Kevin)과 줄리(Julie)에게는 성인이 된 아들 셋이 있다. 둘은 학업을 마치고 직장을 얻은 후에 독립해서 살고 있다. 안타깝게도 첫째, 셋째와는 달리 둘째 아들 마크(Mark)는 27세의 나이에도 여전히 부모 집에서 살고 있다. 고등학교를 졸업한 후 마크는 집 근처 전문대에서 몇 과목을 들었지만 학교가 지겹다는 이유로 자퇴를 했다. 마크는 친구들 몇 명과 밴드를 만들어서 드럼을 치지만, 한 번도 돈을 받고 공연을 해본 적은 없다.

몇 년 전 마크는 부모 집에서 나가 친구 몇 명과 아파트를 얻었다. 그러나 작년에 갑자기 마크는 완전히 빈털터리가 되어 집으로 돌아왔다. 게다가 3만 달러 이상의 카드빚까지 지고 있었다. 아버지 케빈은 아들이 20퍼센트가 넘는 이자를 물고 돈을 갚는 것을 도저히 두고 볼 수 없어서 마크가 언젠가 돈을 다 갚는다는 조건 하에 카드빚을 전부 갚아주었다. 마크는 최저 임금을 받고 본인이 쓰는 기름 값, 자동차 보험, 기타 용돈을 벌기 위해 일주일에 20시간 정도 일하고 있다. 또한 컴퓨터와 비디오 게임을 하거나 친구들과 어울리는 데 많은 시간을 보내고 있다.

이 일을 더욱 복잡하게 만든 것은 마크가 인터넷을 통해 불법으로 사들인 진통제에 이미 중독이 되어있다는 것을 부모님이 발견하게 된 것이었다. 아버지의 권유로 마크는 의사의 도움을 받으러 갔고, 의사에게 진통제를 끊게 하는 데 도움이 되는 처방을 받았다고 했다.

케빈은 마크에게 수개월 동안 일주일에 50달러씩 약값을 줬다. 그리고 이제 마크는 의사에게 석 달 동안은 그동안 복용한 처방약을 해독해야 하기 때문에 일을 쉬라는 권유를 받았다고 한다. 아버지 케빈이 자동차 할부금을 대신 내주고 마크에게 용돈까지 줘야하는 상황이 다시 온 것이다. 아버지 케빈은 아무래도 의심스러워서 마크에게 의사와의 진찰 내용을 물어보았지만 개인 기밀이라며 말을 하기 꺼려한다.

1. 하나님께 작별인사를 고한 제사장

위의 이야기에서 케빈과 줄리가 무심코 저지른 잘못은 미국 전역의 수많은 가정에서 반복되고 있다. 이 책을 읽는 많은 분들도 그들의 이야기에 공감할 것이라는 것을 우리는 확신한다. 그러나 사실 이 문제는 미국만의 문제도 아니고, 현 시대만의 문제도 아니다. 이런 이야기는 수천 년 동안 들려오는 이야기이다.

3천 년 전 하나님의 종 엘리는 아들들을 키우는 데 중대한 실수를 범했다. 그 실수는 너무 치명적이어서 엘리는 지혜롭고 경건한 제사장으로 기억되는 것보다는 잘못된 자녀양육의 성경적 상징으로 기억되고 있다.

성경 속 엘리의 이야기는 아들들이 성인이 되어 이미 제사장으로서 활발하게 사역을 하고 있을 때부터 시작한다(물론 아들들이 어렸을 때도 엘리의 자녀교육은 형편없었을 것으로 예상된다). 이스라엘 역사의 참 안타까운 인물인 엘리는 하나님을 기쁘시게 하기보다는 아들들을 기쁘게 하는 것을 선택했고, 그 결과 소중히 여겼던 모든 것을 한꺼번에 잃는 것을 보여준 전형적인 예이다.

혹 엘리의 안타까운 이야기를 잘 모르는 독자를 위해 설명하겠다. 엘리는 사사시대에 하나님의 제사장으로서 아들 홉니와 비느하스와 함께 하나님을 섬겼다(삼상 1:3). 성경은 홉니와 비느하스를 가리켜 "행실이 나빠 여호와를 알지 못하더라"(삼상 2:12)고 묘사한다.

그 둘은 하나님의 법을 따르지 않고 백성들의 제물에서 탐나는 것을 가져갔고 그것에 항의하는 충성스런 예배자들을 괴롭혔다(삼상 2:13-16). 또한 회막에서 수종드는 여인들과 음행을 저질러(삼상 2:22) 목회자의 권위를 남용했다. 이런 행위는 그 자체로도 심각했지만 그보다 하나님의 거룩함과 제사장의 책임 그리고 그들 아버지의 역할까지도 완전히 무시한 그들의 불경건한 마음가짐에서 비롯된 결과였다. 홉니와 비느하스의 계속된 불순종과 무관심은 결국 심판을 자초했다(삼상 2:17).

아들들의 악행을 사람들로부터 보고받았을 때 엘리는 도대체 무엇을 했는지 궁금할 것이다. 엘리는 사실 아무 말 없이 벙어리처럼 앉아 있지 않고 몇 번이고 말로 아들들을 훈계했다.

> 너희가 어찌하여 이런 일을 하느냐 내가 너희의 악행을 이 모든 백성에게서 듣노라 내 아들들아 그리하지 말라 내게 들리는 소문이 좋지 아니하니라 너희가 여호와의 백성으로 범죄하게 하는도다 사람이 사람에게 범죄하면 하나님이 심판하시려니와 만일 사람이 여호와께 범죄하면 누가 그를 위하여 간구하겠느냐 하되 그들이 자기 아버지의 말을 듣지 아니하였으니 이는 여호와께서 그들을 죽이기로 뜻하셨음이더라(삼상 2:23-25).

엘리는 아들들의 악행을 충분히 알고 있었고 그들이 잘못하고 있을 뿐만 아니라 이대로 간다면 하나님의 심판이 있을 것을 알고 있었다. 엘리는 확실히 아들들에게 훈계하고 비판도 했지만 더욱 적극적으로 자식의 악행을 막지 않았고, 결국엔 엘리와 아들들 양쪽 모두 값을 치르게 되었다.

엘리는 두 아들의 마음을 바꾸어 놓지는 못할지라도 최소한 대제사장으로서 두 아들의 사역을 그만두게 했어야 했다. 홉니와 비느하스가 제사장 직분을 남용하게 내버려두었기 때문에 엘리는 죄를 방치해 둔 것이나 마찬가지이고, 이로 말미암아 하나님께 드리는 예배와 하나님의 백성을 모욕한 일의 공모자가 되었다. 엘리는 사사로서 율법이 명령한 바처럼(신 21:18-21) 두 아들을 심판하지 않고 오히려 못된 아들들을 이스라엘의 사사로서 섬기도록 허용했던 것이다. 결국 하나님은 엘리와 함께 홉니와 비느하스를 심하게 심판하셨다.

> 내가 그의 집을 영원토록 심판하겠다고 그에게 말한 것은 그가 아는 죄악 때문이니 이는 그가 자기의 아들들이 저주를 자청하되 금하지 아니하였음이니라(삼상 3:13).

2. 엘리는 정말 치명적인 실수를 한 걸까?

어째서 엘리는 자식을 바로 잡고 통제하는 것에 대한 책임이 있는데도 두 아들이 끔찍한 악을 저지르도록 내버려 두었을까? 하나님은 이 문제의 핵심을 분명하게 설명하셨다.

> 너희는 어찌하여 내가 내 처소에서 명령한 내 제물과 예물을 밟으며 네 아들들을 나보다 더 중히 여겨 내 백성 이스라엘이 드리는 가장 좋은 것으로 너희들을 살지게 하느냐 그러므로 이스라엘의 하나님 나 여호와가 말하노라 내가 전에 네 집과 네 조상의 집이 내 앞에 영원히 행하리라 하였으나 이제 나 여호와가 말하노니 결단코 그렇게 하지 아니하리라 나를 존중히 여기는 자를 내가 존중히 여기고 나를 멸시하는 자를 내가 경멸하리라(삼상 2:29-30).

"존중"이라고 번역된 히브리말은 문자적으로는 "비중 있게 또는 중요하게 대하다"라는 의미를 가지고 있다. 엘리의 죄는 아들들을 하나님보다 더 "비중 있게 또는 중요하게" 대했다는 것이다. 엘리는 그저 묵묵부답한 평화를 원했기 때문에 하나님께서 원하신 일을 행할 용기를 갖지 못했다.

3. 엘리만 그런 것이 아니다

성경에서 볼 수 있는 실패한 부모는 엘리뿐만이 아니다. 엘리의 후계자 사무엘 또한 아버지의 길을 따르지 않은 성인 아들들이 있었다(삼상 8:1-3, 5).

다윗왕도 자녀들이 강간과 살인죄(삼하 13)를 저질렀을 때 제대로 처리하지 못했기 때문에 결국 이스라엘에 내전이 일어나게 되었다. 후에 다윗의 아들 아도니야가 다윗이 지정한 후계자 솔로몬으로부터 나라를 찬탈하려고 시도했을 때에도, 성경은 다윗이 그의 아들 아도니야의 반역을 알고서도 엄히 꾸짖지 않았다고 말한다.

> 그의 아버지가 네가 어찌하여 그리 하였느냐고 하는 말로 한 번도 그를 섭섭하게 한 일이 없었더라(왕상 1:6).

엘리는 비뚤어져 나가는 아들딸들의 죄와 결점을 보면서도 아무런 대응을 하지 않는 오늘날의 많은 부모와 비슷하다. 엘리가 그랬던 것처럼 이런 부모도 자식에게 잔소리는 할 줄 안다.

"네가 해가 중천에 뜰 때까지 자고 하루 종일 집안에서 빈둥대면서 시간을 낭비하는 것을 이제는 더 이상 볼 수가 없다. 제발 아침에 일어나서 취직을 하든지 학교를 가든지 해라!"

아니면 자식에게 호소할 수도 있다.

"남자친구 집에서 자고 오는 것이 잘못됐다는 것을 너도 알잖니. 어떻게 네 아버지와 나한테 이럴 수 있니?"

심지어 협박을 하는 부모도 있다.

"네 자동차 보험료와 휴대폰 사용료 내주는 것도 이번이 마지막이다! 한 번만 더 술 취해서 집에 돌아오면 내쫓아 버릴 거야!"

절망감을 느끼는 부모도 많다. 우리의 말이 생각했던 만큼 효과가 없다는 것을 잘 알지만 달리 어찌할 방도가 없다. 우리는 간청하고 감언으로 속이기도 하고 위협하기도 한다. 그러나 결국 막다른 길에 다다르면 어쩔 수 없이 자녀에게 먹을 것과 잠자리와 차편과 돈을 계속해서 제공하는 사람들이 우리 중에 많다. 아이들은 이 패턴을 보면서 자연스럽게 부모 잔소리를 흘려듣고 무시하는 법을 배우게 된다.

독립해서 살고 있는 성인 자녀의 죄를 부모가 책임질 수는 없지만, 한 집에서 살면서 일어나는 일에 대해서는 책임을 져야 한다. 엘리처럼 자녀의 잘못된 생활을 부추기는 꼴이 된다면 아무리 경건한 부모라도 자기도 모르는 사이에 하나님을 우습게 보는 자녀의 죄에 동참하게 되는 것이다.

4. 우리 모두는 조금씩 엘리와 닮은 구석이 있다

방금 읽은 문장이 혹 당신을 괴롭게 했는가. 당신의 기분을 나쁘게 하려고 한 것은 아니다. 가정에서 잘못된 생활을 하고 있는 성인 자녀와의 관계에서 어렵지만 경건한 결정을 내리도록 용기를 주고자 한다. 이 문제에 대해 어떤 가르침도 받아 본 적이 없는 사람이 많을 것이다.

몇몇은 기운이 빠지고 혼란스러우면서 성인 자녀에게 책임감 있는 삶을 강요하는 것이 과연 기독교적인가 의문이 드는 사람도 있을 수 있다. 우리는 자녀에 대한 사랑과 희망에 얽매여서 이러지도 저러지도 못하는 기분이 들지라도 오직 하나님을 먼저 섬겨야 한다는 사실을 잘 알고 있다.

엘리의 시대로부터 3천 년이 지났지만 아직도 엘리의 잘못된 동기를 갖고 있는 부모가 많다. 우리는 자녀들을 하나님보다 존귀하게 여긴다. 갈등을 피하고 싶고 심지어 자식의 죄를 눈감아 주고 싶은 유혹도 받는다. 아이들에게 집을 떠나라고 강요하면 아이들이 더 심한 문젯거리에 봉착하게 될까봐 우리는 두려워한다. 아이들이 무엇인가 부족하게 살아야 한다는 생각은 견딜 수가 없고 만일 아이들이 길거리에 내앉게 된다면 어찌하나 고민도 된다.

자녀에게 옳고 그른 것 사이에서 선택을 하라고 한다면 무슨 대답을 할까?

아이들이 잘못된 것을 선택하면 어떡하지?[1]

당신이 느끼고 있을지도 모를 번민과 혼란을 우리는 이해한다. 하지만 다음 세대의 젊은이들과 우리 자녀들 앞에서 하게 될 당신의 간증을 염두하는 마음에서 내가 직설적으로 말하는 것을 이해하기 바란다.

성경이 우리에게 요구하는 것을 거부하고 자녀가 경건치 못한 삶을 살도록 허용할 때, 우리는 아이들을 진정으로 사랑하는 것이 아니다(잠 13:34을 보라). 아이들과 아이들의 영혼보다 내 자신을 더 사랑할 때 우리는 자녀의 죄를 방치하게 된다. 우리는 기분이 상하는 것이 싫고, 갈등이 싫고, 무엇보다도 아이들을 잃는 것이 싫다. 해마다 우리는 계속해서 스스로에게 거짓말을 하고 아이들에게 잔소리만 하면서 하나님 말씀에 순종하지 않고 모든 것이 나아지기를 막무가내로 기대한다.

---

[1] 홀아버지인 미크(Mick)는 두 아이를 끝까지 키우는 것이 어렵다는 것을 알게 되었다. 아내가 사망했을 때 아이들은 고등학교에 재학 중이었다. 아이들이 20대에 들어서자, 미크는 훨씬 더 어려운 시기를 보내게 되었다. 26세인 딸 티나(Tina)는 결혼하기도 전에 아이를 임신했고, 두 살배기 아기 웨슬리(Wesley)를 데리고 집으로 돌아왔다. 그 아이의 아버지와 헤어졌기 때문이었다. 티나는 아이를 돌보기를 원하기 때문에 일을 하지 않는다. 이제 그녀는 새 남자 친구가 생겨서 거의 매일 저녁 그 사람과 외출을 한다. 웨슬리는 할아버지가 돌보아야 할 때가 자주 있었다. 미크의 아들 샐(Sal)은 24세인데 집을 떠나 살아본 적이 없다. 그는 서핑 학교를 시작해 보고 싶다고 하기는 하나, 별반 진전을 보이지 않고 있다. 샐은 아버지 미크가 준 신용 카드로 필요한 비용을 지불한다. 미크가 샐과 티나에게 금전적인 도움을 끊어버리거나 집 밖으로 쫓아내버리겠다고 위협하자, 그들은 어머니의 죽음으로 상처를 입었으며 어머니라면 결코 아버지가 이런 식으로 가족들이 갈라지게 하는 것을 원하지 않을 것을 아버지도 알고 있지 않느냐고 했다. 최근 일을 더욱 복잡하게 만든 것은, 미크가 실비아(Silvia)를 만났다는 것이다. 실비아는 아름답고, 경건한 독신 여성이며 미크보다 몇 살 아래 여자다. 실비아가 미크 집의 상황을 직접 보게 되기 전까지는, 그들의 관계는 멋지게 진행되고 있었다. 그녀는 미크에게 "저 아이들을 집에서 내보낼 때까지는 저는 당신과의 결혼을 고려하지 않겠어요!"라고 말했다.

"재도 언젠간 알아서 나아지겠지"라며 나태한 꿈을 꾼다.

"이번에는 마약을 복용하지 않는다고 했으니 거짓말은 아닐 거야. 검사 받으라고 하면 굴욕감만 줄 텐데. 그러고 싶지 않아."

아마 엘리도 비슷한 생각을 했을 것이다. 혹시 엘리도 두 아들에게 너무 호통치지 않으면 아들들이 알아서 깨우치고 아버지에게 감사한 마음으로 생활이 달라질 것이라고 기대했을지도 모른다. 그러나 홉니와 비느하스는 변하지 않았다. 아버지를 그저 늙고 힘없는 사람으로 보았고 결국엔 그 값을 치렀다.

날마다 우리는 선택을 한다. 자신을 사랑할 것인지 아니면 이웃을 사랑할 것인지 선택한다. 아이들을 존귀하게 여길 것인지 하나님을 존귀하게 여길 것인지 선택한다. 지금 당신에게 권유하는 선택이 매우 어려울 수 있다는 것을 알고 있다. 그렇지만 이러한 선택이 당신 혼자서만 하는 것이 아님을 알기를 바란다. 예수 그리스도께서도 똑같이 시험을 받으셨다.

> 우리에게 있는 대제사장은 우리의 연약함을 동정하지 못하실 이가 아니요 모든 일에 우리와 똑같이 시험을 받으신 이로되 죄는 없으시니라 그러므로 우리는 긍휼하심을 받고 때를 따라 돕는 은혜를 얻기 위하여 은혜의 보좌 앞에 담대히 나아갈 것이니라(히 4:15-16).

겟세마네 동산에서 그리스도는 우리 대신 받게 될 하나님의 진노를 피하고 싶은 유혹을 받으셨지만, 담대히 우리를 구원하기 위해 언덕 끝까지 걸어 올라가셨다. 그리스도는 안락의 유혹과 위신을 위해 사람의 마음을 사는 유혹이 어떤 것인지 아신다. 그리스도는 관계를 상실하는 고통과 의를 위해 모든 것을 내거는 것이 어떤 것인지 아심에도 당신을 위해 끝까지 견디셨다.

죄가 없으신 예수 그리스도는 당신을 위해 기꺼이 자신을 내어주셨기 때문에, 당신이 하나님께 부르짖어 도움을 청할 때 하나님은 당신의 기도를 들어주신다는 것에 대해 확신을 가져도 된다. 지금 당장 하나님께 간청할 수 있고, 하나님은 응답을 하실 것이다.

왜?

당신이 하나님의 백성이라면, 하나님은 이미 당신이 엘리나 엘리의 아들들처럼 살았던 모든 순간의 죄에 대한 값을 대신 치르셨고, 그로인해 예수 그리스도와 하나님 사이의 완벽하게 깨끗해진 관계를 당신에게 양도하셨기 때문이다. 기도하면 반드시 응답을 받는다. 하나님은 당신과 같지 않으시다. 하나님의 사랑은 이기적이지 않다. 하나님은 항상 약속을 지키신다.

지금 당장 기도해보라. 당신이 옳은 선택을 하는 데 필요한 힘을 주실 것이다.

5. 하나님을 기쁘시게 하는 일을 어떻게 반기는가?

우리가 농경사회에 살고 있지 않아서 당나귀를 다뤄본 경험이 있는 사람이 몇 (혹은 아예) 없더라도 당나귀가 얼마나 고집이 센지는 알고 있을 것이다. 당나귀는 아무리 달래고 위협하고 우는 소리를 내고 잔소리를 해도 꿈쩍도 안한다. 잠언 26:3이 말하고 있는 바와 같이, 당나귀가 알아듣는 것은 바로 "행동"이다. 채찍과 고삐만이 당나귀가 해야 할 일을 하게 만드는 것이다.

> 말에게는 채찍이요 나귀에게는 재갈이요 미련한 자의 등에는 막대기니라(잠 26:3).

어리석은(게으르고, 예의 없고, 부도덕한 등) 젊은이는 부모의 잔소리와 우는 소리에 설득당하지 않는다. 어리석은 젊은이의 주목을 끄는 것은 오직 단호한 행동이다. 20세가 넘은 자식의 엉덩이를 때릴 수는 없지만 용돈을 끊고 자동차와 휴대폰과 신용카드를 뺏을 수는 있다. 집에서 사는 조건으로 여러 요구사항을 제시할 수 있고, 만일 합당한 규칙을 따르지 않는다면 집에서 나가라고 할 수도 있다.

너무 심한 것 같고 사랑이 없는 조치처럼 보일지는 몰라도 이렇게 강한 행동은 성령께서 자녀의 마음을 붙잡기 위해 사용하실 수단이 될 수도 있다. 하나님은 우리의 믿음으로 비롯된 단순한 행동과 계속된 훈계를 이용하여 일평생의 어리석음과 고통으로부터 자녀를 구원하실 수 있다. 이 상황에서 하나님께는 "네"라고 하면서 자녀에게는 강하게 "안 돼"라고 하는 것이 진정으로 자녀를 가장 사랑하는 행위일지도 모른다.

> 네가 네 아들에게 희망이 있은즉 그를 징계하되 죽일 마음은 두지 말지니라(잠 19:18).

무책임한 자녀를 항상 적극적으로 대응해야 하는 것은 아니다. 가끔은 아무것도 하지 않은 것이 가장 좋은 방법이기도 하다. 때때로 사랑은 한 걸음 뒤로 물러나 자녀가 한 선택의 결실을 직접 경험하도록 내버려두는 것이기도 하다. "하나님은 업신여김을 받지 아니하시나니 사람이 무엇으로 심든지 그대로 거두"기 때문에 갈라디아서 6:7은 우리에게 속지 말라고 경고한다.

자신이 제사장 자리에서 물러나면 두 아들이 어떻게 밥벌이를 할지 걱정스러워 하는 엘리의 모습은 쉽게 상상이 된다. 자녀의 어리석은 선택으로 인해 생기는 결과(할부금을 내지 못해 자동차를 압수당하는 것, 전기나 물이 끊기는 것, 파산, 노숙생활과 심지어 수감생활)를 차마 두고 볼 수만 없는 부모가 많다. 우리가 계속해서 자녀를 어리석은 선택으로부터 보호한다면, 이런 결과물을 통해 자녀와 자녀에게 훈육하실 하나님 사이에 우리가 놓이게 되고 결과적으로 하나님보다 아이들을 더 귀하게 여긴 죄를 짓게 된다.

시편 기자는 하나님께서 고난을 통해 비뚤어져 가는 사람을 다시 하나님의 품으로 이끄시는 모습을 우리에게 상기시켜준다.

> 고난 당하기 전에는 내가 그릇 행하였더니 이제는 주의 말씀을 지키나이다(시 119:67).

탕자는 돼지 먹이라도 먹었으면 하는 절망적인 상황 가운데 간절하게 빌었고 비로소 정신을 차렸다는 것을 기억하라. 자녀가 부모 품을 떠나 먼 나라에 가서 인생을 탕진하는 모습을 본다면 부모의 가슴은 찢어질 것이다. 그러나 이 상황도 하나님께서 자녀를 인도하시는 하나의 과정으로 사용하신다는 것을 명심해야 한다(눅 15:11-18).

이 진리를 제대로 이해한 한 부모는 다음과 같이 말했다.

"우리 자녀들도 성인으로서 하나님 앞에서 우리와 동등하게 인생의 선택권을 갖고 있죠. 우리에겐 그 사실이 마음을 홀가분하게 합니다. 너무나 많은 부모가 자식의 잘못된 선택에 죄의식과 책임감을 느끼며 괴로워하죠. 먼저 우리는 우리가 성경말씀을 따르는 삶을 살고 있는지 점검합니다. 그리고 자녀들도 하나님의 주권 안에 있는 어른이라는 점에 위안을 얻죠."

6. 하나님은 우리의 단순한 믿음의 행위를 항상 축복해 주신다

이제 소개할 두 이야기는 하나님을 기쁘시게 하기 위해 어리석은 자녀들에게 작별을 고하기로 작정한 부모들의 실화다. 물론 모든 가정사가 이 이야기처럼 끝나지는 않겠지만, 분명히 가능하다는 것을 확실히 말해두고 싶다. 비록 지금 당신의 이야기는 다른 방향으로 흘러가고 있을지도 모르지만, 하나님이 당신의 단순한 믿음의 도약을 항상 축복하신다는 것을 우리는 확신한다. 당신이 믿음과 인내 속에서 성장할 시간을 주실 수도 있고, 믿음만으로 살아가는 삶의 참된 기쁨에 눈을 뜰 수 있게 도와주실 수도 있다.

롭(Rob)이 고등학교를 졸업하고 대학에 갈 무렵 아버지 루디

(Rudy)는 아들 롭이 자신의 집에서 살면서 집 근처 대학에 다닐 수 있는 기회를 주었다. 매일 아침 롭은 집을 나서서 오후 늦게 돌아오곤 했다. 첫 학기가 끝난 뒤 루디는 아들의 성적을 보고 싶어 했지만, 롭은 여러 가지 행정적 문제가 있어서 성적표를 받지 못하였다고 했다.

이렇게 몇 주일이 계속 되었고, 마침내 루디는 학교에 수소문을 하고나서야 롭이 학기 초부터 수업을 듣지 않았고 전 과목을 낙제했다는 사실을 알게 되었다. 수업을 듣는 대신 롭은 하루 종일 학교 도서관에서 영화를 보고 컴퓨터 게임을 하며 시간을 보냈던 것이다. 롭이 그동안 수년간 보여주었던 나태함과 무책임함의 결실이 여기서 또 나타난 것이었다. 아버지 루디는 아들 롭에게 당장 집에서 나가 스스로 살아갈 방도를 찾으라고 일렀다. 아예 군 입대를 하는 것이 나을지도 모르겠다는 귀띔도 했다. 롭은 고민 끝에 공군에 지원하게 되었고, 군에서 첫 4년을 성공적으로 완수한 후에 직업 군인이 되기로 결정했다.

19세 스티브(Steve)는 부모님의 정성과 노고를 잘 알고 있지만 집안의 규칙들이 너무 싫었다. 스티브는 집안의 규칙대로 살지 않고 그저 친구들과 어울리며 마음대로 사는 평범한 청년이 되고 싶었다. 어느 날 스티브가 만취한 채 집에 들어오고 페이스북에 대마초를 피운 것을 자랑삼아 얘기한 것을 부모가 알게 되었고, 이 사실을 알게 된 스티브의 부모는 여기서 선을 그어야겠다고 다짐했다. 스티브에게 정한 규칙에 맞게 살거나 집을 나가거나 둘 중 하나를 선택하라고 통보했다.

스티브는 자유로운 삶을 살 수 있는 기회다 싶어서 친구들과

방을 얻어 집을 나갔다. 그러나 몇 주 후, 스티브는 부모의 조언을 구하기 위해 다시 집으로 돌아왔다. 같이 살게 된 룸메이트가 자기 몫의 월세를 지불하지 못하여 스티브가 대신 차액을 물어야 하는 상황이었다. 게다가 또 다른 룸메이트는 지저분한 것도 모자라 집안 물건을 아무데나 늘어놓고 남의 음식까지 허락 없이 먹는 아이인 것이었다.

스티브는 지금 독립생활이 좋고 새로운 직업에 대한 긍지도 가지고 있지만, 모든 수입이 전부 생활비로 나가고 있다는 것을 깨달았다. 그리고 스티브는 더 좋은 직장을 얻기 위해 기술을 배우고 싶지만 하루 종일 일을 하고 나면 학교에 갈 시간이 없다는 것을 알게 되었다. 부모님이 다시 받아 주신다면, 스티브는 다시 집으로 돌아갈까 생각 중이다.

스티브는 과연 스스로 한 선택으로 인해 깨달음을 얻은 탕자일까? 과연 이대로 지혜로운 아들이 될 수 있을까?

7. 하나님께 순종하고 하나님의 긍정적인 응답을 들어라

이 단원에서 읽은 것 대부분이 쉬운 일이 아니라는 것을 우리도 잘 알고 있다. 우리는 당신이 하나님 앞에서 믿음으로 살고 성인 자녀를 위해 옳은 선택을 하기를 바란다. 당신은 지금 당장 심각한 결정을 내려야 하는 상황에 처했을지도 모른다. 그렇다면 선택을 더 이상 늦추지 말라고 권면해도 되겠는가?

우리의 마음은 기만할 때가 많아서 꼭 해야 할 일을 별 것 아닌 것처럼 속이고 미루는 경향이 있다. 엘리도 아마 자신을 타이르고 속이면서 해야 할 일을 미루었을지 모른다. 부모로서 해야 할 일을 미루다보면 우리 자녀는 언제나 같은 자리에 어리석은 인간으로 남아 있을 것이다.

나는 당신에게 미래에 대한 희망의 씨앗을 남겨두고 싶다. 우리는 충만한 능력으로 온 세상을 주관하시는 하나님을 섬기고 있기 때문에, 당신이 이 책을 그저 우연히 읽고 있는 것이 아니라고 생각한다. 이 책을 직접 샀을 수도 있고 누군가에게 선물로 받았을 수도 있지만, 어쨌든 하나님의 섭리에 의해 이 책이 지금 당신 손에 있는 것이다. 하나님이 당신의 삶에서 그리고 혹시 이 책을 읽으면서 내리게 되는 여러 결정을 통하여 일하실 것이라는 희망을 가져도 좋다. 하나님은 사랑하는 당신의 자녀의 삶 속에서도 일하신다.

여태껏 하나님보다 자녀를 더 귀하게 여겼다는 것을 깨달았는가? 당신의 자녀는 앞으로도 절대 변하지 않을 것이라고 생각하는가?

어찌 되었건 하나님은 죽음에서 생명을 가져오시고 믿지 않는 마음을 믿음으로, 충만한 순종의 마음으로 만드시며 매일 아침 새로운 은혜를 당신에게 베푸신다는 것을 잊지 말라!

바로 오늘이 당신과 자녀가 변하고 회복되는 날일지도 모른다. 그리고 지금 상황이 너무 힘들다면 버틸 수 있는 은혜를 베풀어 달라고 기도해보는 것은 어떻겠는가?

좀 더 이야기해 보자

1. 엘리 제사장의 이야기는 당신의 현 상황과 연관성이 있는가? 그렇다면 어떻게 연관되는가? 엘리 제사장이 두 아들의 악행을 허락했던 이유를 무엇이라고 생각하는가?

2. 하나님은 엘리 제사장이 두 아들을 하나님보다 더 귀하게 여겼다고 말씀하셨다. 부모가 자식을 하나님보다 더 귀하게 여기는 상황에는 또 어떤 것이 있겠는가? 당신에게는 그런 경험이 있는가?

3. 현재 당신과 자녀의 관계에서 당신이 자녀보다 하나님을 더 섬긴다는 인식을 심어 줄 수 있는 방법이 있는가? 당신의 주변에는 조언을 구하기 위해 찾아갈 수 있는 지인이 있는가? 그렇다면 지금 당장 그 사람과 약속을 잡아보는 것이 어떻겠는가?

4. 당신이 자녀를 사랑함에 있어 가장 진실된 행위는 무엇인가? 당신이 그저 자녀들이 근처에 머무르는 것, 갈등이 없이 지내는 것, 챙기는 것보다 당신의 자녀들 그 자체를 더 사랑할 수 있도록 하나님께 은혜를 베풀어 달라고 기도해보자.

5. 이 장에서 배운 것을 네다섯 문장으로 요약해 보라.

5장

"얼마든지 집에 있어도 좋다. 하지만…"

　마티(Marty)와 앤(Ann)은 올해 스물한 살이 된 딸 수잔나(Susanna)를 몹시 사랑한다. 수잔나는 명랑쾌활하고 다정하며 집안일도 잘 거드는 편이다. 그러나 수잔나는 지금 전문대에서 기본 과목을 수료하는 것과 직장에 다니는 것 사이에서 고민하는 과도기에 있다. 현재 수잔나는 일주일에 열다섯 시간 정도 일을 하고 남은 시간은 집안일을 거들거나 남자친구 닉(Nick)을 만난다. 닉은 직접 돈을 벌어서 대학에 다니고 있지만 앞으로 대학을 마치기 위해서는 3년은 더 다녀야 하기 때문에 결혼은 아직 무리다. 마티와 앤은 평소 수잔나와 아무런 갈등이 없지만 현재 딸의 삶에 아무런 진전이 없다는 것이 염려스럽다. 어떻게 해야 조심스럽고 상냥하게 딸을 자극시킬 수 있을지 고민하고 있다.

1. 집에서 함께 살 때의 어려움

최선의 상황에서도 부모와 함께 사는 성인 자녀들은 많은 어려움을 겪게 될 것이다. 이 과정은 인간관계가 변함에 따라 발생하는 자연스러운 불편함이다. 사람이 성숙해지면서 겪게 되는 변화에도 어느 정도 불편함이 존재한다.

부모와 성인 자녀 사이에 느끼는 갈등의 주된 원인 중 하나는 트윅스터 성향을 갖은 자녀의 태도이다. 또한 의존적인 소년기에서 독립된 성인기로 넘어가는 중간 지점에 있기 때문에 많은 갈등이 일어난다. 무엇도 확정되지 않은 애매한 시기는 부모와 자녀에게 똑같이 힘든 시기이다. 자녀는 성인기에 들어서는 전환기의 마지막 단계에 있기는 하지만 여전히 부모에게 의존하는 부분이 많다.

이 시기의 자녀는 부모에게 도움을 받는 것을 좋아하지만 (때로는 지나치게 좋아하지만) 너무 어린아이처럼 "엄마와 아빠"에게 의지하는 것에 불편함을 느낀다. 또한 집을 나와 따로 살거나 이미 결혼을 하고 가정을 이룬 친구들을 직접 보면서 아직도 부모집에서 신세지고 있는 자신에게 '무언가 근본적인 문제가 있는 것은 아닐까?' 하며 고민하기도 한다. 마치 자신이 갓난아기처럼 느껴지거나 패배자처럼 보이기도 할 것이다.

이 시기의 자녀는 이미 자기비판적이 되어 있기 때문에, 부모가 하는 비판은 (특히 부정적인 자기평가를 부추기는 비판은) 잘 받아들이지 않는다. 성인 자녀는 대체적으로 부모의 통제와 간섭에 굉장히 민감한 반응을 한다. 비록 부모의 말이 타당하고, 부모가 존중하는 어조로 말한다고 하여도 자녀의 기분이 상하는 경우가 많다.

반면에 부모는 어른의 특권은 원하면서도 어른의 책임은 회피하는 자녀의 모습이 불만이다. 우리는 주위에 만년 학생 신분으로 빈둥대며 사는 아이들을 보면 맹세코 내 자식은 저렇게 키우지 말아야지 하면서 혀를 두른다. 혹은 개인 시간이 많은 부모를 보면서 '나는 언제쯤 저렇게 여유가 생길까?' 하며 부러워하기도 한다. 이러한 자기중심적 생각을 계속한다면 우리는 어느새 성인 자녀가 겪게 될 정상적인 문제들에 과민반응하고 싶은 유혹에 빠져든다.

자녀의 하루를 사사건건 통제하고 싶거나 자녀가 인터넷 검색이나 TV를 보고 있어도 괜히 욱하고 치밀어 오르기도 한다. 그리고 자녀가 생각 없이 자기 물건을 집안 여기저기에 늘어놓기라도 하면 우리는 더욱 예민해져 자녀를 감사할 줄 모르는 자기중심적인 인간으로만 여기게 된다.

성인 자녀와 함께 사는 것은 어려울 수밖에 없다. 아무리 서로 즐겁고 사랑해도 어려움이 있기 마련이다. 우리는 모두 죄인이기 때문에 내 자신의 눈에 있는 들보는 보지 못하면서 아이들 눈에 있는 티는 쉽게 본다(마 7:3-5). 이런 이유에서 자녀와 함께 살 때는 확고하게 서로 합의된 규칙이 반드시 필요한 것이다.[1]

---

[1] 결혼한 성인 자녀가 부모와 함께 살 때, 문제는 급증한다. 창세기 2:24은 말하길 "이러므로 [결혼을 하면] 남자가 부모를 떠나 그 아내와 합하여 둘이 한 몸을 이룰지로다"고 했다. 이상적으로 말해서, 젊은 한 쌍은 부모에게서 재정적으로, 정서적으로 독립해서 살아갈 수 있을 때까지 결혼을 해서는 안 된다. 어머니, 아버지와 함께 산다는 생각은 돈을 저축할 수 있다는 관점에서는 때로 호소력이 있을 수 있다. 그러나 우리가 보

2. 믿지 않는 자녀에게 무엇을 기대해야 할까?

우리는 자녀가 믿음이 없는 사람이라면 크리스천의 열매를 결코 맺을 수 없다고 생각한다. 그러나 일반은혜를 통해 크리스천이 아닐지라도 열심히 일하여 사회에 이바지할 수 있는 생산적인 삶을 살 수 있다고 생각한다. 자녀가 크리스천이 아니라고 해서 자녀의 교육과 관심사를 지원해주지 않으면 안 된다. 물론 그렇다고 집안의 규칙을 하나님이 기뻐하지 않으실 수준으로 낮춰서도 안 된다.

3. 도움이 될 몇 가지 기본 규칙

만일 자녀가 금전적으로나 물리적으로 자립했다면, 부모는 자녀가 하는 선택에 통제권이 없다. 그러나 그런 상황에서도 부모는 자녀와 친분을 쌓고 개방된 분위기로 이끌어, 후에 자녀에게 조언이 필요할 때 부모를 쉽게 찾아올 수 있도록 해야 한다. 반면 부모 집에서 사는 것과 상관없이 자녀가 부모에게 의지하고 있다

는 바로는 실제로 모든 경우에 있어서, 가족은 예외가 될 것이라고 낙관적으로 주장하는 사람들조차도 커다란 충돌을 경험하게 된다. 완전히 다 자란 커다란 나무 그늘 아래서 어린 나무가 자라는 것이 어려운 것처럼, 젊은 한 쌍이 늘 부모와 함께 있으면 남편과 아내로서의 역할에 있어서 완전히 성숙하기가 어렵다. 손자들까지 개입하게 되면 문제는 더욱 증가한다. 조부모와 부모는 아이들의 훈육을 어떻게 할 것인가에 대해서 서로 의견이 다를 때가 종종 있기 때문이다. 물론 젊은 부부가 어쩔 수 없이 일시적으로 부모 집으로 들어와야만 하는 경제적이거나 의료상의 응급 상황으로 인한 예외적인 상황들이 있을 수는 있다. 그러나 이러한 경우에도 가능하면 빨리 나가기를 강력하게 권하는 바이다.

면, 부모는 계속해서 지원해 주는 조건으로 자녀에게 어떠한 기대치를 부여할 권리와 책임이 있다.

부모로서 자녀에게 기대감을 갖는 것은 정당하다. 또한 자녀에게 특정한 언행을 요구하는 것이 자녀를 어린아이 취급하는 것은 아니다. 관계가 깨지지 않고 지속되기 위해 고용주가 직원에게, 선생이 학생에게 갖게 되는 정상적인 기대를 충족시켜야 되는 것처럼 부모 또한 자녀에게 원하는 여러 요구를 확실하게 알려야 한다.

이전 장에서 말한 바와 같이 우리는 아이들이 잘못된 행동과 게으름에 빠지지 않도록 인도해야 할 거룩한 책임이 있다. 자녀에게 부모의 기대치를 알려주고, 어느 정도 현명한 부담을 주는 것은 자녀를 사랑하고 지혜롭고 이끌어주는 일이다.

4. 아이들이 생산적이기를 기대하라

스케줄을 계획하는 것은 딱히 할 일 없는 노인이나 하는 일이라 생각을 하는 아이와 함께 사는 것이 얼마나 짜증나는지 우리는 잘 알고 있다. 자녀들이 새벽 2시, 3시까지 딴짓하다가 다음 날 아침 정오까지 늦잠을 자고 일어나서 부모는 열심히 일하고 있는데 소파에서 빈둥거리며 TV를 보고 있을 때, 잔소리를 참고 자녀들이 부모를 이용하고 있다는 기분을 억누르기란 참 힘든 일이다. 부모가 분명하고 합당한 가이드라인을 미리 세워 놓지 않는다면, 시간 관리에 있어 자녀와 불화가 있을 것이다.

하나님이 우리를 위해 세우신 스케줄은 일주일에 6일은 일하고, 주일은 하나님의 안식을 즐기는 것이다(출 20:9-10). 하나님은 우리에게 낮과 밤, 사계절과 여러 해(年)를 주시어 그 가운데서 시간을 관리하는 것이 자연스러운 삶의 이치가 되도록 하셨다. 만일 낮과 밤이 없이 매일 낮만 계속 되었다면 우리는 무언가를 성취하겠다는 동기를 가지기 어려울 것이다.

그러나 우리에게는 낮과 밤이 있는 하루가 있고 계절도 있고 해마다 바뀌는 연수도 있고 겨울이 오기 전 준비해야 할 것이 있음을 알고 있기에 일하게 된다. 하나님은 이러한 인생살이의 동기를 마치 좋은 선물처럼 우리 삶에 심어 놓으셨다.

예수 그리스도께서도 그것을 아시어 이렇게 말씀하셨다.

> 때가 아직 낮이매 나를 보내신 이의 일을 우리가 하여야 하리라 밤이 오리니 그 때는 아무도 일할 수 없느니라(요 9:4; 또한 요 11:9; 12:35도 보라).

바울 또한 두 번에 걸쳐 때는 악하고 우리 삶을 통해서 복음을 들어야 할 사람들이 있기 때문에 시간을 선용해야 한다고 기록했다(엡 5:15-16; 골 4:5). 시편에도 의도적으로 스케줄을 짜는 것의 중요성과 현명한 생산성에 대한 구절이 있다.

> 우리에게 우리 날 계수함을 가르치사 지혜로운 마음을 얻게 하소서(시 90:12).

시간 관리와 스케줄은 시간의 노예가 되는 것으로 보거나 자유로운 창의성을 억누르는 것이 아닌, 하나님이 주신 좋은 도구라는 것을 자녀들에게 인식시켜야 한다. 또한 하나님을 위해 더 많은 것을 성취하는 기쁨 또한 알 수 있도록 도와야 한다(잠 21:5). 휴가와 휴식은 물론 즐겁지만 아무 방향 없는 게으른 삶은 마음을 병들게 하는 짐이 될 뿐이다.

> 좀더 자자, 좀더 졸자, 손을 모으고 좀더 누워 있자 하면 네 빈궁이 강도 같이 오며 네 곤핍이 군사 같이 이르리라(잠언 6:10-11; 10:4).

이 가르침은 우리의 신체적인 건강뿐만 아니라 영적 건강에도 중요하기 때문에 바울은 다음과 같이 기록했다.

> 우리가 너희와 함께 있을 때에도 너희에게 명하기를 누구든지 일하기 싫어하거든 먹지도 말게 하라 하였더니 우리가 들은즉 너희 가운데 게으르게 행하여 도무지 일하지 아니하고 일을 만들기만 하는 자들이 있다 하니 이런 자들에게 우리가 명하고 주 예수 그리스도 안에서 권하기를 조용히 일하여 자기 양식을 먹으라 하노라(살후 3:10-12).

자녀가 게으르고 부지런히 일하지 않는다면 그들은 사실상 도둑질을 하고 있는 것이다. 주님의 넉넉히 주심에 비추어 생각해 볼 때, 우리는 도둑질을 멈추고 열심히 일해야 한다. 단순히 우리 주머니를 채우기 위해서가 아니라 주께서 우리에게 베푸신 것처럼 우리도 이웃에게 베풀기 위해 일해야 하는 것이다(엡 4:28).

만일 당신의 자녀가 당신만큼 일을 열심히 하지 않는다면 집에서 같이 살지 못하게 할 것을 권장한다. 임금을 받고 하는 일, 학교를 다니거나 기술을 익히는 훈련, 교회나 자선단체를 통한 자원봉사, 혹은 집안일 등 무슨 일이든 상관없이 여러 가지를 조합하여 생산적으로 살도록 권면해야 한다.

올해 20세가 된 아들이 너무 어리석게 시간을 낭비하고 있는 것을 본 한 아버지는 아들에게 일주일에 50시간 생산적인 일을 하고 그 내용을 기록하라고 했다. 50시간은 아버지가 일주일에 하는 40여 시간의 직장일과 집안일을 거들면서 보내는 시간을 더해서 정한 시간이다. 부모의 집에서 사는 성인 자녀는 아버지가 당연히 집수리와 마당일을 하고, 어머니는 당연히 요리와 청소를 하리라 기대하지 말고 직접 한 명의 어른 몫의 집안일을 거들어야 한다.

5. 자녀에게 금전적 책임을 주어라

자녀가 성인이 되면 본인 용돈 정도는 스스로 벌어야 한다. 대학생 자녀를 둔 부모라면 자녀가 학업에만 전념할 수 있도록 필요한 모든 비용을 대준 경험이 있을 것이다. 하지만 휴대폰 사용료 및 기타 개인적인 소비를 위해 자녀는 최소한 아르바이트를 해야 한다. 만약 같이 사는 자녀가 일주일에 40시간 이상 일하고 있다면, 자녀는 이후 독립하기 위해 저축을 하고 부모를 위해 가

계비용도 어느 정도 지불하는 것이 좋다.

혹여 자녀가 낭비가 심하고 빚에 자주 시달린다면 부모는 자녀를 집에서 내보내야 한다. 물론 처음에는 더 안 좋은 결과를 초래할 수 있는 조치라는 생각이 들것이다. 하지만 만일 당신이 자녀의 빚을 대신 갚아주어서 문제를 해결한다면 자녀의 어리석은 생활을 부추기는 것이 되고, 자녀는 파멸적인 소비 충동을 통제하는 법을 배우지 못할 것이다.

올해 21세가 된 한 청년은 이렇게 말했다.

"올바른 노동 윤리와 부지런함을 가장 효과적으로 죽이는
것은 쓸데없이 관대한 부모의 구원의 손길이다."

앞서 본 바와 같이, 빚은 피해야 한다고(잠 22:7; 신 28:44; 롬 13:8) 성경은 가르친다. 아주 급한 상황이 아닌 이상 부모도 자녀에게 돈을 빌려주면 안 된다. 자녀가 꼭 필요하지 않은 지출을 위해 돈을 빌려달라고 할 때는 더더욱 빌려주어선 안 된다. 매트(Matt)의 26세 된 딸 다이앤(Diane)은 주말에 라스베가스에서 있을 지인의 결혼식 때문에 아버지에게 300달러를 빌려달라고 했다. 아버지는 딸이 그동안 얼마되지 않는 수입을 전부 옷과 외식에 써버렸기 때문에 결혼식에 참석할 비용이 없다는 것을 알아차렸다. 아버지는 이 상황에서 딸에게 돈을 주는 것은 옳지 않다고 생각했다. 그러자 딸은 아버지가 이기적이며 자신의 인생을 망치고 있다고 신경질을 부리자, 아버지는 이렇게 대답했다.

"일부로 너의 기분을 상하게 하려고 이런 것은 아니다. 네가 돈을 어떻게 쓸 것인지 스스로 결정했잖니. 네가 한 선택 때문에 이번 주말에 결혼식에 갈 수 없게 된 거야. 나는 너를 사랑하고 앞으로도 네가 더 현명하게 돈 관리를 해서 지금처럼 특별한 경우에 쓸 수 있도록 미리 계획을 세우길 바란다."

6. 합리적인 도덕 기준을 설정하라

자녀가 집에서 사는 혜택을 누리기 원한다면 집안의 규칙을 준수해야 할 필요가 있다. 과도한 음주(잠 20:1; 23:29; 엡 5:18), 마약 복용, 성적 문란함(히 13:4)을 결코 용납해서는 안 된다. 이런 일이 집 안에서 일어나든 밖에서 일어나든 상관없다. 이것은 단순히 부모가 자녀의 생활을 통제하는 것이 아니라, 우리를 사랑하신 하나님께 영광이 되는 삶을 살아가는 것임을 자녀에게 명확하게 알려야 한다. 부모가 자녀의 죄를 눈감아 준다면, 그것은 애초에 우리의 죄 때문에 십자가에서 죽으신 예수 그리스도를 다시 십자가에 못 박히도록 하는 것과 마찬가지다.

7. 이제 어느 정도 파악했으니…자녀의 세밀한 것까지 통제하지 말라

많은 부모가 하는 가장 큰 실수는 성인 자녀를 아직도 어린아이로 취급하는 것이라고 앞서 언급했다.

당신은 이렇게 생각할지도 모른다.

'그렇기는 하지만, 만일 자녀가 어린아이처럼 행동한다면 그렇게 취급해야 하지 않을까?'

낮 동안 외출을 하는 것도 부모로부터 허락을 받아야 하고 밤 10시까지는 귀가해야 하는 한 젊은 성인의 이야기를 들은 적이 있다. 이런 식의 세세한 통제는 부적절하며 자녀가 성숙한 선택을 하는 능력을 키우는 데 전혀 도움이 되지 않는다.

부모는 어느 정도 타협이 가능한 가정의 규칙과 시대를 초월하는 성경 진리의 차이를 자녀에게 확실히 알려야 한다. 예들 들어 자녀가 TV나 인터넷으로 음란물을 보는 것은 전적으로 금지할 수 있다. 이것은 타협할 수 없는 성경의 명령이다. 하지만 가끔 우리가 스스로 기준을 정할 수 있는 규칙은 존재한다. 이러한 경우에는 자녀가 부모의 기준에 따르지 않아도 이해해야 한다.

예를 들어 한 가정은 케이블 TV 서비스를 신청하지 않는다. 어떤 가정은 TV조차도 없고, 어떤 가정은 온 가족이 무조건 어린이 영화만 볼 수 있다. 포도주 한 잔 또는 맥주 한 잔에 대해서도 완강하게 거부감을 가진 가정도 있고, 옷차림 또는 수영장이나 해수욕장에서 수영하는 것에 대한 구체적인 기준을 가진 가정도 있다. 이런 경우에는 자녀가 성장함에 따라 반드시 부모의 기준을 따르지 않아도 되고 스스로 본인의 기준을 정하도록 자유를 주어야 한다.

한 가지 예외가 되는 경우는 자녀가 지정하는 기준이 다른 가족(어린 동생이라든지)의 기분을 상하게 하거나 악영향을 줄 때이다. 이 경우에는 자녀의 새로운 기준이 다른 사람의 기준과 선호를 훼손하지 않도록 주의해야 할 것이다.

8. 가정에서 공동체로 살기

우리 자녀는 그것이 친구든 가족이든 간에 다른 사람들과 공동체를 이루어 살아갈 것이다. 그리고 공동체는 누구에게나 마땅히 행해야 할 일과와 예절에 관련된 기대치를 갖는다. 성인 자녀는 부모에게 공손해야 한다(출 20:12; 잠 20:20; 30:17). 다른 이들에게도 친절해야 하며(빌 2:3-4) 모두와 사이좋게 지내도록 노력을 해야 한다(잠 18:6). 부모 또한 자녀에게 동일한 예의와 존중을 보여주어야 한다.

올해로 23세가 된 청년 앤드류(Andrew)는 학교와 일 그리고 친구들 때문에 매우 바쁘게 지내고 있었다. 앤드류의 어머니는 아들이 매일 밤 몇 시에 집에 들어 오는지 전혀 몰랐다. 앤드류는 밤늦게가 되어 집에 돌아와도 그저 자기 방에 들어가 컴퓨터를 하거나 TV를 보곤 했다. 어머니 다이앤은 아들에게 한 마디를 해야겠다고 생각했다.

"너는 어린아이가 아니잖니. 그리고 난 하숙집 아줌마가 아니야. 너에게 따로 통금 시간은 주지 않을 거야. 하지만 가족과 함께 저녁 식사를 할 수 있는 시간을 알려줬으면 좋겠어. 적어도 일주일에 한 번은 가족끼리 저녁 식사를 했으면 좋겠구나. 우리는 가족이니까. 저녁은 언제가 좋니?"

다른 사람들과 함께 살면서 신뢰보다 더 중요한 것은 없다. 우리는 단지 가족일 뿐만 아니라 그리스도의 몸의 지체이기 때문에 다음과 같은 명령을 받는다.

> 거짓을 버리고 각각 그 이웃과 더불어 참된 것을 말하라 이는 우리가 서로 지체가 됨이라(엡 4:25).

함께 살고 있는 사람들은 한 몸과 같고 각 개인의 행동은 몸 일부분의 움직임과 같다. 우리가 무엇이든 함께 이루기 위해서는 서로를 신뢰해야 한다.

9. 그렇다면 교회는?

여전히 부모 집에서 살고 있는 성인 자녀를 둔 부모는 이 질문에 대해 다양한 의견을 갖는다. 많은 이들이 한 지붕 아래에 살고 있는 사람은 누가 되었든 주일에 예배를 드려야 한다고 주장한다. 복음주의 계열 교회의 부모는 성인 자녀가 다른 교회에 가는 것을 허용하기도 한다. 이 방법은 부모가 같이 살고 있는 자녀의 교회 출석을 통해 하나님께 영광을 돌리고 동시에 자녀들의 성인 신분을 존중해 준다.

자녀가 미성년자일 때에는 반드시 교회에 갈 것을 요구하지만 아이가 성인이 되면 교회 출석을 강요하지 않는 부모도 있다. 그런 부모의 생각은 믿지 않는 자녀에게 교회 출석을 강요하면 자녀가 화를 낼 것이고(골 3:20) 하나님으로부터 점점 더 멀어진다는 것이다(마 7:6). 누구든지 예배에 온다면 자의로 즐겁게 와야 한다고 말한다. 이러한 다양한 시각으로 이 문제를 봤을 때, 우리는 이것이 결과적으로 부모의 개인적인 양심의 문제라고 결론을 내린다.

10. 기대에 못 미칠 때는 그에 따른 결과가 있어야 한다

사람들은 왜 교통법을 준수하는가?
법을 어길 때의 결과가 두렵기 때문이다.
교통법이 없다면 사람들이 어떻게 운전할지 상상이 되는가?
우리는 도로로 나가는 것이 무서울 것이다.[2]

이와 마찬가지로 시행되지 않는 집안의 규칙은 결국 무시당할 것이다. 부모와 성인 자녀의 말다툼으로 가정의 평화가 깨진 경우가 많을 것이다. 규칙에 순종하지 않을 경우 따라오는 구체적인 결과를 자녀에게 확실하게 알려준다면 잔소리를 할 필요가 없어질 것이라고 생각한다. 적절한 결과를 창출하는 데 도움이 될 만한 예를 들어보자.

맥(Mack)은 항상 모든 식구가 잠든 늦은 밤에야 귀가하는 스물두 살 된 아들 세스(Seth)와 문제가 있었다. 아들이 늦게 귀가한 다음날 아침에 일어나 보면 집 안에 모든 불이 켜져 있고 현관

---

[2] 우리 가족은 모든 사람이 교통법을 무시할 뿐만 아니라 교통법을 지키라고 강요하지도 않는 중동부 시골에서 몇 년간 산 적이 있다. 정말 겁나는 곳이었다!

문은 잠그지 않은 채 열려있는 것을 발견하곤 했다. 그러자 맥은 아들에게 방세를 내라고 말했고, 전기를 낭비하고 현관문을 열어놓아 집에 도둑이 들어오도록 방치하는 등 이기적이고 아직 철이 덜 들었다며 호되게 꾸짖었다. 아들은 자신이 성인 남자로서의 자존심이 짓밟혔다고 생각하고 아버지에게 화를 내며 반항을 했다. 이후 몇 차례 이런 일이 반복되었고, 둘의 관계는 급속도로 악화되었다.

아버지 맥이 전략을 조금 바꾸자, 금세 상황은 완전히 달라졌다. 아들과 소동을 벌이는 대신, 벌금제를 도입한 것이다. 예를 들어 현관문이 밤새 열려 있으면 세스는 벌금 50달러를 내야 하고, 켜놓은 전등 하나에 1달러의 벌금을 내야 한다. 세스도 아버지에게 고함을 지르고 반항하기보다는 차라리 벌금을 내는 것이 나았기 때문에 아버지의 벌금제를 받아들였다.

세스는 이렇게 집에서 어른 대접을 받기 시작하자 점점 어른으로서의 책임에 대해 눈을 뜨게 되었고 그의 생활도 변하기 시작했다. 나중에는 벌금을 하나도 내지 않는 상황으로 발전했다.

또 다른 예로, 폴(Paul)이라는 청년은 부모에게 자기 몫의 생활비로 매달 300달러를 지불하기로 동의했다. 그러나 폴은 매달 생활비를 내는 것을 자꾸 잊어버렸고, 부모가 여러 차례 말을 해야 겨우 300달러를 냈다. 폴의 부모는 아들의 무책임에 점점 화가 나기 시작했고, 곧 아들에게 솔직한 감정을 말했다. 별다른 성과가 없자, 폴의 아버지는 마침내 집주인처럼 행동했고, 폴을 자신의 집에 세들어 사는 사람처럼 취급하기로 결정했다.

폴이 만약 혼자 살면서 집세 내는 것을 잊는다면 집주인은 폴에게 직접 찾아와 부드럽게 사정하는 것이 아니라 솔직하게 규칙을 말하고 벌금을 물리고 가차 없이 쫓아낼 것이다. 폴의 부모는 아들에게 매월 5일 자정까지 300달러를 내야할 책임이 있다고 일렀고, 시간에 맞춰 내지 않을 경우에는 하루에 20달러의 연체료가 있을 것이라고 했다. 처음 몇 달간 폴의 부모는 연체료로 짭짤한 수익이 있었지만 금전적으로 넉넉하지 않던 폴은 금방 정신을 차렸고 제때에 생활비를 내기 시작했다.[3]

한번은 이 이야기를 다른 부부에게 들려주자, 그 부부는 이렇게 말했다.

"이 방법은 우리 딸에게는 통하지 않을 거예요. 우리 딸은 돈이 한 푼도 없거든요."

그래서 우리는 이렇게 물었다.

"그렇다면 따님은 자신이 쓰는 교통비와 기타 생활비, 휴대폰 사용료는 어떻게 냅니까?"

우리는 딸이 부모의 기본 기대를 충족시키지 못할 경우에 딸에게서 다시 가져올 수 있는 혜택에는 어떤 것이 있는지 리스트를 만들어보라고 했다. 휴대폰 사용료, 인터넷 사용료, 자동차세, TV 시청료, 이상의 모든 것이 다 해당되었다. 하지만 이 부부가 딸을 가르치기 위해 필요한 것은 어떤 수단이나 방법이 아니라 자신의 딸을 강력하게 가르치고 지도할 용기에 대한 문제였다.

금전적인 벌을 주거나 특권을 빼앗아 버리는 것, 혹은 추가적

---

[3] 또 한 부부는 아들의 대학 첫 학기에 받은 형편없는 성적에 실망하여 선택과목 수업료를 아들이 직접 지불해야 할 것이라고 말했다. 그리고 B학점 이상 받은 과목은 수업료를 상환해주겠다고 알렸다.

으로 일을 하도록 하는 것을 통해 성인 자녀의 버릇을 고치려고 하는 것은 품위 없는 행동이라고 반대할 부모도 있을 것이다.

그러나 우리는 성인 자녀가 부모의 잔소리나 야단보다는 벌을 받는 쪽을 더 선호한다는 것을 발견했다. 또한 이런 벌을 주는 것이 현실세계가 어떻게 돌아가는지 자녀에게 보여줄 수 있는 좋은 기회이기도 하다고 생각한다. 당신이 제때에 월세를 내지 않는다고 해서 집주인이 찾아와 잔소리하지 않는다. 바로 연체료를 물리면 그뿐이다. 당신이 교통법을 어기면 경찰관은 당신을 야단치지 않는다. 위반 딱지만 주고 간다. 그리고 계속 교통법을 어길 경우에 정부는 당신을 타이르지 않고 그냥 운전면허를 빼앗아 버린다.

11. 자녀를 위해 끝까지 실행에 옮기라

제멋대로인 성인 자녀를 둔 부모는 위협적인 말을 할 줄은 알면서도 실제로 그 말들을 행동으로 옮기지 않는 경우가 많을 것이다. 최후통첩을 해놓고 한걸음 물러섰기 때문에 자녀의 패턴은 계속될 것이고, 그 자녀는 결코 성숙한 어른이 되지 못할 것이다.

부모가 한마음이 되지 못하기 때문에 훈육이 실패하는 경우도 자주 있다. 아내는 높은 기준을 세우고 실행하려 하는 반면, 남편은 자녀의 행동을 봐주려고 하기 때문에 아내의 노력을 허사로 만들어버리는 경우가 있다. 이런 경우, 아내는 남편 때문에 아이를 망친다고 생각하고, 남편은 자신은 사랑이 넘치는 부모인데 아내는 아이를 너무 심하게 다룬다고 생각할 것이다. 그리고 성인 자녀는 이렇게 두 마음으로 갈라진 부모를 다루는 데 점점 능숙해질 것이다.

자녀를 훈계하는 것은 참으로 힘든 일이며 또한 그로 인해 분위기가 삭막해질 때도 많다.

> 무릇 징계가 당시에는 즐거워 보이지 않고 슬퍼 보이나 후에 그로 말미암아 연단 받은 자들은 의와 평강의 열매를 맺느니라(히 12:11).

자녀의 마음을 하나님이 역사하셔서 지혜롭게 만들어 주실 것이라는 희망을 안고 우리는 계속해서 자녀를 가르쳐야 한다.

부모가 정해놓은 규칙을 어기는 성인 자녀를 부모 집에서 계속 살도록 허용해서는 안 된다. 간혹 자신을 집에서 내보내 자립시키려는 부모를 악당 취급하는 자녀가 있다. 또는 자신을 어린아이 취급하지 말라며 부모에게 반항하는 자녀도 있다.

이때 부모는 모든 사람에게 동등한 선택권이 있음을 자녀에게 설명해야 한다. 즉 부모는 부모로서 가정을 위해 기준을 정할 권리와 선택권을 가지고 있고, 자녀는 그 기준에 따라 집에서 살든지 밖으로 나가든지 정할 수 있는 선택권이 있는 것이다.

자녀는 부모의 규칙을 따르고 계속해서 집에서 사는 혜택을 누릴 것인지, 아니면 규칙을 따를 의사가 없기 때문에 집을 나갈 것인지를 확실하게 결정해야 한다. 자녀가 완전한 자유를 원한다면 부모에게 손을 벌리지 않고 스스로 본인의 모든 일을 해결해야 할 것이다.

우리는 이번 장에서 언급한 많은 내용이 당신에게 필요한 정보가 될 것이라고 생각한다. 곰곰이 생각해보고, 당신과 자녀가 해당되는 부분이 있다면 기도해 보기 바란다. 우리가 당신에게 주는 가이드라인의 목표는 그저 당신이 자녀와 평화로운 가정을 이루고 자녀로 하여금 성숙한 어른이 될 수 있도록 돕는 것이다. 몇몇 가정은 우리가 추천하는 방법을 적용하기에 어려울 수도 있을 것이다. 그런 경우에는 당신에게 믿음이 담긴 조언을 줄 수 있고, 성인 자녀와 최선의 방법과 사랑으로 대할 수 있는 용기를 달라고 하나님께 함께 기도로 간구할 수 있는 목사님이나 믿을 만한 지인을 찾아가길 간절히 권하는 바이다.

좀 더 이야기해 보자

1. 지금까지 당신이 자녀와 함께 대화를 하며 해결해야 할 여러 부분에 대해 알아보았는데, 당신이 가장 급하게 해결해야 하는 부분은 무엇인가? 그리고 그 문제에 대해 언제 자녀와 대화를 할 것인가?

2. 만일 당신의 성인 자녀가 계속해서 당신과 함께 살 계획이라면, 자녀에게 바라는 요구 목록을 만드는 것이 현명할 것이다(이 책 뒤쪽의 부록 D를 참고하라). 요구를 받아들이지 않을 경우에는 어떤 벌을 받을지 쉽고 구체적으로 자녀에게 알려주어야 한다. 먼저 1, 2주일 정도 기도

를 하고 나서, 성인 자녀와 시간을 내어 대화를 하라. 요구 목록에 대해 이야기를 나누고 모든 설명이 끝나면 48시간 안에 대답을 듣고 싶다고 말하라. 자녀가 생각하는 동안에는 잔소리를 하거나 독촉하지 말고 묵묵히 기도를 하며 자녀의 대답을 기다려라.

3. 이 장에서 배운 것을 네다섯 문장으로 요약해 보라.

6장

"고맙습니다. 같이 살아요. 하지만…"

올해로 열아홉인 일레인(Elaine)은 어린이집에서 일하면서 부모님과 함께 살고 있다. 대학에 가고 싶지만 무슨 공부를 해야 할지 아직 확신이 서지 않는다. 일레인은 부모님께 방세를 내지는 않지만 개인적인 지출은 스스로 해결한다. 하지만 최근 들어 사사건건 간섭하려 하는 어머니 때문에 일레인은 짜증이 난다. 일레인은 밤 11시까지 반드시 귀가해야 한다. 어머니 소피아(Sophia)는 딸의 이메일을 모두 체크하고 웹서핑 기록도 검사한다. 영화는 사전에 허락을 받아야만 볼 수 있다.

이따금 소피아는 딸에게 마약 테스트도 받게 한다. 일레인을 가장 짜증나게 만드는 것은 자신이 한 번도 마약을 복용한 적도, 어머니의 의심을 살만한 행동을 한 적도 없다는 것이다. 게다가 소피아는 일레인에게 집안일을 좀 더 거들라고 수시로 잔소리를 한다.

이틀 전 일레인은 직장 동료들과 시간을 보내다가 밤 10시 30분쯤 귀가했다. 일레인이 집에 들어오자 어머니 소피아는 싱크대에 있는 더러운 그릇이 안보이냐며, 전날 밤 빈 음료수 캔을 거실에 두었다며 일레인을 호되게 꾸짖기 시작했다. 일레인은 아홉 살 먹은 어린아이 취급당하는 것에 진절머리가 났다. 집에서 살고 싶기는 하지만, 최대한 빨리 부모님 집에서 나갈 방도를 찾아야겠다고 결심했다.

1. 자녀의 시각에서 본 부모와의 생활

이전 장까지는 부모가 성인 자녀와 함께 살 때 겪는 어려움을 다루었다. 또한 당신이 제시할 수 있는 합당한 요구 조건에는 어떤 것들이 있는지 알아보았다. 이제는 부모가 조장하는 성인 자녀와의 갈등에 대해 알아볼 차례이다. 이 단원에서는 성인 자녀가 부모에게 무엇을 바라고 있는지 요약해 보겠다.

우리 또한 자녀와 마찬가지로 죄인이다. 당신이 이 말에 동의하리라 생각한다. 적어도 표면적으로 어느 정도 수긍이 갈 것이다. 우리는 우리의 모습과 기질을 닮은 자녀를 낳았기 때문에 우리 자녀 또한 죄인인 것이다. 한마디로 우리가 죄인이기 때문에 우리 자녀가 죄인인 것이다. 우리가 이기적이고 고집 세고 자기중심적이기 때문에 자녀가 이기적이고 고집 세고 자기중심적인 것이다.

　이 사실을 알고 있어도 막상 자녀와 갈등이 생길 때는 이 사실을 까마득히 잊어버린다. 우리 또한 자녀가 자주 범하는 이기심, 교만 그리고 독선주의를 같이 범하고 있다. 그저 나이가 더 많고 또 아는 것이 더 많다고 그리고 자녀를 위한 희생을 치렀다는 이유만으로 집안의 모든 갈등의 원인을 자녀의 탓으로 돌리는 경우가 많다. 우리 또한 자녀 못지않게 죄에 쉽게 빠져든다는 사실을 자주 잊어버린다.

　마태복음 7:5에서 예수 그리스도는 형제의 눈에서 티를 빼내기 전에 먼저 자신의 눈에서 들보를 빼내어야 한다고 가르치신다. 교만은 자신의 죄를 직시하지 못하게 할 뿐 아니라 다른 이들의 고난 또한 보지 못하게 한다. 아무리 실력이 있어도 장님인 안과의사에게 당신의 눈을 맡기지 않는 것처럼 부모가 스스로의 죄와 모순과 실패를 직시하지 못한다면, 자녀에게 하는 훈계는 그 어떤 훈계도 신뢰를 얻을 수 없다.

　겸손은 성령이 우리 마음속에 역사하실 때 맺어지는 열매이다. 성령은 우리의 죄를 스스로 뉘우치도록 인도하시고 우리가 공로 없이 받은 축복에 대해 반복하여 알게 하시고 감사하게 하신다. 겸손은 예수님의 삶의 가장 근본이 되는 태도다. 예수 그리스도 또한 우리와 같이 유혹을 받으셨기 때문에(그렇지만 죄에 굴복하지 않으시고) 죄인인 우리를 겸손하고 부드럽게 다루셨다. 그리스도는 겸손함에 자신을 비우시고 우리와 같은 모습이 되시어 우리의 나약함을 직접 경험하셨다.

　스가랴와 마태가 그리스도를 어떻게 표현하는지 보라.

네 왕이 네게 임하나니 그는 겸손하여 나귀, 곧 멍에 메는 짐승의 새끼를 탔도다 하라 하였느니라(마 21:5).

그리스도는 "마음이 온유하고 겸손하시고" 그 안에서 우리는 "쉼"을 얻을 수 있다(마 11:29). 우리가 하나님 앞에서 정직하게 우리의 모습을 있는 그대로 뒤돌아보고 하나님께서 베풀어주신 큰 은혜를 직시하면 우리의 실패와 죄를 인정하고 하나님의 자비를 믿게 되어 성인 자녀를 온유하게 다룰 수 있게 된다. 겸손은 우리가 매일 사용해야 하는 세안수라고 생각하면 된다.

2. 겸손한 자세로 그리고 분명하게 부모의 기대를 전달하라

부모와 성인 자녀 사이의 갈등의 일차적인 원인은 뚜렷하지 않은 부모의 기대다. 부모가 자녀에게 기대하는 요소를 자녀가 순응하지 않을 때 갈등은 일어난다. 인간에게는 모든 다른 사람이 당연히 자신의 마음을 읽을 줄 알아야 한다고 믿는 어리석음이 있다. 우리가 애초에 말하고자 하는 것을 분명히 표현한다면 모든 사람이 풍요로워질 것이다.

뚜렷하지 못한 기대는 대부분 만족시킬 수 없다.

순응한다는 것이 무엇인지 정해지지 않았는데, 어떻게 그것에 순응하는가?

예를 들어, 부모가 아들에게 그저 별다른 설명도 요구도 없이 정원을 가꾸라고 내보낸다면, 부모는 아마 아들의 결과에 만족하지 못할 것이다. 무엇을 기대하는지 분명하게 제시되지 않았기 때문에 부모가 원하는 결과가 나올 수 없는 것이다.

반면 부모가 요구하는 조건을 지나치거나 너무 강하게 밀어붙이면, 결국 자녀의 숨통을 조이고 통제를 하는 죄를 짓게 되는 것이다. "지금 당장 나가서 잔디 깎아!"라고 소리치면서 자녀가 하던 일을 멈추게 하고 바로 달려가서 부모의 명령을 들을 것이라는 기대 대신에, 오히려 매주 토요일 오후 5시까지 잔디를 깎으면 좋겠다는 분명하고 융통성 있는 요구를 하는 것이 좋다.

이러한 방법으로 부모는 자녀에게 존중과 신뢰를 표현할 수 있다. 자녀가 다른 할 일이 있다는 것을 존중해 주고 부모가 요구하면 자녀가 알아서 책임 있게 할 것이라는 믿음을 자녀에게 보여 주어야 한다. 부모의 기대가 이런 방식으로 표현된다면 자녀는 부모의 요구를 언제까지 마쳐놓아야 하는지 가늠할 수 있고, 부모는 자녀를 아랫사람이 아닌 동등한 사람 대 사람의 입장에서 대할 수 있는 것이다.

이와 마찬가지로, 자녀에게 일주일 중 50시간은 생산적인 일을 하도록 요구할 수 있다. 어떤 일을 하면서 50시간을 보낼지 자녀에게 일임하는 것이 좋다. 만일 늦게까지 잠을 자지 않고 있다가 한낮이나 되어 잠자리에서 일어나도 생산적인 일로 시간을 다 채우고 주위 사람들에게 폐가 되지 않게 한다면, 자녀는 부모의 요구를 만족시킨 것이기 때문에 잔소리를 해서는 안 된다.

이렇게 함으로써 부모가 자녀의 생활관리 능력을 존중하고 있다는 것을 보여줄 수 있게 된다. 그리고 자녀가 부모와는 다른 스타일의 삶을 사는 것을 이해할 수 있게 된다. 다른 이를 존중하면서 스스로의 선택을 할 수 있도록 허용하는 것은 겸손의 열매다.

한 젊은 여성이 자신이 경험했던 부모의 가장 큰 실수를 말한 적이 있다.

"부모가 성인 자녀를 계속해서 어린아이 취급하는 것이죠. 자녀에게 독립과 자율을 허락하지 않고 은근히 자녀의 선택은 무조건 어리석고 책임감 없다고 인식하죠. 물론 때로는 자녀의 선택이 정말 어리석을 때도 있지만, 그 선택 자체가 어른으로서의 특권이라고 생각합니다(예를 들어 취침 시간, 돈 관리, 개인적인 스타일). 그렇다고 부모는 절대로 아무 말도 해서는 안 된다는 것이 아닙니다. 단지 너무 많은 말을 해서 문제가 되는 경우가 많다는 겁니다."

한 어머니도 이 의견에 동의하면서 이런 말을 했다.

"일일이 간섭하는 일은 그만합시다. 부모로서 당신이 해야 할 일의 가장 큰 몫은 완수되었으니 이제 하나님의 은혜가 역사하는 것을 지켜 볼 때입니다."

3. 아주 뚜렷하게 하라

만일 부모의 요구에 대해 과거에 갈등이 있었다면, 이 문제를 글로 써놓는 것도 좋은 생각이다. 자식과 계약서를 쓰는 것이 좀 의아하고 이상하게 보일지도 모르지만, 미래의 논쟁을 피하고 부모의 요구를 명확하게 기록할 수 있기 때문에 유용한 방법이다. 현실에서도 성인은 수시로 계약을 맺기 때문에, 자녀와 계약을 하는 것은 자녀를 어른으로 대접해주는 존중의 표시다. 교전 규칙은 평화로울 때 정해두는 것이 가장 좋다는 것을 명심하라.

부모는 상대방의 의견을 수렴하지 않고 토의도 하지 않은 채 요구 조건을 작성하지 말고 모든 과정에 성인 자녀를 참여시켜야 한다. 또한 계약 관계 속에 자녀가 부모에게 하는 요구 조건도 포함시켜야 한다. 겸손과 존중을 보여줄 수 있는 좋은 방법은 자녀로 하여금 직접 부모가 자신에게 원하는 요구가 어떤 것이 있을지 작성할 기회를 주는 것이다. 자녀가 써놓은 리스트를 보고, 자녀와 함께 수정할 부분을 고치는 것이 좋다.

겸손과 존중으로 성인 자녀를 대하면서 요구 조건은 긴 것보다 짧게 하는 것을 제안하는 바이다. 하나님께서 이스라엘에 대한 요구를 기억하기 쉬운 십계명으로 요약하셨음을 기억하라. 끝이 없는 요구 목록은 부모가 아이를 개입하지 않고 자녀의 자율성을 불신하고 있다는 것을 여실히 보여준다는 것을 잊어서는 안 된다. 이런 불신은 남을 자신보다 "더 낫게" 여기고 존중하는 겸손의 열매가 아니다(빌 2:3). 부록 D에 샘플 계약서가 있다.

4. 전에 이것을 언급한 적이 있었던가?

다 큰 성인은 잔소리를 싫어한다고 우리가 말한 적이 있었던가? 성인 자녀에게 말을 하기 전에 부모는 스스로에게 물어볼 것이 있다.

"내 생각을 자녀가 이미 알고 있나?"

만일 대답이 "그렇다"라면, 자녀가 스스로 상황을 판단하고 생각할 능력을 지녔다는 것을 겸손한 마음으로 존중해 주고 되풀이해서 말하지 않아야 한다. 끊임없는 잔소리는 겸손의 열매가 아니기 때문에 인간관계에서 늘 해롭다. 쉴 새 없는 잔소리는 교만과 조급함의 열매다. 자녀는 이런 잔소리를 듣고 부모가 자신을 존중해 주지 않는다고 생각할 것이다. 왜냐하면 실제로 잔소리는 부모가 자녀를 존중하고 있지 않다는 증거이기 때문이다. 이와 마찬가지로 성인 자녀를 형제나 자매, 부모 친구의 자녀, 심지어 부모 자신과 비교하는 것은 자녀를 소외시키는 일일 뿐이다.[1]

5. 겸손은 말을 줄이고 귀를 기울인다

우리는 모두 언행과 감정을 관리하는 법을 배워야 한다. 야고보가 말한 것처럼, 우리는 "말하기는 더디 하며 성내기도 더디"(약 1:19) 하여야 한다. 말을 조급하게 하지 않고 쉽게 흥분하지 않는 것은 겸손을 표현하는 또 하나의 열매다. 우리가 예수 그리스도의 말씀을 듣지 않고 격한 감정을 보였음에도 불구하고 그리스도께서 기꺼이 우리를 구원하신 것을 기억해야 한다. 예수 그

---

[1] 한 젊은이가 다음과 같이 말했다. 부모가 할 수 있는 최악의 것은 "성인 자녀를 아직도 어린아이인 것처럼 대하거나 자녀들의 성공을 자신의 성공과 비교하는 것이다. 언제 나의 부모님이 사랑으로 나를 가르치시고 바로 잡아주시는지, 언제 부모님이 단순히 화가 나서 나를 힐뜯고 계시는지 나는 항상 구별할 수 있었다."

리스도는 겸손하시다. 우리가 예수님 안에 거하고 성장한다면 그것은 오직 예수님의 생명이 우리 안에서 흐르고 있기 때문이다.

비록 예수님께서 그러셨던 것처럼 매우 강하게 말을 해야 할 때도 있기는 하지만, 대부분의 경우에 싸움을 피하기 위해서라면 할 수 있는 모든 것을 시도해야 한다(잠 17:14; 20:3). 우리는 형제를 사랑하라는 명령을 받았기 때문에, 그 형제가 우리의 성인이 된 딸일 때에도, 우리는 언행으로 자녀에게 죄짓는 일을 피해야 한다. 누군가에게 화를 내거나 증오 섞인 말을 하는 것은 결코 사랑의 행위가 아니다.

때로 우리는 갈등의 장소와 환경으로부터 벗어나, 우리가 그리스도의 사랑을 얼마나 많이 받았는지 그리고 그리스도께서 얼마나 우리를 온유하게 대해주셨는지 기억할 때까지 마음을 가라앉히는 것이 좋다.

그리스도는 교만과 분노가 가득한 언행을 살인과 동일한 것으로 간주하신다(마 5:21-22). 영혼의 의사 야고보는 우리의 악한 언행의 동기를 설명해 준다. 야고보는 우리가 살인을 저지를 정도의 욕구로 강하게 갈구하면 다툼과 싸움이 벌어진다고 가르친다(약 4:1-2).

우리가 죄를 지을 정도로 갈구한다는 것은 무엇인가?

때로는 우리의 이기심으로 인해 우리 자녀를 통하여 체면을 살리거나 더 나은 삶을 살고 싶어 한다. 스스로를 자제할 줄 모르는 사람은 성벽이 무너져 내린 성읍과 같다고 잠언은 경고한다(잠 25:28). 우리는 그리스도와 연합했기 때문에(갈 5:22-23) 절제의 열매가 필요하다. 다시 말하지만 우리가 자녀에게 화를 내고 증오의 말을 내뱉고 싶은 유혹을 이기기 위해서는 그리스도의 절제와 사랑과 훈육이 절실히 필요하다.

사람은 죄를 지을 수밖에 없는 성향을 가지고 있는 교만한 존재이기 때문에 대부분 남의 말에 귀를 기울일 줄 모른다. 부모는 주로 말하는 데 익숙해져 있다. 그러나 남의 말에 귀를 기울이는 것은 상대방의 인격을 존중하는 의미로써 그들에게 진실된 관심을 표현하는 방법이다.

경청은 상대방의 의견에 대한 겸손한 존중을 나타낸다. 영혼의 의사 야고보는 "듣기는 속히"(약 1:19) 하라고 권면한다. 자녀와 대화할 때 몸을 자녀 쪽으로 기울이고 귀와 마음을 활짝 열고 집중해서 들으라는 것이다. 사실 경청은 쉽지가 않다. 경청에는 노력과 기술뿐만 아니라 사랑과 겸손이 포함되어 있어야 하기 때문이다.

> 사람의 마음에 있는 모략은 깊은 물 같으니라 그럴지라도
> 명철한 사람은 그것을 길어 내느니라(잠 20:5).

우선적으로 우리 자신을 부족한 죄인이지만, 사랑 받고 받아들여진 존재라고 생각하지 않는다면, 우리는 결국 자녀가(혹은 그 누구라도) 무슨 생각을 하든 아무런 관심도 없는 사람이 될 것이다. 우리는 그저 자신의 의견만 내세우고 자녀를 억지로 복종하게 만드는 것에만 열중할 것이다. 그리스도의 겸손함이 우리의 마음에 스며들기 전에는 결코 자녀의 마음속에 스며드는 이해심 많은 부모가 되지 못할 것이다.

한 어머니는 모든 부모에게 다음과 같이 간청한다.

"무조건 귀를 기울이세요. 잘 들으세요! 듣고 또 들으세요. 인내심을 가지고 자녀를 사랑하고 소통을 해보세요. 당신이 잘못할 때가 있다는 것도 인정하세요."

겸손한 경청은 성인 자녀를 간섭하거나 교정하지 않으려 할 때 가능하다. 가정은 모든 일원이 편안하게 자신의 생각과 의견을 자유롭게 표현할 수 있는 안전한 환경이어야 한다. 설령 다른 의견이 있더라도 말이다. 한 성인 자녀는 다음과 같이 주장한다.

"아이가 어른이 되면 생각의 자유가 있고 예를 갖춘 한 부모와 다른 의견을 가질 수 있는 권리가 있다고 생각합니다. 제 생각에 저희 아버지와의 갈등의 원인은 제가 아버지의 의견에 동의하지 않았기 때문입니다. 부모는 성인 자녀가 다른 의견을 갖는 것을 허용해야 할 필요가 있고, 이를 교만으로 봐서는 안 된다고 생각합니다…부모는 자녀가 자신의 복제인간이 아닌 하나의 인격체라는 사실을 받아들여야 합니다."

성인 자녀는 더 이상 어린아이가 아니기 때문에, 그들이 부모와 같은 생각을 가지도록 강요할 수 없다는 점을 인식해야 한다. 그 대신에 부모는 성령의 도우심을 받아 진리를 통해 자녀를 설득하고자 해야 한다. 성인 자녀가 집안의 규칙에 대해 의문을 품을 때, 부모로서의 겸손한 태도는 부모가 입장을 바꿀 의향을 가지고 자녀의 생각을 경청하는 것이다.

많은 부모는 일부러 나서서 충고를 하기 보다는 자녀가 스스로 조언을 구하러 올 때까지 기다리는 것이 지혜롭다는 것을 깨닫게 된다. 한 어머니는 이런 말을 했다.

"저는 어른이 된 아이들과 열린 마음으로 의사소통을 했기 때문에 아직까지 좋은 관계가 유지된다고 생각해요. 아이들은 저와 쭉 함께 살았으니 제가 무슨 생각을 하는지 잘 알죠. 아이들은 제 사고방식이 하나님의 말씀에 기초한다는 것을 잘 알고 있어요. 그래서 제가 일부러 이를 다시 말해줄 필요가 없어요. 명령조로 얘기하고 훈계하는 시기는 이제 끝났죠. 이제 제가 하는 말이 하나님의 말씀으로 무장된 매력적인 말이 되어, 하나님의 뜻은 반드시 이루어진다는 확신의 말이 되면 좋겠어요. 저에게는 이런 믿음이 있기 때문에 안심할 수 있고 자녀의 삶 속에 하나님의 뜻이 이루어지기를 신뢰할 수 있어요."

어떤 아버지도 위와 같은 말을 한다.

"문이 열릴 때는 뛰어 들어가야 돼요! 그러나 다른 모든 경우에는 교정과 책망의 말은 금하고, 칭찬과 사랑의 표현은 서슴없이 해야 해요."

또한 부모는 성인 자녀가 전문적인 지식을 가지고 있는 분야(특히 최신기술과 관련된 것)에 대해 조언을 구함으로써 자녀에 대한 존중을 보여줄 수 있다.

6. 겸손은 의사소통하고자 하는 노력을 만들어낸다

장바구니를 들고 조안(Joan)이 집에 도착했을 때 수업을 마치고 집에 와 있던 아들 피터(Peter)는 컴퓨터를 하면서 거실에 앉아 있다. 조안은 피터가 하던 일을 잠시 멈추고 자발적으로 어머니를 도왔으면 한다. 조안이 장바구니를 한아름 들고 일부러 부스럭거리며 들어온다. 아들이 알아채 주기를 바라기 때문이다. 그러나 피터는 컴퓨터에 얼굴을 묻고 본 척조차 안 한다. 차 트렁크로 다시 가서 물건을 꺼내올 때마다 조안은 점점 화가 치솟는다. 물건을 다 옮기고 조안은 거실로 가서 자기중심적이며 아무 생각 없는 피터를 호되게 꾸짖는다. 단지 자기 할 일을 하고 있었을 뿐이라고 피터는 말대꾸를 한다. 사태는 점점 악화된다.

어떻게 하면 이 상황을 피할 수 있을까?

우선, 조안은 피터에게 도움을 요청하고 있었다는 것을 확실히 말해주어야 한다. 더 좋은 방법은 조안이 장을 보러 집을 나설 때 돌아오면 도움이 필요할 것이라고 피터에게 미리 말을 해두는 것이다. 또한 집에 돌아와서 도와달라고 말할 수도 있었다. 조안이 이 점을 분명히 했더라면 아들 피터는 기꺼이 도와주었을 것이다.

이것은 아들이 자신의 마음을 읽어주기 바랬던 어머니 조안의 잘못이고, 심지어 아들에게 화를 낸 것은 죄를 짓는 것이다. 조안은 예수 그리스도께서도 우리가 스스로 모든 것을 깨닫지 못한다는 것을 아시고 겸손한 마음으로 직접 하나님의 뜻을 전달하러 오셨다는 것을 기억해야 한다. 게다가 그리스도는 하나님의 뜻을 계속해서 반복하여 우리에게 분명히 상기 시켜주신다.

우리는 지금까지 부모 집에 살고 있는 성인 자녀에게 부모가 가져야 할 최소한의 요구 조건을 정의하는 성경 원리에 대해 알아보았다. 그리고 이외에도 이제 어른이 된 자녀가 스스로 결정을 내릴 책임과 특권이 있음을 받아들여야 할 것을 알아야 한다. 부모 입장에서 자녀가 시간 관리를 현명하게 못하고 돈이나 친구 문제에서도 어리석은 선택을 할 때 가슴이 미어지는 것은 사실이지만, 자녀가 겪게 될 고통을 막아서도 안 되고 사실 막을 수도 없다.

자녀는 스스로 선택한 것의 결과를 통해 깨우침을 얻을 필요가 있다. 자녀를 부모의 마음속에서 놓아준다는 것은 자녀는 이제 내가 아닌 하나님께 속한 사람이라는 것을 인정하는 것이고, 동시에 억지로 자녀를 바꾸려는 어리석은 유혹에서 벗어나는 것이다.

7. 겸손은 자녀의 개성을 존중한다

인생에 있어 가장 계몽적인 시기 중 하나는 둘째 아이가 태어난 후일 것이다. 나와 아내는 첫째 아이를 키우면서 아기를 키우는 것에 대해 어느 정도 터득했다고 생각했었는데, 둘째가 태어나자마자 이전까지 터득한 모든 것이 산산조각 났다. 둘째가 첫째와 어떻게 얼마나 다른지는 둘째가 태어나서 얼마 되지 않아 곧 알게 되었다. 아이들이 다 크고 나니 개성은 훨씬 더 뚜렷해졌다.

첫째 아이는 고등학교를 졸업한 다음 곧장 군에 입대해서 성공적인 삶을 살고, 둘째 아이는 대학에 들어가서 몇 년 동안 인생의 방향에 대해 느긋하게 생각하고, 셋째 아이는 사업가가 되어 스물다섯이 되기 전에 이미 세 번째 사업을 진행하였다.

모든 부모와 마찬가지로 우리 또한 아들들이 각자 개별적인 사람이라는 것을 깨달아야 했다. 아이들은 부모의 복제인간도 아니고 서로의 복제도 아닌 개개인이다.

자녀의 개성에 대해 겸손하게 존중하는 마음은 우리 모두가 다르지만 같은 하나님의 형상으로 창조되었다는 진리로부터 비롯된다. 한 아이는 미술에 대한 사랑과 창조 욕구 면에서 하나님을 닮을 수 있고, 또 한 아이는 질서와 규칙을 사랑하는 면에서 하나님을 닮을 수 있다. 우리가 하나님께서 얼마나 크시고 다채로운 분이신지를 직시한다면 자녀에게서 나타나는 독특한 차이점을 기쁨으로 받아들일 것이다.

하나님의 형상이 얼마나 깊고 무한한데 어찌 단 한 종류의 인간만 창조하셨겠는가?

자녀의 개성에는 하나님의 형상이 담겨 있기 때문에 부모의 꿈이나 야망을 자녀에게 강요해서는 안 된다.

음악을 사랑하는 예술적 소양이 있는 아들에게 다음과 같이 말하는 것은 잘못된 노릇이다.

"아홉 대를 거쳐서 존스 가문의 장자들은 모두 법조인이었다. 우리는 네가 가문의 전통을 잇기를 원한다."

딸에게 이렇게 말하는 것 역시 잘못된 것이다.

"네가 태어나기 전부터 우리의 기도와 바람은 네가 선교사의 아내가 되는 것이었단다."

자녀는 하나님이 창조하신대로 하나님의 형상을 반영하고 하나님은 그것을 기뻐하신다는 것을 기억해야 한다. 하나님이 자녀의 삶에 어떤 소명과 재능을 주실 것인지 결정하셨다. 자녀의 삶은 부모의 소유가 아니기 때문에 부모는 선택권이 없다. 자녀는 스스로 삶의 방향을 정하고 길을 정할 필요가 있다. 부모가 자녀를 지원해주고 있다면 자녀가 생산적으로 자신의 길을 갈 수 있도록 기대를 가지고 요구할 수는 있지만 부모의 꿈을 대신 이루도록 강요할 권리는 없다.

8. 겸손은 죄를 뉘우치고 잘못을 인정한다

인간관계는 은혜 없이 지속될 수 없다. 자녀는 부모의 은혜가 필요하고, 부모 또한 자녀의 은혜가 필요하다. 우리는 결코 완벽한 부모가 될 수 없다. 언젠가는 죄를 짓고, 수시로 말과 행동으로 실수를 범할 것이다. 부모가 잘못을 저질렀을 때, 괜히 의로운 행세를 하거나 자녀의 존경심을 잃을까봐 두려운 마음에 잘못을 시인하지 않으면 안 된다. 곧바로 겸손한 마음으로 용서를 구하고 화해를 해야 한다(마 5:23-24).

부모가 겪었던 과거의 고난과 현재의 상한 마음을 또한 솔직하게 인정해야 한다. 자녀와 마찬가지로 자신의 의로움으로 살 수 있는 부모는 아무도 없다. 오직 예수 그리스도가 우리에게 전가하신 그리스도의 의로움으로 이루신 완전함만이 우리의 희망이다. 그러므로 우리가 죄 없는 의인이기 때문에 살 수 있는 것이 아니라 오직 그리스도의 의로움으로 살아갈 수 있는 것이다. 즉 우리를 있는 그대로 봐주시고 사랑해주시는 예수 그리스도 때문에 우리는 남에게 마음을 열고 솔직한 모습을 보여줄 수 있는 것이다.

톰(Tom)이 아들 데이브(Dave)로부터 "당신은 형편없는 아버지입니다. 아버지는 내가 한 것을 한 번도 지지해주지 않았고 격려도 해주지 않았어요!"라는 말을 들었을 때, 그는 기분이 몹시 상했다. 이 말을 들은 톰은 곧바로 "변호사 모드"로 변하여 아들에게 여태까지 자신이 함께 관람했던 야구 경기와 음악회를 나열하고 아들을 교육시키고 지원하기 위해 쓴 돈을 일일이 열거하면서 자신을 변호했다.

그러나 이 방법은 톰과 데이브 사이에 더 높은 장벽을 쌓아놓았을 뿐이었다. 상담가를 찾아간 톰은 잠언 15:1의 "유순한 대답은 분노를 쉽게 하여"라는 말씀을 따를 것을 지시 받았다. 그리고 아들에게 다음과 같은 말을 하라고 들었다.

"데이브, 내가 아버지로서 너를 실망시킨 것 같구나. 내가 너에게 어떤 상처를 주었는지 그리고 어떻게 너를 좀 더 지지해줄 수 있는지 알려다오. 나는 이제 네가 하고 싶은 말을 들을 준비가 되었단다. 내가 더 좋은 아버지가 될 수 있도록 도와다오."

나 또한 개인적으로 갈등을 빚고 있던 아들과의 관계에서 큰 변화를 경험한 적이 있다. 내 아들의 입장에서 볼 때 나는 19년 동안 아들을 통제한 사람이었고, 이것 때문에 아들은 매우 화가 나 있었다. 아들은 독립을 선언했고 나는 더 이상 아들을 억지로 통제할 수 없다는 것을 깨달았다.

그래서 나는 아들이 정확히 무슨 생각을 하고 무엇을 믿는지 알아내기 위해 진실된 관심을 가지려고 애썼다. 아들 또한 나에게 질문이 있으면 무엇이든 물어보라고 말했다. 나는 아들에게 솔직하게 내 자신과의 싸움에 대해 그리고 내 죄에 대해서 토로했다. 우리는 서로를 붙잡고 눈물을 흘린 적도 있다. 이 과정은 내게 매우 힘들었지만 아들과 내가 서로를 인격적으로 대할 수 있는 성숙한 관계를 형성하는 첫걸음이라는 확신이 들었다.

우리 또한 과거에 미성숙한 성인이었다는 것을 기억해내는 것은 쉽지 않다. 나이를 먹고 경험이 쌓여도 아직까지 죄를 짓는다는 것을 인정하는 것은 쉽지 않다. 하나님은 오직 그 크신 은혜 때문에 우리를 감싸주신다. 우리가 성인 자녀에게 똑같이 보여주어야 하는 것이 바로 이 은혜다. 죄로 인해 벌 받아 마땅한 우리를 그렇게 대하지 않으시는 하나님처럼(시 103:10), 우리 또한 자녀양육에 은혜를 겸비시켜야 한다. 그 무엇도 자녀에 대한 우리의 사랑을 방해해서는 안 된다.

하나님의 은혜가 있으면 부모는 늘 긍정적인 시각으로 자녀를 보게 된다.

[사랑은]…모든 것을 바라며(고전 13:7).

하나님께서 우리에게 은혜를 베푸셨기 때문에 우리는 자녀에게 은혜로울 수 있고, 늘 긍정적으로 바라볼 수 있고, 자녀에게 혹시나 나쁜 동기가 있으리라 전제하고 싶은 유혹을 떨칠 수 있다. 특히 자녀와 갈등이 생기는 상황에서는 더욱 그렇다.

"쟤는 그저 나를 괴롭히려고 저렇게 행동한 거야."

"어젯밤 가족이 전부 자는데 새벽에 들어와서는 일부러 문을 세게 닫은 걸 거야."

"아무 짝에도 쓸모없는 친구들과 빈둥거리다가 늦었겠지."

이런 삐딱한 시각을 은혜로운 마음으로 방지할 수 있다면 자녀의 언행을 부정적인 눈으로 보지 않고 최대한 은혜롭고 긍정적인 눈으로 보는 것이 좋다.

"분명히 너무 바쁘고 정신이 없어서 나한테 무뚝뚝 했을거야."

"가족이 자고 있다는 것을 미처 몰랐기 때문에 늦은 밤에 소리를 냈던 걸 거야."

"아마 오늘밤 야근하느라 좀 늦은 걸 거야."

이런 은혜로운 생각으로 바라보면 모든 일을 평화와 이해를 바탕으로 시작할 수 있는 것이다.

9. 겸손은 눈감아주고 용서하는 것이다

자신이 얼마나 축복받았는지 모르고 사는 사람도 많다. 어떤 부모는 우등생 명단에 든 자녀가 B학점을 하나 받았다고 불평한다. 자녀가 다른 교회를 방문하고 싶다고 했을 때, 영적인 것에 관심이 있는 자녀를 둔 것에 감사하지 않고 반항의 행위로 간주하는 부모도 있다. 불을 켜 놓은 것을 보거나 세척기에 넣어 놓지 않은 더러운 컵을 보면, 화를 내고 싶은 유혹을 받는다. 우리는 하나님께서 우리를 그런 식으로 다루지 않으신다는 것에 기뻐해야 한다.

만일 우리가 작은 문제 때문에 노발대발하고 싶은 유혹을 받는다면 다음의 두 말씀을 상기시킬 필요가 있다.

노하기를 더디 하는 것이 사람의 슬기요 허물을 용서하는 것이 자기의 영광이니라(잠 19:11).

사랑은 허다한 죄를 덮느니라(벧전 4:8).

한편으로 자녀 때문에 깊은 상처를 받은 부모도 있다. 자녀는 부모의 자원을 낭비하고, 규칙을 어기고, 가문에 수치를 가져오는 일로 부모의 가슴을 찢어놓을 때가 있다. 때로 탕자가 그랬던 것처럼 자녀가 철이 들어 하나님과 부모에게 돌아오기도 한다(눅 15:11-32). 그때 우리도 멋대로 나갔던 아들을 끌어안고 다시 집 안에 들였던 아버지의 기쁜 마음을 이해할 수 있다. 하나님이 그리스도 안에서 우리를 용서하셨던 것처럼(엡 4:32) 우리도 자녀를 용서할 수 있다. 그리스도는 우리가 죄 때문에 지게 된 엄청난 빚을 대신 치러 주셨기 때문에(마 18:21-35) 우리 또한 우리에게 죄 지은 자를 용서할 수 있다.

그러나 자녀가 돌아오지 않는다면 어떻게 할 것인가?

아직도 먼 나라에서 방탕한 생활을 하며 물려준 재산을 모두 다 탕진하고 있다면 어떻게 할 것인가?

어긋나간 자녀를 무조건 도와주는 것은 현명하지 못하고 잘못된 일이다. 하지만 성경은 그런 자녀를 피하거나 원망하라고 가르치지 않는다. 자녀가 죄를 짓게끔 부추기지 않고 부모의 사랑을 표현할 방도를 찾으면서 자녀와 좋은 관계를 유지하도록 노력할 수 있다. 탕자의 아버지처럼 우리는 용서하려는 자세가 되어 있어야 하고, 언젠가 먼 곳에서 돌아올 자녀를 애타게 기다리며 희망을 품고 있어야지만, 자녀가 돌아왔을 때 정말로 용서하고 끌어안을 수 있다.

자녀가 비록 성인이 되어도 그들은 여전히 부모가 자신에 대하여 무슨 생각을 하는지 신경을 써주고 인정받기 원한다. 부모의 의견에 별 상관하지 않을 것 같이 다 커 버린 성인 남자도 사실 아버지에게 자신의 능력을 증명하고 싶어 한다. 젊은 여성도 자신의 어머니에게 이와 비슷한 필요성을 느끼고 장차 어머니 눈에 차는 아내와 엄마가 될 수 있을지 고민한다.[2]

우리는 "내 자녀의 생활 속에 잘못되고 미숙한 부분이 너무 많아!"라고 생각하기 쉽다. 비록 사실이겠지만 당신이 할 수 있는

---

[2] 한 젊은 청년은 이렇게 적는다. "내가 직면했던 것 중 가장 어려웠던 일은, 나의 부모님이 이루셨고 또 나에게도 요구하시는 부모님의 기대치와 (적어도 내 생각에 그분들이 기대하고 있다고 생각되는 기대치) 비교된 그 '성공'에 대한 나의 기대를 이루는 일이었다. 내가 우리 부모님만큼 성공할 것인지 나는 자주 걱정이 된다. 그리고 만약 내가 우리 부모님이 나에게 주셨던 것들을 내가 내 아이들에게 줄 수 없게 된다면 부모님이 나를 어떻게 생각할지가 나는 종종 염려된다." 한 젊은 여성은 이렇게 말한다. "[성인 시기로 가는 전환점에 대해] 내게 가장 어려운 점은 우리 부모님 보시기에, 특히 어머니 보시기에, 아내와 어머니로서의 나의 역할을 확고히 하려 애쓰는 일이었다. 어머니가 나의 남편과 나를 능력 있는 부모로 보지 않는 것처럼 느껴졌다."

한 죄인을 격려해주는 것은 그 사람을 사랑하는 것이며 또한 지극히 성경적이다. 사실 바울 또한 교회들에 보낸 편지에서 교회의 부족한 점을 지적하기 전에 칭찬과 격려로 시작한다(심지어 고린도 교회조차도). 칭찬함으로 자기 편지를 시작하는 것이 통상적이다. 예수 그리스도도 요한계시록에서 언급된 교회에 대한 말씀을 하실 때 동일한 패턴을 따르셨다.

사실 나는 컵을 볼 때 절반이 찬 상태로 보는 긍정적인 사람이기보다는 절반이 비어있는 것으로 보는 사람이다. 나는 다른 사람들의 단점을 매우 빨리 알아차리는 경향이 있고 다른 사람들이 내 기대에 부응하는 것을 당연한 것으로 생각한다. 그렇기 때문에 나는 더욱더 나의 자녀에게서 어떤 칭찬할 요소와 특성이 있는지 자세히 살펴봐야 안심이 된다. 믿지 않는 자녀도 하나님의 형상으로 만들어졌으므로 칭찬할 요소가 있다(직업, 학교생활, 운동, 음악 등).

우리는 자녀들로 인해 하나님께 감사드릴 것들이 매우 많다. 그들로 인해 우리가 얼마나 많은 것을 감사하게 생각하는지 아이에게 알려주어라.

우리는 자녀의 실패가 아닌 은혜를 찾아내는 사람이 되어야 한다. 자녀의 삶 속에 있는 하나님 은혜의 증거물을 (아주 희미한 불빛이라도) 찾아서 가르쳐 주어야 한다. 자녀의 삶 속에서 역사하시는 하나님의 선한 일들을 찾아내고 그에 대해 함께 대화를 나누다 보면 부모와 자식 양쪽 모두 믿음의 씨가 싹틀 것이다. 즉 자녀가 변할 수 있다는 믿음 말이다. 하지만 하나님이 자신의 인생에 역사하시지 않을 거라고 생각하는 아이들이 많다. 자녀의 삶 속에서 하나님의 모든 역사를 발견할 때마다 그 점을 강조하면서 하나님이 얼마나 크시고 능력이 많으신지 볼 수 있도록 도와주자!

10. 서로의 존재를 즐기라

지난 30년 동안 여러 가정을 관찰하면서, 화목한 가정에는 공통적인 한 가지 특징이 있는 것을 보았다. 화목한 가정은 가족 모두가 함께 즐거운 시간을 갖는다는 것이다! 의견 불일치가 있고 서로 실망시키는 일이 비일비재할지라도 그런 가정은 서로를 깊이 사랑하고 함께 있는 시간을 즐긴다. 부모가 된다는 것은 단순히 훈육을 통해 아이를 가르치는 것만이 아니다. 하나님은 우리가 가족과 즐거운 시간을 보내길 바라신다.

성인이 되어 버린 자녀와도 때로는 매우 재미있게 놀 수 있다. 함께 여러 게임을 해보라. 여행을 같이 떠나라. 명절을 함께 보내라. 같이 웃고 떠들어보라.

언젠가 성인이 된 나의 아들들이 나와 아내와 함께 지내는 시간을 얼마나 즐거워하고 있는지를 알고서는 깜짝 놀랐다. 보드게임을 하고, 음악회에 가거나 그냥 앉아서 대화하는 것도 즐겁다고 했다. 가끔 난 너무 바쁜 일정 때문에 자녀와 즐거운 시간을 충분히 보내지 못하기도 하고 자녀들이 내게 얼마나 고마운 존재인지를 잊을 때가 있다.

11. 친절로 자녀를 깜짝 놀라게 하라

자녀의 죄를 방치하는 것은 무책임한 행동이라고 앞서 언급했다. 하지만 그렇다고 완전히 어긋나버린 자녀를 무시하고 다정하게 대하지 말라는 것은 절대 아니다. 어긋난 자녀에게도 우리는 좋은 것을 베풀 수 있다. 하나님은 우리를 엄격한 정의에 따라 대하지 않으시고(시 103:10; 스 9:13) 오히려 우리에게 축복 위에 축복을 베푸신다.

당신의 자녀에게 은혜를 보여주어라.

자녀를 데리고 나가 식사를 하라.

함께 가족 여행을 떠나라.

선물을 사주어라.

하나님이 그리스도 안에서 당신을 사랑하시는 것처럼 당신도 자녀에게 그 사랑을 보여주어라.

우리가 성인 자녀와 겪는 갈등은 우리 자신의 죄에서 비롯되는 경우가 많다. 그리고 우리는 결코 완전히 겸손하거나 남을 높이 사거나 격려하지 못한다. 하지만 우리의 힘만으로 자녀와 좋은 관계를 유지해야 하는 것이 아니라는 사실에 위안을 받자.

우리는 겸손과 분명한 의사소통 그리고 용서와 인내가 몸에 배도록 노력해야 한다. 우리는 또한 분노와 채근과 무례함에서 벗어나야 한다. 하지만 그렇다 해도 우리가 스스로 자신의 마음이나 자녀의 마음을 변화시킬 수는 없다.

이는 성령님이 하시는 일이다. "아비의 마음을 자식에게, 거스리는 자를 의인의 슬기에 돌아오게 하는 것"(눅 1:17)은 성령의 일이다. 성령 하나님은 우리가 하는 말을 통하여, 하나님의 말씀으로 하나님을 섬기는 자들을 통하여 일하신다. 오직 성령만이 우리를 진정으로 겸손하고 온유하게 만드실 수 있다. 따라서 우리가 "듣기는 속히 하고 말하기는 더디"(약 1:19)하기를 배우기 위해서는 성령님께 의존하는 방법밖에는 없다.

우리가 예수 그리스도와 같이 자신을 낮추고 온유하고 겸손하게 되기 위해서는 성령님이 우리로 하여금 그리스도의 삶을 따르도록 인도하시는 것밖에 없다. 그리고 오직 성령님의 능력으로 우리 자녀들이 하나님의 은혜와 영광을 나타내며 살아가는 성숙한 남성과 여성으로 변할 수 있다.

지금 당장 하나님께 모든 것을 내려놓고 그분만을 신뢰하기를 권면하는 바이다.

하나님께서 당신과 당신의 자녀의 삶을 변화시켜주시길 기도하라. 하나님께서 당신이 자녀와 화목하게 살아갈 수 있도록 은혜 베푸시기를 기도하라. 그런 후에 당신의 모든 짐을 그분 앞에 내려놓아라. 하나님은 당신을 보살피기를 원하신다.

좀 더 이야기해 보자

1. 당신은 말하기는 더디 하며 듣기는 속히 하고 항상 자녀의 최선을 희망하는가? 이 부분에 대해 자신에게 어떠한 평가를 내리겠는가?

2. 당신은 지나친 잔소리를 하는 죄를 짓고 있다고 생각하는가? 성인 자녀에게 당신의 요구를 분명히 알렸는가? 자녀가 당신의 마음을 당연히 읽을 줄 알아야 한다고 생각하는가? 당신이 성인 자녀에게 요구하는 것이 다른 성인에게 요구하는 것과 비슷한가? 아니면 아직도 자녀를 어린아이 취급하고 있는가?

3. 당신은 자녀의 독특한 개성을 존중하는가? 자녀의 개성은 다채로운 하나님의 영광을 비추는 것이라고 인정하는가? 자녀를 하나님의 형상이 아닌 당신의 형상으로 만들려는 죄를 짓고 있는가?

4. 당신은 은혜를 찾는 사람인가? 가장 최근 자녀와 마주보고 "나는 네 인생을 통해 하나님의 역사하심을 본단다"라고 말한 것은 언제인가? 만일 이런 말을 한 번도 해본 적도 없고 혹은 자녀에게 칭찬할 만한 것이 당신의 눈에 보이지 않는다면, 아주 작은 것이라도 하나님께서 자녀의 삶에서 어떤 일을 하고 계신지 보여 달라고 기도해보라. 그리고 당신의 자녀를 태산 같은 사랑으로 격려해주라.

5. 이 장에서 배운 것을 네다섯 문장으로 요약해 보라.

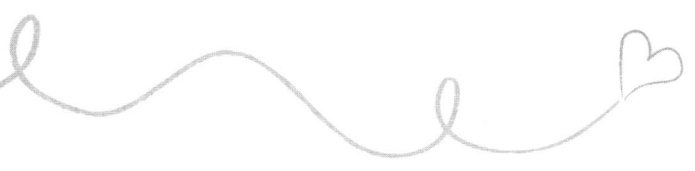

7장

부모의 집이 자녀의 임시 거처여야 하는가?

린(Lynn)은 고등학생 시절 매우 문제가 많은 아이였다. 파티를 굉장히 좋아해서 한밤중에 친구들과 몰래 집을 나가곤 했다. 학교 공부에는 관심도 없었고, 수업을 빼먹은 적도 많았다. 린이 마침내 고등학교를 졸업하고서야 린의 부모는 겨우 마음을 놓을 수 있었다.

일 년 반 전, 린이 열여덟살이 되었을 때, 린은 갑자기 남자친구와 함께 살겠다며 집을 나갔다. 비록 이런 상황이 부모의 마음을 아프게 했지만 린이 떠난 후 집은 조용하고 평온해졌다. 린의 부모는 마침내 자신들의 결혼생활과 다른 자녀들을 돌보는 데 더 집중할 수 있게 되었다.

어제 린은 부모님께 전화를 걸어 남자친구와 결별했기 때문에 집으로 다시 돌아오고 싶다고 말했다. 린은 신용불량자가 되었기 때문에 스스로 집을 구할 수도 없었다. 하지만 린은 부모 집으로 돌아오고 싶어 하면서도 과거에 자신의 잘못에 대해 전혀 가책을 느끼지 못하고 있었다. 린의 부모는 딸에게 같이 살게 될 경우 지켜야하는 몇 가지 집안 규칙이 있는데 괜찮겠냐고 물었고, 린은 "마음대로 하세요"라며 퉁명스럽게 대답했다.

딸의 대답에 린의 부모는 매우 황당했다. 어디서 뭘 하고 다닐지 알수가 없으니, 딸을 외면할 수도 없고 그렇다고 또 같이 살자니 앞으로 딸로 인해 생길 갈등이 두려웠기 때문이다.

1. 우리가 무엇을 잘못하고 있나?

우리 주위에는 하나님을 멀리하고 마약과 음주, 성적 문란함, 빚, 범죄 등에 빠진 성인 자녀를 둔 크리스천 가정이 있을 것이다. 몇 년 전 그런 자녀를 둔 부모를 보면서 '저 부모는 도대체 무엇이 잘못된 것일까?'하고 궁금해 했었다. 그러나 지금은 하나님께서 우리의 뼈저린 경험을 통해 자녀가 문제에 빠지게 되는 데에는 한 가지 이유만 있는 것이 아니라는 것을 볼 수 있는 지혜를 주셨다.

우리 자신이나 자녀를 탓하기 이전에 자녀가 커서 어떤 성인이 될지를 결정하는 데 많은 요인이 작용한다는 것을 이해해야 한다. 우리의 또 다른 저서『착한 아이가 나쁜 선택을 할 때』

(*When Good Kids Make Bad Choices*)[1]에서, 자녀양육에는 크게 세 가지 요소가 있다고 정리했다.

첫째, 우리는 자녀의 노여움을 부추기는 행동을 피하며 오직 하나님의 훈계와 가르침으로 그들을 훈련할 책임이 있다(엡 6:4; 잠 22:6). 한 예로 엘리 제사장처럼 파멸의 길로 들어서는 아이의 행동을 제어하지 못하고 하나님의 훈계로 가르치지 못한 부모도 있다(잠 29:15; 19:18).

둘째, 자녀는 자신의 선택에 책임을 져야 한다. 인류 최초의 두 자녀 가인과 아벨에 대해 잠시 생각해 보자. 가인과 아벨의 차이점은 무엇이었는가? 둘 다 한 가정에서 같은 부모 아래서 양육되었다. 또한 아담과 하와는 그들의 자녀가 하나님을 알도록 가르쳤다. 하지만 가인과 아벨은 자라서 각각 매우 다른 사람이 되었다. 아벨은 예배로 하나님을 존귀하게 여기는 쪽을 선택했으며, 가인은 하나님으로부터 돌아서서 하나님의 경고를 듣지 않고 자신의 아우를 죽였다.

가인의 잘못된 선택에 대한 책임이 그의 부모에게 돌아가지 않고 가인 자신에게 돌아갔다는 것을 하나님의 경고와 심판을 보면 알 수 있다. 마찬가지로 에스겔 18장은 삼대에 걸쳐 의로운 아버지, 불의한 아들 그리고 의로운 손자의 인생을 기록한다. 각각의 세대는 아버지와 아들이 어떤 선택을 했든 상관없이 당사자가 하나님 앞에서 옳은 선택을 해야 할 책임이 있는 것이다.

한 자녀는 하나님의 길을 걷고 다른 자녀는 하나님을 멀리하

---

[1] Elyse Fitzpatrick and Jim Newheiser, *When Good Kids Make Bad Choices* (Eugene, OR: Harvest House Publishers, 2005).

려는 선택을 할지라도 우리는 놀라서는 안 된다. 예수 그리스도는 구원과 은혜의 말씀이 가정에 갈등을 일으킬 수 있다고 경고하셨다. 어머니와 딸, 혹은 아버지와 아들의 관계가 복음으로 인해 갈라질 수 있다. 어떤 자녀는 반항을 하여 어둠 속으로 소외될 것이고, 어떤 자녀는 부모와 함께 빛으로 걸어 들어갈 것이다(눅 12:51-53).

복음의 진리는 불가피하게 우리를 갈라놓는다. 복음은 이 땅에서 맺어진 가족으로부터 우리를 갈라놓아 영적인 가족, 즉 교회로 인도할 것이다. 우리의 가장 깊고 만족스러운 관계는 혈육으로 맺어진 가족이 아니라 믿음 안에서 맺어진 형제자매의 관계가 될 것이다.[2]

하나님께서 선지자 이사야를 통해 이스라엘에 대해 "내가 자식을 양육하였거늘 그들이 나를 거역하였도다"(사 1:2)라고 말씀하실 때 우리는 하나님이 어긋난 자녀를 두는 것이 어떤 심정인지 잘 아신다는 것을 볼 수 있다. 그리고 그로 인해 위로를 받을 수 있다.

셋째, 하나님의 주권적인 은혜다. 자녀는 태어날 때부터 죄인이며 하나님께 영적인 새 생명을 받아야 한다(시 51:5; 엡 2장). 우리가 아무리 훌륭한 부모라고 해도 하나님의 은혜가 없이는 자녀는 반항을 하게 될 것이다. 그리고 만약 자녀가 티 하나 없이 깨끗한 존재라 할지라도 우리의 죄로 인해 그들을 망쳐놓을 것이

---

[2] 불량한 자녀를 둔 것이 어떤 것인지 하나님은 알고 계신다. 하나님은 이스라엘의 불순종을 다음과 같이 한탄하셨다. "하늘이여 들으라 땅이여 귀를 기울이라 여호와께서 말씀하시기를 내가 자식을 양육하였거늘 그들이 나를 거역하였도다"(사 1:2; 렘 2:30도 보라).

다. 자녀가 하나님의 길을 걷도록 보장하는 책이나 세미나 같은 것은 없다.³ 오직 하나님만이 우리의 자녀를 구원하실 수 있다(요 6:44). 우리의 실패와 죄에도 불구하고 하나님은 포기하지 않으시고 우리를 구원하시기를 선택하셨다는 것이 바로 놀랍고 기쁜 소식이다.

2. 당신의 도움이 너무 지나친 때는 언제인가?

돈 문제나 법 문제 등 성인이 되어서 휩싸이는 문제 앞에서 자녀는 모든 문제를 부모에게 일임하는 놀라운 능력이 있다. 이렇게 위협하기도 한다.

"차를 뺏기고 일자리를 잃으면 모두 부모님 잘못이에요. 저를

---

3 "나는 자녀를 양육하는 일에 과도한 자신감을 갖고 있었다. 우리 아이들은 경건하게 잘 자라 어른이 될 것이며, 나의 자녀양육으로 인해 아이들은 죄와 심한 싸움을 하지 않게 될 것이라는 확신이 있었다. 반드시 가야할 길로 아이들을 훈련시키고 있었고 내 책에 써놓은 모든 것을 다 실천하고 있었으므로, 나는 부모로서 반드시 성공할 것이라고 완전히 확신했다. 하지만 내가 알아야 할 것이 더 있었다. 부모 노릇을 한다는 것은 나와 나의 성공의 문제가 아니었던 것이다. 사실, 자녀양육이 자신들의 성공 여부에 관한 문제라고 생각하는 부모는 자기 자녀들의 괴로움에 이바지하고 있는 것이라는 것을 나는 알았어야 했다…부모는 성경적인 올바른 단계를 따를 수 있고, 그렇게 자녀들을 키워 그 아이들이 어려서부터 어른으로 살 때까지 하나님께 충성하게 할 수 있다고 나는 한때 그렇게 믿고 가르쳤다. 사실, 어린 자녀의 부모였던 나는 방탕한 젊은 성인 자녀들을 둔 부모는 실패한 것이라고 판단했었다. 그러나 우리 아이들이 나이가 들고, 또 그 아이들이 그리스도와 함께 동행 하는 삶을 스스로 결정하는 개체라는 것을 발견하게 되었을 때, 나는 아이들의 외부 생활에는 많은 통제권을 가지고 있지만 그들의 내면에는 그렇지 못하다는 것을 놀랍게도 깨닫게 되었다. 아이들은 다른 모든 사람과 마찬가지로, 그리스도의 말씀을 듣고 따를지 그렇게 하지 않을지 선택해야 했다." Reb Bradley, "Solving the Crisis in Homeschooling," *Family Ministries*, http://www.familyministries.com/HS_Crisis.htm.

도와주지 않으셨으니까요."

자녀의 말이 사실일까?

부모가 자녀의 자동차 할부금을 낼 의무가 있는가?

그렇게 부모는 자신에게 물어보겠지만 사실 부모가 물어봐야 할 질문은 따로 있다. 자녀를 도와준 일이 과연 진정한 사랑의 행위인지 스스로에게 물어야 한다. 자녀를 도와주고 베푸는 것이 사랑의 행위로 보일지는 몰라도, 솔직한 심정으로 그러한 것들이 진정한 사랑의 행위인지를 간파해야 된다.

상담가로 일하면서 음주운전이나 가정폭력을 휘둘러서 잡혀 들어간 자녀를 부모가 보석금을 내고 구치소에서 빼내오는 경우를 보게 된다. 부모가 딸의 카드빚을 다 갚아주는 경우도 보았다. 성인 자녀가 사고를 칠 때마다 부모가 도와주어야 되는지 아닌지를 곰곰이 생각해보아야 한다. 그리고 스스로에게 물어야 한다.

우리가 정말로 자녀를 사랑하는 것일까?

네이트(Nate)가 이미 납부 날짜가 지나버린 자동차 보험료 청구서를 가지고 어머니 잰(Jan)에게 왔을 때, 네이트는 어머니가 자신의 아들이 보험도 없이 불법으로 운전하는 것을 원하지 않는다는 것을 잘 알고 있었다. 또한 자신이 학교와 직장에 가는 것이 어머니에게 중요한 사항이라는 것도 알고 있었다. 그리고 네이트는 자신이 진 빚을 어머니에게 떠 맡기는 것이 논리적으로 합당하다고 생각했다. 그러나 어머니 잰은 그 상황을 다르게 보았다. 잰은 아들 네이트가 지난 달 자기 방에 플라즈마 TV를 들이고 Xbox 게임기를 샀다는 사실을 기억했다.

잰은 갖고 싶은 가방을 아끼고 아껴 모은 돈으로 겨우 장만했던 일을 생각하면서, 아들 네이트의 무책임한 행동으로 인해 벌어진 상황에 너무 화가 나기 시작했다. 그러나 어쩔 수 없다는 생각에 잰은 아들의 보험료를 대신 내주었다. 잰은 아들을 사랑했고 네이트는 어머니의 도움이 필요했다.

하지만 잰은 정말 아들에게 도움이 된 일을 한 것일까?

크리스(Chris)와 사라(Sarah)는 35세 아들 로저(Roger)가 도박 때문에 빚더미에 놓인 것에 대해 상담을 받으러 우리를 찾아온 적이 있었다. 아들 로저는 일전에 한 불법사업거래 때문에 구속될 상황까지 간 경우가 있었는데 불법거래는 자신의 파트너가 한 것이라고 말했다. 크리스와 사라는 아들을 매우 사랑하고, 아들이 감옥에 가는 것을 원치 않았기 때문에 아들의 변호 비용을 부담하고 있었다.

엎친 데 덮친 격으로 로저의 아내는 로저가 계속해서 불륜을 저지르기 때문에 이혼을 하겠다고 벼르고 있었다. 로저는 아내를 피하기 위해 부모의 집에서 자주 머무르게 되었다. 크리스는 아들을 돕기 위해 자신이 운영하는 사업체에 일자리까지 마련해주었지만, 일도 열심히 하지 않고 근무 태도도 불성실했다. 크리스는 아들이 하루 종일 무엇을 하는지 알 수는 없었지만 일을 하지 않고 있다는 것만큼은 충분히 알고 있었다.

아들 로저가 계속해서 문제를 일으키고 부모의 생활을 (그리고 은행 계좌를) 침범하기 때문에 크리스와 사라의 부부 사이도 힘들어지고 있었다. 부부가 아들을 얼마나 어떻게 도울 것인가에 대해 의견이 갈렸기 때문이다. 우리가 크리스와 사라에게 아들의 모든 문제를 부모가 책임지지 않아도 된다고 말했을 때 그들은 매우 놀라면서 안심했다.

　아들을 도우려고 한 일이 문제를 더욱 악화시켰고, 오히려 아들을 더욱더 의존적이고 무책임하게 만들었던 것이다. 크리스와 사라는 아들이 하나님 앞에서 성숙하게 하나님의 형상으로 살아갈 책임이 있는 한 인간으로서 아들을 사랑하고 존중하지 못했다. 우리는 크리스와 사라에게 회개하지 않는 아들의 인생으로부터 한 걸음 뒤로 물러나서 아들이 자신의 선택의 결과를 직면하게 내버려두라고 조언해주었다.

3. 그렇다면 진정한 사랑은 무엇인가?

　성인 자녀는 상대방에게 호감을 주는 방법을 알고, 설득력을 갖고 사람의 마음을 교묘하게 다룰 줄도 안다. 부모의 도움을 원할 때는 더더욱 그렇다. 그들은 부모와 오랫동안 함께 살았기 때문에 부모가 듣기 좋아하는 말이 무엇인지 정확하게 알고 있다.
　"저, 하나님에 대해서 더 많은 것을 알고 싶어요. 다시 교회에 나갈까 해요. 이번에는 정말로 하나님을 잘 믿을 거에요."
　만약 이 말이 진심이라면, 이는 부모에게 너무나도 좋은 소식이다. 그러나 자녀가 하는 모든 말을 믿기 전에 그리고 부모에게 무언가 원하고 있을 때는 특히, 직접 확인할 수 있는 어떠한 변화가 있는지 천천히 살펴보아야 한다. 그리고 그러한 변화가 있더라도 정말 원하는 것을 주는 것이 현명한 사랑의 행위인지 곰곰이 생각해보아야 할 것이다.

부모는 돈으로 자녀의 사랑을 살 수도 없고 그들의 그릇된 태도를 반성하도록 만들 수도 할 수도 없다. 그리고 하나님의 나라로 가는 출입증을 사줄 수도 없다. 오직 성령님만이 자녀의 마음을 진정으로 변화시키실 수 있다.

어리석은 삶을 사는 자녀 중에 자신은 그렇게 살 자격이 있다고 생각하는 사람이 많다는 것이 참 안타까운 일이다. 자녀는 부모가 가진 자산이 아무런 노력 없이 거저 얻는 것이라고 생각한다. 자녀의 어리석은 논리는 이런 것이다.

"부모님이 돈이 있고 나를 도와주실 수 있다면 저를 무조건 도와주셔야 해요. 저도 나중에 돈이 생긴다면 언제든지 부모님이 도움이 필요하실 때 선뜻 드릴 거에요."

"사람의 행위가 자기 보기에는 모두 정직"(잠 21:2)하기 때문에 자녀는 자신이 얼마나 게으른지 보지 못하고 얼마나 많은 기회와 자원을 낭비하는지 보지 못한다. 자녀가 보는 것은 오직 부모가 가진 재산뿐이고, 부모가 자신을 정말로 사랑한다면 가지고 있는 모든 것을 아낌없이 주실 것이라고 믿는 것이다.

어째서 그렇게 많은 부모가 자녀에게 정말로 필요한 것이 무엇인지 알면서도 실천하지 못하는 것일까?

자녀는 지금 "안 돼!"라는 말을 들어야 하는데, 왜 부모는 계속해서 "알았어…"라고 말하는 것일까? 사실 많은 부모는 자녀를 진실된 사랑으로 대하지 않고 죄의식과 두려움으로 대한다.

"만일 내가 부모 역할을 좀 더 잘했더라면 내 아이가 저 지경까지 안 갔을 텐데."

"내 아들이 죄를 졌든지 안 졌든지 상관없어요. 다만 아들이 감옥에 가야 한다는 생각 자체에 견딜 수가 없어요."

"우리가 아이의 요구를 거절하면 (아이가 일하기를 거부하고 집안 규칙을 준수하기 싫다고 해도) 그 애는 길거리에 나앉을 거예요."

이런 생각은 우리를 괴롭히고 지혜를 얻지 못하게 한다. 부모는 자녀를 사랑하고 자녀의 기대를 저버리고 싶지 않다고 생각하겠지만, 사실은 그저 죄책감 때문에 혹은 자녀가 조금이라도 고된 일을 당하지 않게 하려는 마음 때문에 자녀의 모든 것을 받아들이는 것이다.

하지만 이것은 자녀를 위한 최선이 아니다. 그저 순간적으로 불안에서 벗어나는 것뿐이다. 우리가 이렇게 자신의 감정만을 달래고 있을 때 우리의 자녀와 그들을 향하신 하나님의 뜻은 완전히 무시되는 것이다. 부모가 자녀가 어려운 상황에 처할 때마다 나서서 도와주는 것은 자녀를 사랑하는 행위가 아니다. 이기적인 자기 사랑이다.

4. 어떻게 하면 자녀를 진정으로 사랑할 수 있는가?

지금쯤 부모인 우리에게 도움이 절실히 필요하다는 것을 알 수 있을 것이다. 부모로서 우리는 우리의 자녀만큼이나 이중적이고 혼란스럽다. 우리는 분명 사랑으로 자녀를 대하고 있는 줄 알았는데, 그것이 전혀 아니라는 것이다. 분명 무엇인가 잘못되어 가고 있는 것 같은데, 어떻게 하면 제대로 할 수 있는지 도무지 감이 잡히질 않는다. 그렇기 때문에 우리는 오직 하나님께서 주시는 진실된 지혜와 도움이 필요한 것이다.

하나님은 이렇게 어려움을 겪고 있는 우리에게 한 가지 약속을 하셨다.

> 너희 중에 누구든지 지혜가 부족하거든 모든 사람에게 후히 주시고 꾸짖지 아니하시는 하나님께 구하라 그리하면 주시리라(약 1:5).

어떠한가! 하나님은 모든 지혜와 명철의 근원이시다. 우리가 구하기만 하면 지혜를 주시겠다고 약속하셨다. 그러니 구하라. 하나님이 당신의 눈을 여시고 모든 일을 현명하게 대처하는 방법을 깨닫도록 은혜를 베풀어 달라고 기도하라. 당신의 기도는 하나님을 기쁘시게 할 것이고 하나님과 당신의 자녀를 향한 진정한 사랑의 행위로 거듭날 것이다.

일단 우리가 지혜를 위해 기도했다면(또한 이러한 기도는 절대로 중단되어서는 안 된다), 하나님의 지혜가 완벽하게 드러나는 곳이 딱 한 군데 있다. 바로 성경이다. 비록 자연과 우리 주변에 있는 사람들을 통해 하나님의 지혜를 볼 수도 있지만, 성경만이 우리 삶을 위한 유일하고 충분한 지혜의 근원이다. 단순히 자신의 생각과 느낌을 따르기보다는(잠 3:5-6), 믿음으로 하나님의 말씀을 신뢰할 필요가 있다.

하나님은 우리가 감당할 수 없는 시험을 당하도록 허락지 않는다고 약속하셨기 때문에(고전 10:13) 우리는 안심하고 성경 속 하나님의 지혜에 전적으로 의존해도 된다. 그리고 하나님은 결코 우리를 떠나거나 버리지 않는다고 약속하셨다(히 13:5).

하나님의 지혜는 성경에 충분히 넘치지만, 우리 주위에 하나님의 말씀의 원리를 이해하는 지혜로운 사람들에게 조언을 구하는 것 또한 좋다(잠 11:14). 우리는 자녀의 삶에 워낙 사방으로 얽혀 있기 때문에 자녀의 일에 대해서 명확하게 보지 못하는 경우가 많이 있다. 자녀가 곤란한 상황에 처했을 때는 더욱더 그렇다. 우리가 상처받을까 두려워하기보다는 정직하고 객관적인 조언을 줄 수 있는 경건한 친구에게 조언을 구하는 것이 좋다(잠 27:6).

때로는 경건한 친구의 조언 하나가 자녀와의 갈등의 근원을 알 수 있도록 도와준다. 세상은 죄에서 비롯된 행동(음주, 도박, 문란함, 나태함 등)이 병이라고 치부하면서 자녀를 마치 세상의 타락으로 인한 피해자인 양 대하지만, 성경은 자신이 스스로 결정한 선택에 모든 책임이 있다고 가르친다. 자녀의 생활이 곧 삶 속의 우상을 보여주는 것이다. 주위의 상담가들도 당신을 도와 지금 당신의 자녀가 가장 필요로 하는 것이 하나님과의 교제라는 것을 볼 수 있도록 할 것이다.

5. "안 돼"라고 말할 줄 아는 것이 진정한 사랑인 경우가 많다

당신이 부모로서 실패했다는 것을 인정한다면, 지금 바로 그 죄를 하나님께 고백하라. 자녀의 죄를 방치함으로써 당신의 죄의식이 커지도록 내버려두지 말라. 한 청년이 우리에게 다음과 같은 말을 했다.

"부모는 성인 자녀의 삶 속에 많은 영향력을 행사할 수 있기 때문에 자녀가 재정적으로 문제가 있을 때 과감하게 자녀를 인도해줘야 한다. 효과가 없을 수도 있지만 우선 자녀의 잘못된 행동과 반항적 생활을 금전적으로 지원하지 않는 것만으로도 좋다."

자녀의 잘못된 생활을 금전적으로 계속 지원해준다면, 자녀는 자신의 그릇된 선택으로 인해 생길 수밖에 없는 일들을 경험하지 못할 것이다. 하나님은 그런 결과물을 통해 자녀를 하나님께 인도하실 수도 있다는 것을 명심하라. 탕자는 타지에서 외롭고 굶주리고 빈털터리가 되었을 때 비로소 제정신으로 돌아왔다. 탕자의 아버지가 계속해서 돈을 보내왔다면 탕자는 아무것도 배우지 못했을 것이다. 결과적으로 그것은 자식을 위한 사랑의 행위가 아닌 것이다.

게으른 사람에게 돈이 필요해지면 기술을 배우고 열심히 일하고자 하는 동기가 생길 수 있다(잠 19:15; 16:26). 부모의 어려운 일 중 하나는 자녀가 뿌린 씨앗을 스스로 거두도록 내버려두는 것이다(갈 6:7).

한 청년도 이에 동의하여 이런 말을 했다.

"성인 자녀가 부모 집에 살면서 부모의 요구를 존중하지 않는다면 자녀는 부모 집에 살 자격이 없다. 부모가 자녀의 허풍과 위협에 계속 넘어가는 것은 부모를 향한 자녀의 존경심을 훼손하는 가장 빠른 길이다."

6. "안 돼"라고 말하는 것은 너를 사랑하지 않는다는 말이 아니다

하나님은 아무리 형편없는 자일지라도 이에 상관없이 도움을 구하러 오는 자들을 절대로 외면하지 않으신다(마 11:28-30). 그런 이유로 부모는 자녀가 얼마나 속을 썩이고 창피와 상처를 주었든지 간에 그들이 다시 돌아올 때 외면해서는 안 된다.

우리는 모두가 하늘에 계신 하나님의 크신 은혜를 선물로 받은 탕자들이다. 우리의 많은 죄에도 불구하고 하나님은 우리를 맞아주시고 자격이 없는 우리에게 상상할 수 없을 만큼의 축복을 주셨다. 미혼모가 된 딸이 집에 돌아온다면 위로하고 아이를 낳고 키우도록 격려해주어야 한다. 음주와 마약에 중독된 아들에게는 사랑과 희망을 (그리고 마약 테스트를) 주어야 한다.

우리도 그런 문제에 얽힌 자녀만큼이나 그리스도 안에서 하나님의 은혜가 절실히 필요한 사람들이다. 아브라함 파이퍼(Abraham Piper)는 다음과 같이 충고한다.

> "자녀를 책망하는 것 이상으로 자녀에게 간청하십시오. 실망을 해도 온유하게 하십시오. 당신의 마음을 아프게 하는 것은 자녀가 규칙을 어기는 것이 아니고 파멸의 길로 들어서는 것입니다. 자녀의 양심이 스스로를 정죄할 것입니다."[4]

---

[4] Abraham Piper, "12 Ways to Love Your Wayward Child," *Desiring God*, May 9, 2007, http://desiringgod.org/ResourceLibrary/TasteAndSee/ByDate/2007/2168_12_Ways_to_Love_Your_Wayward_Child/.

그렇다고 해서 제멋대로 사는 자녀를 무조건적으로 계속해서 도와주라는 뜻은 절대 아니다. 탕자가 처음 집에 돌아왔을 때 가장 먼저 한 것은 자신의 잘못에 대한 회개였다. 하지만 어떤 자녀에게는 부모 집으로 돌아간다는 것이 마지못해 내리는 결정일 것이다. 그저 부모 집이 폭풍우 속에 남아있는 유일한 항구로 보이기 때문에 삶에 별다른 변화 없이 어쩔 수 없이 찾아오는 경우일 것이다. 이런 경우에도 자녀에게 도움을 주는 것이 좋지만, 반드시 하나님을 기쁘시게 하는 방법으로 해야 한다.

성인 자녀가 집으로 돌아왔다면 당신은 자녀를 성숙한 사람으로 만드는 일을 완성할 수 있는 기회라고 보아야 한다. 우리가 조사한 부모의 의견에 의하면 부모는 대체적으로 자녀에게 두 번째 기회를 주는 것에 호의적이지만, 똑같은 문제에 대해 반복적으로 계속하여 도움을 주는 것에는 강하게 반대한다.

앨버트 아인슈타인(Albert Einstein)은 이런 말을 했다.

"정신 착란증세라는 것은 똑같은 행동을 계속 반복하면서 매번 다른 결과가 나오기를 기대하는 것이다."[5]

단순히 코앞에 닥친 자녀의 문제를 해결하기보다는 그 문제를 일으키는 핵심이 무엇인지를 알아내야 한다. 잘못된 노동 윤리, 절제력 부족, 인내심 부족 같은 마음의 뿌리를 제거해야 한다(잠 4:23; 막 7:21-23). 원인을 제거하지 않으면 자녀는 같은 행동을

---

[5] Albert Einstein, Quotation #26032, *The Quotations Page*, http://www.quotationspage.com/quote/26032.html.

반복할 것이고 부모는 계속해서 자녀를 지원해줘야 한다. 그리고 만일 자녀가 단순히 부모가 가진 자산만 원하고 부모와 상담하는 것은 싫어한다면 자산도 상담도 주지 말라.[6]

7. 당신의 집이 임시 거처가 되었을 때

큰 문제가 있어 부모 집에서 지내는 자녀와 성인이 되기 전 과도기에 부모 집에서 지내는 자녀는 큰 차이가 있다. 보통 자녀가 성숙해지고 부모와의 신뢰가 쌓이면 자녀의 결정에 개입하는 일이 줄어들게 된다. 그러나 말썽을 일으키는 자녀는 성숙하지 못하고 신뢰를 깨뜨려버리기 때문에 어쩔 수 없이 부모의 통제를 더욱 받게 된다.[7]

예를 들어 자녀가 엄청난 빚을 지고 해결할 수 없어 집으로 들어왔다면 자녀가 빚을 갚을 수 있도록 계획을 세워서 하루 8시간 이상 일을 하고 예산 범위 내에서 생활할 수 있도록 요구해야 할 것이다. 과도한 음주나 마약 문제로 집에서 살게 된 자녀라면 정기적으로 마약 테스트를 받게 하고 시간과 돈을 어디에 쓰는지 부모에게 보고하도록 요구해야 한다. 그리고 이 모든 문제의 핵

---

[6] 부모가 직면하게 될 가장 복잡한 상황 중의 한 가지는, 성인 자녀의 부정적인 행동이 아내와 손자에게 부정적인 영향을 끼칠 때이다. 한 부부는, 아들이 무장 강도죄로 장기수감생활을 하고 있을 때, 며느리와 손자들을 자기 집으로 데려가 버렸다.

[7] 한 젊은 청년은 이렇게 쓴다. "위협이 적절할 수도 있다! 아버지가 나에게 위협적인 발언을 한 적이 있었는데, 내가 지금껏 나눴던 대화 중 가장 영향력 있는 대화였다. 아버지가 더 일찍 나에게 그렇게 하셨을 수도 있었겠지만, 그때 그 대화는 참으로 축복이었다!"

심을 파악하기 위해서는 신앙 상담을 받아볼 것을 자녀에게 요구할 수도 있다.

그러나 자녀가 이러한 요구를 성인으로서의 자존심을 상하게 하는 것으로 여기고 반대한다면 어떻게 할 것인가? 문제가 있는 자녀는 그렇지 않은 자녀와 다르게 다루는 것이 당연하다. 그리고 이는 애초에 자신이 선택한 결과에 의한 어쩔 수 없는 방법이다. 물론 자녀는 성인이기 때문에 나가서 혼자 살 권리가 있지만 부모 집에서 머물기로 한 이상 양보를 해야 한다. 어른으로서 누릴 권리는 다 갖고 싶으면서도 자신의 선택의 결과에는 순응하지 않겠다는 것은 옳지 않다.

이 상황에서 부모의 집은 자녀가 자신의 부족함을 깨닫고 반성하며 부모의 도움을 받고 재충전할 수 있는 임시 거처와 같은 곳이어야 한다. 물론 이 전환점은 부모와 자녀 양쪽 모두에게 힘든 시기가 될 것이다. 자녀는 창피하기도 하고 스스로에게 화도 날 것이다. 부모를 속이고 싶은 유혹도 들 것이다. 부모 또한 그들을 통제하고 싶을 것이고, 인내심이 부족할 때가 있을 것이고, 자녀에게 창피를 주고 싶을 때도 있을 것이다. 하지만 이 모든 유혹을 이겨내야 한다.

오직 하나님의 도우심으로 우리는 굳건히 인내할 수 있다.

이미 자녀와 부모 사이의 신뢰가 깨진 상황에서 성인 자녀가 집으로 돌아와야 하는 경우가 많다. 비뚤어진 자녀는 남에게서 원하는 것을 얻고자 할 때나 잘못된 선택의 대가를 피하려 할 때마다 거짓말을 한다.

부모의 집이 임시 거처가 되기 위해서는 정직함이 필수다. 거

짓말이 반복된다면 자녀를 부모 집에 머물지 못하게 해야 한다.[8]

8. 집에서 쫓아내야 할 때

구약에서 모세가 이스라엘 백성에게 주었던 율법에는 반항하는 자녀를 위한 조항이 있다.

> 사람에게 완악하고 패역한 아들이 있어 그의 아버지의 말이나 그 어머니의 말을 순종하지 아니하고 부모가 징계하여도 순종하지 아니하거든 그의 부모가 그를 끌고 성문에 이르러 그 성읍 장로들에게 나아가서 그 성읍 장로들에게 말하기를 우리의 이 자식은 완악하고 패역하여 우리 말을 듣지 아니하고 방탕하며 술에 잠긴 자라 하면 그 성읍의 모든 사람들이 그를 돌로 쳐죽일지니 이같이 네가 너희 중에서 악을 제하라 그리하면 온 이스라엘이 듣고 두려워하리라(신 21:18-21).

---

[8] 신뢰를 잃었으면, 그것은 다시 노력해서 얻어야 한다. 션(Sean)은 불법 마약을 소지한 죄로 두 번이나 체포되었던 적이 있는데, 부모 집에서 살게 하는 조건으로 정기적으로 마약 테스트를 받아야 한다는 부모의 요구 조건 때문에 몹시 기분이 상했다. "아버지, 어머니는 저를 신뢰하지 않는군요!"라고 그는 불만을 터뜨렸다. "네 말이 맞다!" 그의 어머니 세릴(Cheryl)이 대답했다. "그렇지만 마약 테스트를 받으면 너는 우리 신뢰를 다시 얻을 수 있는 기회를 갖게 된단다." 고린도후서 7:10-11은 세상적인 슬픔과 경건한 슬픔을 대조시킨다. 많은 사람은 무엇인가 잘못된 일을 하다가 들키면 안타까워한다. 자신이 치르게 될 그 결과 때문이다. 참으로 회개하는 사람은 자신이 한 짓을 증오한다. 왜냐하면 그것은 하나님께 죄를 지은 것이기 때문이고, 자신이 가슴 아프게 만들었던 사람들에 대해 염려하기 때문이고, 자신의 과거 죄를 반복하지 않기 위해서라면 무슨 일이라도 할 준비가 되어 있기 때문이다. 이런 사람들은 책임을 기꺼이 지려고 한다. 왜냐하면 자기 자신을 믿지 못하기 때문이다. 또한 변화되기 원하며 잘못된 일들을 바로 잡아놓기를 원한다.

이 끔찍한 규율이 기록된 이유는 바로 이런 자녀를 둔 가족과 이스라엘에 더 이상 이와 같이 불순종한 자들이 생기지 않기를 위하여 내려진 조치였다.

신약의 언약 아래에는 어긋나간 자녀가 더 이상 이런 식으로 벌을 받지 않지만, 이 말씀에서 우리는 현재에도 적용되는 원리를 배울 수 있다.

첫째, 이 율법은 어린아이가 아닌 성인을 가리키고 있다. 어린 아이가 어찌 방탕하며 술에 잠긴 자라고 표현될 수 있겠는가!

둘째, 성경은 절대적으로 불순종한 자녀, 즉 통제가 불가능한 자녀가 존재한다고 말한다. 그리고 하나님은 성인 자녀의 잘못의 책임을 부모에게 묻지 않는다는 것도 알 수 있다.

셋째, 하나님은 "너희 중에 악을 제하기" 위해 자녀를 벌하시는 것이기 때문에 이런 자녀가 남에게 가져오는 악영향에 대해서 깊게 생각해볼 필요가 있다. 반항심 가득한 성인 자녀는 집안을 풍비박산 내고 다른 형제에게도 악영향을 끼칠 수 있다. 마지막으로 어떤 경우에는 불순종이 너무 심각해서 매우 과감한 조치가 필요하다는 것도 볼 수 있다.

새 언약 아래에서는 어떤 과감한 조치가 적절한가?

만일 당신의 자녀가 교회의 지체라면, 교회 지도자들이 개입되는 것이 좋다. 그리고 만일 자녀가 회개하기를 거부한다면 교회적 징계가 시행되어야 한다(마 18:15-20; 고전 5장). 만일 자녀가 법을 어겼다면, 변호사를 고용해서 자녀를 구제하기보다는 법적 처벌을 겸허히 받아들이도록 해야 한다(롬 13:1-7; 갈 6:7; 벧전 2:14). 심지어 부모가 자녀의 불법행위(도둑질, 마약 거래, 불법 무기 소유, 살인 등)를 발각했다면 직접 신고를 해야 한다.

결과적으로 자녀가 집안의 규칙에 순응하지 않을 때는 내쫓아야 한다. 자녀가 머물 곳이 없어지는 것은 자녀의 잘못이고 당신의 잘못이 아니라는 것을 기억하라. 자녀가 집 떠나기를 거부한다면 현관키를 바꾸거나 법적으로 대응하는 방법도 있다.

자녀를 집밖으로 내보낸다고 해서 의절하라는 것은 아니다. 여전히 자녀를 저녁식사에 초대할 수 있고 가족 모임에 참여시킬 수도 있다. 자녀가 무엇을 하거나(딸이 낙태를 하든 아들이 동성애자로 커밍아웃을 하든) 하나님이 당신의 죄에도 불구하고 당신을 사랑하는 것처럼 당신도 자녀를 사랑해야 한다(그리고 자녀에게 사랑한다는 말을 해주어야 한다). 그리고 언젠가 자녀가 참된 회개를 통해 자신의 생활을 바꾸고 그들의 삶에 회개의 열매가 보인다면 다시 집으로 돌아오는 것을 허락할 수 있다.

9. 아직 하나님을 모르는 자녀를 사랑하는 법

자녀에 대한 사랑은 그들이 구원받았는지 안 받았는지에 따라 좌우되지 않는다. 믿지 않는 자녀가 부모에게 도움을 요청했을 때 거절해서는 안 된다. 믿지 않는 자녀가 도움을 청한다면 부모는 하나님의 은혜와 용서를 보여줄 절호의 기회를 얻은 것이다.

하나님께서 모든 사람이 하나님이 창조하신 아름다운 세계에 살 수 있도록 일반 은총을 베푸신 것처럼(마 5:45), 우리 역시 구원받지 못한 자녀에게 부모와 함께 머무는 혜택을 줄 수 있다.

우리가 자녀에게 가장 바라는 것은 그들의 구원이지만, 자녀가 정상적인 생활을 할 수 있도록, 필요한 기술을 배울 수 있도록, 빚을 갚을 수 있도록, 술과 마약 중독에서 벗어날 수 있도록 도와줄 수도 있다.

부모로서 우리에게 주신 우리의 자녀를 결코 포기해서는 안 되며 계속해서 그들을 격려하고 사랑하고 가르쳐야 할 것이다.

좀 더 이야기해 보자

1. 다음 글은 아브라함 파이퍼가 부모의 뜻을 거역하는 자녀를 둔 부모에게 쓴 글이다. 아브라함 파이퍼의 글을 통해서 당신은 어떤 기분이 드는가? 이 글을 비추어 볼 때, 당신과 성인 자녀와의 관계에 있어 어떤 변화가 있어야 하겠는가?

   자녀에게 예수 그리스도를 소개하라. 자녀의 문제는 마약이나 성관계나 담배나 음란물이나 게으름이나 범죄나 욕설이나 단정치 못한 차림새나 동성애나 펑크족 록 밴드를 하는 것이 아니다. 진짜 문제는 자녀가 예수를 똑바로 주목하지 않는다는 것이다. 자녀를 위해 부모가 할 수 있는 최선은…그리스도를 보여주는 것이다. 이것은 사실 단순한 과정도, 즉각적으로 이루어지는 것도 않지만, 부모를 괴롭히고 자신을 파괴하는 자녀의 삶 속에 있는 죄는 자녀가 예수 그리스도의 진정한 모습을 보기 시작할 때만 비로소 사라질 것이다. 자녀를 위해 기도하고, 자녀를 반갑게 대하고, 자녀에게 부탁하고, 자녀에게 이메일을 보내고, 자녀와 함께 먹고, 자녀의 관심사에 관심을 가져야 할 이 모든 것의 궁극적인 이유는 자녀가 눈을 뜨고 예수 그리스도를 바라보게 하기 위함이다. 예수 그리스도는 우리가 바라보아야 할 유일한 분이시며 또한 우리의 유일한 희망이시다. 자녀가 그리스도의 위대하심을 바라볼 때 자녀는 삶에 있어 "만족"이라는 개념을 새롭게 정의할 것이다. 자녀가 영혼을 바칠 만큼 갈구하는 금전적 허영심, 명성, 마약으로 인한 희락과 성적 쾌락을 좇는 대신 예수 그리스도를 따라가게 될 것이다. 악한 것을 좇는 자녀의 위험한 삶을 구제할 수 있는 것은 오직 그리스도의 은혜뿐이다. 자녀는 그리스도에게 묶여 그분만이 줄 수 있는 은혜의 포로가 되고, 그 안에서 만족할 것이다.[9]

2. 이 책을 잠시 내려놓고 하나님께서 당신의 자녀가 하나님의 경이로움에 눈을 뜰 수 있도록 기도하라. 자녀를 집에서 내보냈을 때에도 당신은 꾸준히 자녀를 사랑하고 반가이 대하며 하나님의 경이로움을 몸소 보여줄 수 있다.

3. 당신의 수고가 헛되지 않는다는 사실에 힘을 얻으라. 한때 부모를 거역하고 제멋대로 살았던 한 아들이 다음과 같은 말을 했다.

---

9 A. Piper, "12 Ways to Love Your Wayward Child."

제가 크리스천이 아니었고 아직 세상의 문화에 동화되어 살고 있을 때, 하나님의 길을 가르치시는 부모님의 목소리가 제 머릿속에서 떠나질 않았어요. 부모님의 말을 통해 제가 죄인이라는 사실을 알 수 있었죠. 하나님께서 부모님을 통해 저에게 말씀하고 계셨던 것이죠. 그리고 그것을 통해 저를 향한 부모님의 사랑도 알 수 있었어요.

하나님께서 지금도 당신의 자녀에게 말씀하고 계신다는 것을 믿는가?

4. 용기를 주고 이 싸움을 계속해 나갈 수 있게 도와달라고 하나님께 기도하라. 그리고 이 말씀을 늘 기억하라.

그러므로 내 사랑하는 형제들아 견고하며 흔들리지 말며 항상 주의 일에 더욱 힘쓰는 자들이 되라 이는 너희 수고가 주 안에서 헛되지 않을 줄을 앎이니라 (고전 15:58).

5. 이 장에서 배운 것을 네다섯 문장으로 요약해 보라.

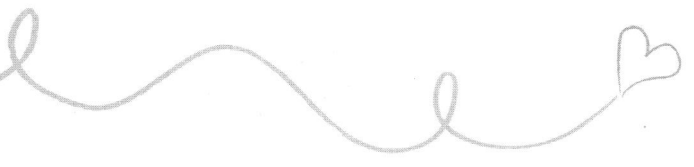

8장

돈이라는 미로에서 현명하게 빠져나가라

빌 존스(Bill Jones) 가족은 금전적으로 많은 축복을 받았다. 유망한 직장에서 일을 하는 덕분에 수입이 꽤 높았던 존스는 아내 낸시(Nancy)와 세 자녀에게 아낌없이 베풀었다. 크리스마스 때마다 트리 밑에는 산더미 같은 선물이 쌓였고, 해마다 빌은 자녀들이 바라던 것보다 훨씬 많고 좋은 장난감과 게임기, 휴대폰, 아이팟 등을 사주었다. 아이들이 대학에 진학할 때는 비싼 사립대학 등록금을 전액 지불했고, 자동차나 옷, 컴퓨터 등 자녀가 필요하거나 갖고 싶어하는 것은 조금도 부족함 없이 모두 채워주었다. 그러나 빌은 이렇게 많은 돈을 자녀들을 위해 지출한 것에도 불구하고, 사실 자녀들과의 관계가 가깝다는 느낌이 전혀 들지 않아 매우 안타까워한다. 게다가 이제 모든 자녀가 대학을 마치고 사회인이 되었는데도 아직까지 빌에게 수시로 돈을 요구한다. 요즘 들어 문득 빌은 자신이 인간 현금지급기가 된 느낌이 든다. 빌은 도대체 어디서부터 잘못된 건지 의아해하고 있다.

빌의 자녀들은 어째서 아버지에게 감사한 마음을 표하지 않는 것일까?

디모데의 영적 아버지 역할을 한 사도 바울은 사랑하는 디모데에게 이렇게 경고했다.

> 돈을 사랑함이 일만 악의 뿌리가 되나니 이것을 탐내는 자들은 미혹을 받아 믿음에서 떠나 많은 근심으로써 자기를 찔렀도다(딤전 6:10).

돈을 사모하는 것은 우리의 영적 생활에 치명적이다. 돈은 자급자족과 독립성을 이용해 사람을 속이기 때문이다. 우리는 돈으로 갖고 싶은 것을 살 수 있기 때문에 돈에서 힘을 얻을 수 있다고 믿는다. 더 나아가 돈만 있으면 불가능이란 없으며 어떠한 재앙도 막을 수 있을 것 같다는 생각도 하게 된다.

돈은 인간이 하나님을 향한 신뢰를 하찮은 것으로 여기게 한다. 돈은 너무 위험해서 예수 그리스도께서는 우리가 하나님을 섬기든 돈을 섬기든 둘 중 하나를 선택하게 될 것이라고 말씀하셨다. 그 중간지대는 없으며 우리는 하나님과 돈을 동시에 섬길 수 없다(마 6:24).

우리 자녀들은 돈을 얻는 것이 인생의 목적이 되어버린 물질만능주의 문화 속에서 자랐다. 자녀들은 끊임없이 최신장비와 잘

나가는 신형 자동차를 구입하라고 권하는 광고 폭격을 맞으며 살아가고 있다. 우리도 수시로 다음과 같은 거짓말을 듣는다.

"당신이 이것을 (무엇이 되었든 간에) 손에 넣을 수만 있다면 당신은 행복해지고, 모든 사람의 인정을 받고 친구도 많아 질 것입니다. 인생이 재미있어질 것입니다! 기다리지 마세요. 지금 당장 구입하세요! 후회하지 않을 것입니다!"

이런 말들은 우리의 자녀가 평생 들어온 거짓말이다. 그렇기 때문에 날마다 의식적으로 하나님을 돈보다 더 사랑하지 않는다면 그들은 서서히 돈이라는 우상의 희생양이 될 것이다.

재물을 사랑하는 것은 악의 근원이며, 따라서 돈에 얽힌 갈등도 매우 많다. 돈에 의해 우리는 늘 갈림길에 설 수밖에 없기 때문이다. 마치 돈은 우리가 진정으로 누구를 섬기는지 가려내는 리트머스 시험지와도 같다. 만약 부모가 돈을 너무 사랑한다면 자녀와 충돌이 일어날 것이다. 재물은 우리의 약점을 이용하며 죄가 흘러넘치도록 만든다.

돈을 잘못 사용하기도 숭배하기도 하고, 상대방을 자기 뜻대로 움직이도록 하기 위해 돈을 사용하기도 한다. 이렇게 돈으로 인해 생길 수도 있는 본질적인 위험을 생각하면 우리 모두는 하나님의 지혜가 절실히 필요하다는 것을 깨닫게 된다.

우리가 하나님의 지혜를 무시하고 오직 자신만의 유익을 위해 그 목적과 전략을 세우게 된다면 결국에는 제 발로 악의 구렁텅이에 들어가는 것이나 다름없다. 다시 말하지만 경건한 마음으로 돈을 다루는 것은 매우 어렵기 때문에 악의 함정에 빠지지 않기 위해서는 하나님께 절대적으로 의지해야 한다. 예를 들어 부모가

"지혜 없는 자는 남의 손을 잡고 그 이웃 앞에서 보증이 되느니라"라는 잠언 17:18의 지혜를 무시하고 어리석게도 자녀의 빚보증을 서 준다면 나중에 가서 빈손이 되어도 할 말이 없을 것이다.

1. 하나님 지혜와 우리 돈

2009년 10월에 미국 정부의 빚은 11,907,608,545,823.24달러라는 터무니없는 액수에 이르렀다.[1] 공식적인 빚 외에도, 2008년 말에 미국인의 개인 신용카드 빚은 9,727.3억 달러에 달했다. 2007년도에 비해 1.12퍼센트 많아진 수치이다.[2] 이것은 미국에 살고 있는 성인 한 명당 9,000달러 정도의 빚을 지고 있는 것에 해당한다. 이 경이로운 통계를 보면 더욱더 성인 자녀에게 (그리고 서로에게) 빚에 대한 경고를 해야 한다는 것을 알게 된다.

잠언 22:7에서 볼 수 있는 것처럼 "부자는 가난한 자를 주관하고 빚진 자는 채주의 종이 되느니라." 성인 자녀가 돈에 관하여 하나님께 지혜를 구하지 않는다면 남에게 풍성하게 베풀 수 있는 자유도 잃게 되고 경건한 목표를 가지고 살 수도 없게 된다. 그들은 혹 결혼을 하기 위해 필요한 자금이 없다는 이유로 성적 유혹에 빠질 수도 있고, 빚을 졌다면 돈을 빌려준 사람이나 단체의 노

---

1 U. S. Department of the Treasury, "The Debt to the Penny and Who Holds It," *Treasury Direct*, http://www.treasurydirect.gov/NP/NPGateway.

2 Ben Woolsey and Matt Schulz, "Credit Card Statistics, Industry Facts, Debt Statistics," *Credit Cards*, January 15, 2010, http://www.creditcards.com/credit-card-news/credit-card-industry-facts-personal-debt-statistics-1276.php.

예가 될 수도 있으며, 지금처럼 이자율이 높은 때에는 더욱더 고생하게 될 것이다.

부모는 자녀가 갖고 싶다고 해서 모든 것을 충동적으로 손에 넣으라고 부추기지 말고 돈을 절약하여 정말로 필요한 상황에만 쓸 수 있도록 절제의 미를 가르쳐야 한다(잠 6:8; 13:11). 예산을 짜고 그것을 지켜가는 것이 얼마나 가치 있는 것인지를 알 수 있도록 도와주어야 한다.

잠언 21:5이 우리에게 경고하는 것과 같이 "부지런한 자의 경영은 풍부함에 이를 것이나 조급한 자는 궁핍함에 이를 따름"이기 때문에 돈을 사용하고 관리하는 데 있어서 철두철미함을 가르쳐야 한다. 금전적인 의무는 즉시 지불하도록(잠 3:27-28) 가르치고 하나님의 일을 위하여 인색하지 않고 궁핍한 사람들을 도와주는 일이 얼마나 큰 축복인지도 자녀에게 알려주어야 한다(잠 3:9-10; 11:25).

자녀가 금전적인 문제에 빠지는 이유 중 하나는 그들이 돈을 많이 버는 방법을 익히지 않았기 때문이다. 최소 임금을 받고 일하거나 기술직에서 일하거나 둘 다 소모되는 시간과 노력은 비슷하기 때문에, 기술직에 들어가서 높은 임금을 받는 것이 당연히 더 좋은 것이다. 그렇기 때문에 취업시장에 수요가 있는 기술을 습득하는 것이 중요하다.

우리 아들들에게 스스로 자신과 자신의 가족을 부양하는 능력과 시장성이 있는 기술과 생산적인 노동 윤리를 가르쳐야 할 필요가 있다(잠 10:4, 22:29). 또한 딸들도 잠언 31장의 여인처럼 열심히 일하는 훈련을 받아야 한다. 언제 딸이 결혼할지 혹은 결혼을 하지 않을지 모르기 때문에 그들에게도 스스로 생활할 수 있는 방법을 가르쳐야 한다.

열심히 일하는 것은 책임감과 인격 형성에 도움이 된다. 요즘 하나님의 노동 윤리를 무시하고 도박 같은 것에 의존하여 일확천금을 노리는 젊은이가 많다. 2006년에 미국인은 도박에 총 9,100억 달러를 쓴 것으로 추산된다. 이 금액은 엑슨 모빌(Exxon-Mobil), 월마트(Wal-Mart), 제너럴 모터즈(General Motors), 셰브론(Chevron), 포드(Ford) 회사가 벌어들인 돈을 다 합친 것보다 더 많은 금액이다.[3] 잠언은 분명하게 말한다.

> 자기의 토지를 경작하는 자는 먹을 것이 많거니와 방탕한 것을 따르는 자는 지혜가 없느니라(잠 12:11).

탐욕과 미신과 나태함이 미국이라는 넓은 땅 안에서 도박을 키우고 있다. 우리는 성실한 노동을 통하지 않고 그저 쉽게 돈을 벌 궁리만 하는 젊은이들에게 경고를 해야 한다. 우리는 타락한 세상에서 살고 있기 때문에 노동이라는 것은 힘이 들 수밖에 없다는 것을 자녀들에게 가르쳐 주어야 한다.

믿는 자에게는 원죄의 저주가 제거되었지만 우리가 사는 세상은 아직 에덴동산에서 지은 죄로 인한 저주의 흔적이 남아있다는 것을 알아야 한다. 우리는 여전히 잘 돌아가는 컴퓨터가 갑자기 고장이 나고 열심히 가꾼 정원에도 날마다 잡초가 생기는 세상에

---

[3] Chad Hills, "FAQ: Gambling in the U.S." *Citizen Link*, April 30, 2008, http://www.citizenlink.org/FOSI/gambling/cog/A000007294.cfm.

살고 있다. 언제까지나 환상의 직업만을 꿈꾸며 살 수는 없다. 때로는 이 악물고 이 세상을 살아가기 위해 열심히 일해야 한다.

2. 채무자도, 채권자도, 보증인도 되지 말라

성경에서 돈을 빌리지 말라고 경고한 것에 대하여 잠시 앞에서 언급했다. 돈을 빌려주는 것 또한 그만큼 위험하다. 자녀에게 돈을 빌려주어 자녀를 도와주려던 것이 오히려 자녀와의 관계를 무너뜨리는 일이 될 수 있다. 자녀에게 돈을 빌려주었는데 자녀는 갚는 시늉도 하지 않고 비싼 전자기기를 사들이거나 여행을 떠난다면 부모와의 갈등이 일어난다.

우습게도 돈을 빌려간 사람이 빌려준 사람에게 섭섭한 마음을 갖게 되는 경우가 많다. 나는 힘든 시기에 가족이나 친척에게 돈을 빌린 사람이 나중에는 오히려 빌려준 사람에게 섭섭한 감정을 가질 수 있다는 것이 잘 이해가 되지 않았는데, 잠언 22:7의 진리를 기억하고 난 뒤 이를 깨닫게 되었다. 즉 돈을 빌린 자는 돈을 빌려준 자의 노예가 된다는 것이다.

노예가 되는 것을 좋아할 사람은 아무도 없다. 그래서 돈을 빌린 사람은 분개하는 것이고, 자신이 어떠한 죄를 지은 것만 같고 또한 열등한 기분이 들기 때문에 자신에게 돈을 빌려준 사람을 원망하고 피하게 되는 지경까지 이르는 것이다.

만일 자녀에게 돈을 빌려주기로 결정했다면, 조건을 명확히 정하고 서면으로 계약을 남겨두는 것이 중요하다. 액수가 크다면, 유언이나 장부에 기록을 해두어 자녀가 유산을 물려받을 때 자신이 진 빚만큼의 액수를 상속에서 제하도록 해야 한다.

자녀를 위해 (그리고 이 문제에 관련된 그 누구를 위해서도) 절대로 보증을 서지 말 것을 강력히 촉구한다. 이는 잠언이 우리에게 강력하게 경고하는 바이다.

> 너는 사람과 더불어 손을 잡지 말며 남의 빚에 보증을 서지 말라 만일 갚을 것이 네게 없으면 네 누운 침상도 빼앗길 것이라 네가 어찌 그리하겠느냐(잠 22:26-27).

자녀의 신용상태가 좋지 않다는 것은 은행에서 자녀에게 돈을 맡기기에는 위험부담이 크다고 판단했다는 것이다. 결국 그들이 사고 싶은 것이 있어도 모두 살 수도 없으며 또한 사서도 안 된다는 뜻이다. 부모가 만약 보증을 선다면 은행은 자녀가 납부하지 못하는 금액을 부모에게 청구할 것이다. 그렇게 되면 자녀로 인해 부모도 신용불량자가 될 위험이 크다는 것이다.

돈이 필요한 정당한 이유가 있고, 부모도 자녀를 도와줄 여유가 충분히 있다면, 빌려주는 대신에 아예 주는 것이 낫다. 하지만 이렇게 충분한 설명에도 불구하고 자녀에게 돈을 빌려줄 생각이라면, 빌려준 액수의 전부를 돌려받지 못하더라도 증오와 원한을 품지 않도록 마음의 준비를 하라.

돈을 다 잃어도 될 정도의 여유가 있어 돈을 빌려주는 것이라면, 자녀가 스스로 돈을 되갚는 훈련시키기 위해 대출 형식으로 돈을 돌려받다가 자녀가 돈을 성숙하게 사용하는 것을 어느 정도 터득하게 될 때에 대출을 무르는 방법도 있다.

3. 유산을 남겨줄 때의 지혜

지난 주 나는 나보다 한참 연배가 높은 친구와 오후 시간을 보내며 그의 자녀와 손자들에 대한 이야기를 들었다. 나는 친구와 친구의 아내가 자녀들에게 얼마나 많은 금전적인 도움을 주었는지 알고선 놀라지 않을 수 없었다. 이 부부는 세 자녀의 집 계약금 전액을 모두 지불했고 손자들의 교육비도 서슴없이 건네주었다. 다른 이가 보면 이 부부는 굉장한 부자처럼 보일지 몰라도 사실 전혀 그렇지 않다. 그는 최근에 치과 치료비를 내기 위해서 오래전부터 수집해 온 동전 컬렉션의 일부를 팔아야 했다.

나는 이 친구의 관대함에 대해 곰곰이 생각하면서 많은 부모와 조부모가 미래 세대에 투자하기 위해 얼마나 많은 희생을 치르고 있는지 생각해봤다. 나와 아내 또한 우리의 부모와 조부모에게 많은 도움을 받았다. 2007년에 실시한 조사에 따르면, 부모 중 열에 아홉은 성인 자녀의 카드값이나 자동차 보험료 그리고 학자금과 같은 거액의 비용을 내주었다는 결과가 있었다.[4]

앞 장에서는 자녀에게 주는 금전적인 도움이 일으킬 수 있는 문제들을 살펴보았지만, 이번 장에서는 자녀에게 주는 금전적인 도움이 가져오는 긍정적인 결과를 알아볼 것이다.

---

[4] Marilyn Harris, "What Do You Owe Your Kids?" *Money*, March 2008, 103.

선인은 그 산업을 자자 손손에게 끼쳐도 죄인의 재물은 의인을 위하여 쌓이느니라(잠 13:22; 또한 잠 19:14과 고후 12:14도 보라).

잠언이 가르치는 것처럼 죽을 때 다음 세대에 재산을 물려주는 것은 모든 세대 간의 전형적인 패턴이다. 하지만 자녀가 유산을 상속받는 시기는 보통 돈이 비교적 덜 필요한 자녀의 중년기이기 때문에, 많은 부모는 그때까지 기다리지 않고 자녀에게 미리 금전적 도움을 주려고 한다. 농업을 주로 하던 성경 시대의 아버지가 아들에게 물려주는 유산은 대개 땅이었다. 아들은 그 땅을 일구어 가족을 부양했다.

현재 우리 문화에서는 대부분의 사람들이 교육을 통해 시장 수요가 있는 기술을 획득하여 돈을 벌 수 있는 능력을 키운다(잠 22:29). 따라서 자녀가 자립할 수 있는 수단을 얻을 수 있도록 대학 교육비를 내주는 부모가 많다는 것은 참 좋은 일이다.[5]

물론 모든 사람이 다 대학을 가야 하는 것은 아니다. 부모는 성인 자녀가 견습직이나 직업 훈련을 통해 기술을 배울 수 있도록 도와줄 수도 있고, 아니면 자녀의 첫 사업을 시작할 수 있도록 도움을 줄 수도 있을 것이다.

다른 방법으로 자녀를 도와주고 싶은 부모는 그외의 여러 가지 방법들을 찾아볼 수 있다. 자녀의 첫 집의 계약금을 내주거나

---

[5] 젊은 성인이 자기 부모로부터 금전적인 도움을 받지 않고 대학에 다니는 것은 거의 불가능하다. 특히 부모가 소득이나 재산이 있다면 더더욱 그렇다. 왜냐하면 장학금 배분은 가정의 소득에 의해 결정되기 때문이다. 상위권 대학은 일 년에 수만 달러의 학비가 든다. 그렇기 때문에 일하면서 학교를 졸업한다는 것은 거의 불가능하다.

온 가족이 다 모일 수 있도록 자녀 가족의 휴가비용을 지불하는 부모도 있다. 많은 부모는 손자의 대학 교육비를 준비해 놓기도 한다(잠 13:22). 그리고 성인 자녀가 병원에 입원하거나 직장을 잃는 등 긴급한 상황에 처했을 때 도움을 주는 부모도 많이 있다.

잠언은 일반적으로 자녀에게 유산을 남겨주는 것을 권하지만, "처음에 속히 잡은 산업은 마침내 복이 되지 아니하느니라"(잠 20:21)는 경고도 함께 한다. 유산을 현명하게 다룰 능력이 없다는 것을 부모에게 스스로 증명한 자녀가 많다는 것은 안타까운 사실이다. 만약 당신의 자녀가 그렇다면, 성인 자녀라 할지라도 유산을 관리하는 일을 도와줄 재산관리인을 따로 지명하거나, 자녀가 특정 연령에 이를 때까지 유산을 제한하는 방법을 권하고 싶다.

4. 언제 허락해야 하고, 언제 거절해야 하는가?

자녀가 금전적인 도움을 얻기 위해 부모를 찾아올 때, 부모는 조금 시간이 걸리더라도 자녀의 말을 끝까지 들어보아야 한다. 자녀의 말을 경청하고 돈이 필요한 이유를 자세히 들어줄 때 부모는 자녀에게 그들을 향한 사랑과 존중을 보여줄 수 있다. 어쩌면 자녀는 과거의 실수를 인정하거나 부모에게 받는 돈을 갚을 계획을 가지고 있을지도 모르기 때문에, 부모는 성급하게 결정을 내리기 전에 자녀의 말에 귀를 기울여야 한다.

또한 자녀에게 돈을 빌려줄 때 또다시 경건치 못한 생활을 하기 위해서거나 그저 사고 싶은 것이 있어 돈을 요구하는 것인지,

아니면 건전한 계획을 세우고 돈을 필요로 하는 것인지 보다 세세하게 질문을 하면서 알아봐야 한다. 그저 뭔가를 사기 위해서 돈이 필요한 것이라면 사고 싶은 욕구를 자제시키거나 혹은 스스로 돈을 차근차근 모아서 원하는 것을 사도록 알려줄 수도 있다.

만일 자녀가 휴대폰을 최신형으로 바꾸고 컴퓨터와 같이 반드시 필요한 물건이 아닌 것들을 사느라 금전적으로 부족하다면, 돈을 더 주어서는 안 된다. 또한 모든 의사결정은 성경의 지혜를 통해 현명하고 침착하게 내려야 하기 때문에, 자녀에게 돈에 대한 결정을 말할 때는 하루 이틀 기도를 하고 답을 해주겠다고 말하는 것이 좋다.

이러한 방법으로 자녀들을 대하다 보면 무조건 부모를 조른다고 해서 돈을 얻을 수는 없다는 것을 자녀들은 깨닫게 될 것이고, 부모를 자동현금지급기로 취급해서는 안 된다는 것을 알게 될 것이다.

기도와 숙고 후에도 자녀가 요구하는 것을 주어야 할지 말아야 할지 확신이 서지 않는다면, 우리는 자녀에게 특별한 제안을 할 수 있다. 예를 들어 "앞으로 여섯 달 동안 네가 자동차를 사기 위해 모을 돈만큼 (5000달러 한에서) 내가 추가로 지원을 해주겠다." 자녀에게 돈을 주지 않겠다는 결정을 내릴 때도 그들이 사랑과 존중을 느낄 수 있도록 온유하게 거절해야 한다. 자신이 요구한 부탁이 거절당할 때 아무렇지도 않을 사람은 없기 때문이다.

가장 중요한 것은 부모가 자녀를 도와주지 않았을 경우 벌어질 수 있는 일에 대한 두려움에 좌지우지 되지 않도록 경계해야 한다는 것이다. 만일 자녀가 부모에게 화를 내고 관계를 끊겠다고 위협을 하거나 이번에(도) 도와주지 않을 경우 벌어질 끔찍한 결과로 부모를 설득하려 한다면, 이때 부모가 자녀를 위해 해줄 수 있는 최선의 사랑은 그들이 자신의 선택에 따른 결과를 겸허히 받아들이도록 내버려두는 것이다.

부모는 자녀를 사랑하고 돌볼 책임이 있지만, 그것에도 정도가 있다. 자녀가 저지른 모든 잘못에 대한 책임을 부모가 반드시 짊어져야 하는 것은 아니다. 자녀가 저지른 잘못으로 인해 생기는 결과 또한 모두 감당해야 할 의무도 없다. 탕자 또한 진정으로 마음 깊이 배우려 하지 않았던 교훈을 현실의 삶에서 겪는 고통을 통해 뼈저리게 배웠다.

한 어머니는 다음과 같은 글을 썼다.

"저희는 하마터면 아들을 돈 문제에서 구제할 뻔 한 적이 있었어요. 아들이 우리 집에서 같이 살고 있지는 않았지만, 우리 집 번호로 아들을 찾는 전화가 와서 무슨 일이 벌어지는 지 알 수 있었죠. 아들은 학자금 대출을 갚지 않고 있었어요. 그래서 대출미수금이 수금 회사로 넘어가 버렸죠. 수금하는 회사는 아들이 돈을 일시불에 낼 수 있으면 할인해 주겠다고 제안했죠. 저희는 아들의 빚을 카드로 갚아줄까 생각했어요. 저희가 빚을 다 갚고 대신 아들이 저희에게 돈을 갚는 방법이 아들의 고민도 덜고 신용등급도 살릴 수 있기 때문이죠. 하지만 그 방법은 옳지 않다는 것을 알고 있었어요. 그래서 아들을 도와주지 않기로 결정했죠. 제때 돈을 갚지 않으면 어떤 일이 생기는지 아들도 알고 있어야 하기 때문이죠. 그리고 아들이 다른 사람에게도 돈을 잘 갚지 않는데, 우리라고 잘 갚으리라는 법도 없죠. 쉬운 결정이 아니었지만 우리는 가장 현명한 방법을 택했어요. 아들은 고맙게도 우리의 입장을 이해해주었고, 아들과의 관계에는 문제가 생기지 않았어요."

때로 많은 부모는 자녀가 자신의 잘못을 깨닫고 삶의 교훈을 얻으리라 믿고 자녀를 돈 문제로부터 구제해 준다.[6] 물론 하나님께서도 우리에게 끝없는 은혜를 베풀어 주셨기 때문에, 우리도 남을 돕는다고 해서 잘못된 것은 절대 아니다. 자녀를 돕는 것이 실수였다고 하더라도, 은혜의 편에서 볼 때 그런 실수를 한두 번 한다고 해서 잘못된 것은 아니다.

한 어머니는 다음과 같은 말을 했다.

"성인 자녀가 금전적인 면에서 책임 있는 사람이 되려고 노력함에도 불구하고 어려움을 겪고 있다면 부모가 도움을 주는 것이 좋다고 생각해요. 성인 자녀가 곤경에 처했을 때 힘을 합쳐 이겨나가야죠. 그것이 돈 문제든, 부모 집에서 잠시 머무는 것이든 말이죠."

---

[6] 부모의 은혜를 입은 한 청년은 이런 글을 썼다. "어른이 되면 우리는 자신의 행동에 대한 책임을 지게 된다. 부모가 우리를 구하러 올 것이라 기대해서는 안 된다. 왜냐하면 일을 엉망으로 만든 것은 우리 자신이기 때문이다. 나 또한 꽤 심각한 경제적 상황에 놓이게 된 적이 있었다. 어머니는 내 책상 서류를 정리하시다가 그 문제를 발견하게 되셨다. 나는 여름 동안 돈을 갚으려고 했지만, 한 달 이상이 걸릴 수 있는 상황이었다. 어머니는 나의 생활에 대해 말씀을 하시면서 내가 주제에 넘은 생활을 하고 있다고 하셨다. 특히 지난 해에는 수입이 아예 없었으니 말이다. 나는 부모님이 도와주실 거라는 기대를 안 했기 때문에 내가 직면한 문제의 고통을 몸소 체험하게 되었다. 부모님이 대신 비용을 내주실 것을 기대했으면 아마 아무 긴장 없이 살았을 것이다. 자녀가 부모의 도움을 기대했을 때 부모가 지원하는 것은 별로 안 좋다고 생각하지만, 자녀가 아무런 기대도 없을 때 부모가 도와주면 하나님의 은혜의 표본이 될 수 있는 것 같다."

5. 자녀보다는 배우자의 말에 동의하라

남편과 아내의 가장 일차적인 관계는 자녀와의 관계가 아닌 부부간의 관계다. 자녀는 결국 부모 집을 떠나야 하고, 또한 떠날 것이라고 성경은 가르치고 있기 때문에, 부부간의 관계는 오래도록 지속될 것이고 더욱더 중요하게 여겨질 것이다.

우리는 부부관계가 매우 중요하지만, 그만큼 많은 어려움이 따른다는 것도 알고 있다. 부부라고 해도 서로 동의하지 않는 것들이 얼마나 많은가. 거기에 설득력 있고 부모를 잘 다룰 줄 아는 자녀가 끼어있다고 생각해보라.

얼마나 많은 갈등의 요지가 있겠는가?

한쪽 부모는 자녀를 돕고 싶어 하는데, 다른 쪽 부모는 이번에도 자녀를 도와주는 것은 잘못이라고 판단하는 경우가 생긴다. 우리는 한쪽 부모가 배우자의 의견을 무시하고 불량한 자녀에게 돈을 선뜻 건네줌으로 인해 집안의 재정상황을 어렵게 만든 경우를 많이 보았다. 하나님께서 남녀의 결혼을 계획하신 이유 중 하나는 부부 양쪽의 힘을 강화하고 서로를 보호하려는 것이기 때문에, 양쪽 부모가 합의를 보지 않고서는 그 어떤 금전적인 도움도 주지 말 것을 권면하는 바이다.

만약 부부가 원만한 합의점에 도달하지 못한다면, 주위로부터 경건한 조언을 구하라(빌 4:2-3).

6. 자녀들을 각각 다르게 다루는 지혜

부모가 자녀에게 어떤 도움을 줄지 생각해 볼 때, 모든 자녀를 똑같이 동등하게 대하는 건 불가능하다는 것을 알아야 한다. 자녀마다 각자 독특한 재능과 관심사가 있기 때문에, 한 자녀에게 더 많은 돈을 주게 되는 경우도 있다.

예를 들어 음악적 재능을 타고난 자녀는 스케이트보드 타기를 좋아하는 자녀보다 더 많은 금전적 지원을 받게 될 것이다. 어떤 자녀는 다른 형제자매보다 의료비, 치과 치료비, 치아 교정비 등의 배려를 더 많이 받아야 하는 경우도 있다. 한 자녀에게 피아노를 사주었다고 해서 다른 자녀에게도 똑같은 액수의 빚을 지고 있다는 뜻이 아니다.

또한 자녀마다 처해 있는 상황이 모두 다르기 때문에, 자녀를 절대적으로 동등하게 다루는 것은 최선의 방법이 아니다. 앞서 언급한 나의 친구는 세 자녀에게 집 계약금을 주었지만 넷째 자녀에게는 도움을 줄 필요가 없었다.

혹 당신에게 신학교를 가고 선교사가 된 자녀가 있다면 하나님 나라에 투자하는 마음으로 금전적인 도움을 줄 것이다. 하지만 변호사나 소아과 의사가 된 다른 자녀들에게도 똑같은 금전적인 지원을 해서는 안 된다(아마 기대하지도 않을 것이다). 마찬가지로 한 며느리가 거액이 드는 수술이 필요한데 보험이 수술비를 충당하지 못한다면 부모는 며느리를 사랑하는 마음에서 돈을 줄 수 있다. 그렇다고 해서 다른 며느리들도 똑같이 그만한 돈을 받아야 하는 법은 절대 없다.

또한 유산을 물려주어서 오히려 망치게 될 것 같은 자녀가 있다면 그 자녀에게는 유산을 물려주지 않거나 일정 기간 동안 유산을 대신 관리해 줄 관리인을 고용하는 것이 지혜로울 것이다.

우리와 알고 지내던 한 어머니는 아들 피터(Peter)가 20여 년간 마약에 중독되어 있었는데도 모든 자녀를 동등하게 대하기로 하고 그녀가 죽었을 때 피터와 두 여동생에게 똑같이 각각 5만 달러를 물려 주었다. 그 후로 일 년 안에 피터는 그 돈을 전부 마약에 탕진했고, 이전보다 신세가 더 형편없이 변해 버렸다.

그만큼 돈으로 인해 벌어지는 많은 문제보다 가정불화를 일으키는 것도 없다. 이 문제는 현 세대에 새롭게 등장한 문제가 아니다. 한 남자는 자신의 형제가 받은 유산을 자신에게 나누어 주도록 예수 그리스도께 형제의 설득을 부탁했다(눅 12:13).

요셉은 아버지의 편애 때문에 형제들로부터 미움을 받았다. 부모가 한 자녀를 편애하고, 다른 자녀가 그것을 시기한다면 부모에게 원망을 품을 수도 있다.

만일 부모가 평소에 한 자녀를 다른 자녀보다 더 도와주거나 유언장에서도 자녀들을 다르게 취급한다면 부모는 어째서 그런 선택을 했는지에 대한 정확한 이유를 자녀들에게 설명해야 한다. 그렇게 한다면 의사소통이 더욱 원만해 질 것이고 자녀와의 관계가 깨지지 않을 것이다.

7. 자녀에게서 무엇을 요구해야 하는가?

집에서 함께 사는 성인 자녀에게 방세나 관리비 일부를 청구해야 하는지에 대해 많은 크리스천 부모가 고민한다. 이 문제에 대해 일관적으로 옳거나 그른 대답은 없다. 그렇지만 몇 가지 요인을 고려한다면 이 상황을 현명하게 대처할 수 있다.

첫째, 부모가 돈이 필요한가? 가계를 꾸려나가느라 고군분투하는 부모도 많이 있기 때문에 이런 경우에는 집에서 하는 식사, 사용하는 전기, 수도 등의 가계지출을 성인 자녀가 일부분 감당하는 것이 옳다. 반면 성인 자녀에게 돈을 받기 싫어하거나 돈이 필요 없는 부모도 있기 때문에, 그런 경우에는 기쁜 마음으로 자녀가 저축을 할 수 있도록 도와줄 수 있다.

둘째, 같이 사는 성인 자녀가 본인의 재정을 지혜롭게 처리하고 있는가? 자녀에게 방세를 내게 하면서 책임감을 가르치는 부모도 있다.

한 어머니는 다음과 같이 말한다.

"제가 한 일 중에 가장 잘했던 것은 아이가 대학을 졸업하고 직장에 다니기 시작했을 때 방세를 내게 한 거에요. 아이는 직장이 있었지만 계속 그곳에 다닐지 아직 결정을 못했었죠. 평균 1년에서 1년 반 정도 저희 집에서 같이 지냈어요. 그동안 아이가 방세로 낸 돈은 아이 은행계좌에 넣어놨었죠. 그리고 아이가 독립했을 때 그때까지 방세를 모아 두었던 통장을 아이에게 주었어요. 깜짝 놀랄 일이었죠."

자녀를 재정적으로 도와주기로 결정했다면, 돈을 이용하여 자녀를 통제하거나 조종하지 않도록 매우 조심해야 한다. 성인 자녀는 선택의 권리를 갖고 있기 때문에 돈을 통해 자녀에게 부모가 원하는 것을 강요해서는 안 된다. 부모가 자녀를 금전적으로 돕는 경우 가장 이상적인 방법은 다음과 같이 말을 하고 돈을 주는 것이다.

"우리는 너를 사랑한다. 그래서 너를 도와주고 싶다. 네가 이 돈을 현명하게 사용할 줄 우리는 믿는다."

지금도 많은 젊은 부부가 부모에게 금전적 도움을 받고 있다(그중 젊지 않은 부부도 있다). 그중 교육과 같은 특정한 목적을 위해 돈을 주거나 자녀가 빚에 시달리는 것과 같은 곤란한 상황에 처했기 때문에 돈을 주고 있다면, 그 돈이 원래의 목적을 위해 현명하게 쓰이기를 기대하고 요구하는 것은 당연하다.

8. 가장 위대한 유산

당신이 자녀에게 물려줄 수 있는 가장 귀한 유산은 영적인 것(엡 1:11; 히 9:15)임을 알고 있으리라 확신한다. 미국 건국의 아버지 패트릭 헨리(Patrick Henry)는 유언장에 이런 글을 썼다.

"나는 이제 내 모든 재산을 가족에게 분배했다. 내가 가족에게 주었으면 하는 것이 한 가지 더 있다. 그것은 나의 기독교 신앙이다. 만일 내 가족이 기독교 신앙을 가졌다면, 그들은 유산으로 한 푼도 받지 않아도 부유해질 것이다. 만일 가족이 기독교 신앙을 가지지 않는다면, 내가 그들에게 온 세상을 주더라도 빈곤해질 것이다."7

이 장을 마치면서 재물에 관련된 구절을 하나 소개하겠다. 이번 구절은 잠언의 말씀이 아니다!

우리 주 예수 그리스도의 은혜를 너희가 알거니와 부요하신 이로서 너희를 위하여 가난하게 되심은 그의 가난함으로 말미암아 너희를 부요하게 하려 하심이라(고후 8:9).

우리의 어리석음 때문에, 부모와 자식 할 것 없이 모두가 자비로우시고 사랑이 많으신 하나님 아버지께 무한한 빚을 졌다. 예수 그리스도는 위험을 무릅쓰고 기꺼이 우리의 빚 보증인이 되셨고, 우리 대신 모든 빚을 갚으셨다. 그리스도는 우리가 받을 수밖에 없는 죄값을 대신 지시고, 텅 빈 우리의 계좌에 상상을 초월하는 부요함을 채워 주셨다. 즉 그리스도로 인해 우리는 측량할 수 없는 영적인 부유함을 소유하게 되었다.

그리스도께서 주신 이 놀라운 선물을 상기하며, 우리는 자녀에게 너그럽게 베풀고 우리가 가진 모든 것을 자녀에게 유익하도록 지혜롭게 나누어줘야 한다.

---

7 Joseph Belcher, *The Religious Denominations in the United States* (Indianapolis: Spicer & Roll, 1857), 183.

좀 더 이야기해 보자

1. 사도 바울이 언급한 "돈에 대한 사랑"이 당신의 마음을 번민하게 하는가? 가족에게도 문제가 되는가? 돈을 사랑하는 것은 어떻게 모든 악의 근원이 되는가?

2. 성인 자녀에게 돈을 주는 문제로 배우자와 다툰 적이 있는가? 만일 당신 혼자서 이 갈등을 해결할 수 없다면, 목사님이나 신앙 상담가에게 도움을 구하겠는가?

3. 당신이 자녀에게 돈을 빌려주었거나 대출 보증을 섰다면, 하나님이 당신에게 선물을 주신 것처럼 당신 또한 빌려준 돈을 자녀에게 주기로 마음을 먹어야 할 것이다. 기도를 하고 배우자 혹은 주위 지인과 의논하며 잠시 시간을 가져라. 당신의 자녀가 빚을 갚을 책임이 있다면, 애초에 돈을 빌려준 것은 잘못된 행동이었다고 솔직하게 말하고 자녀가 이제 돈을 어떻게 갚을 것인가에 대해 새로운 제안을 해보는 것이 어떻겠는가? 돈을 빌린 사람은 빌려준 사람에게 노예와 같은 신세가 된다는 것을 기억하라.

4. 당신은 확실한 유언장을 써놓았거나 비상시에 신뢰할 수 있는 사람이 있는가? www.legalzoon.com과 같은 인터넷 사이트를 이용하여 적은 비용으로 쉽게 법적 절차를 미리 준비해 놓을 수 있다. 당신의 계획을 자녀에게 반드시 알려주고, 예상치 못한 상황이 일어나기 전에 자녀와 함

께 모든 서류를 검토하라.

5. 이 장에서 배운 것을 네다섯 문장으로 요약해 보라.

9장

결혼: 우리의 꿈, 자녀의 꿈

26세의 캐롤(Carol)은 언제나 아빠 말을 잘 듣는 "파파걸"이었다. 아버지 글렌(Glen)과 캐롤은 둘 다 솔직한 성격이고 동일한 신앙과 정치적 신념을 가지고 있었다. 타지에서 학교를 다니고 있던 캐롤은 훌륭한 크리스천 장교 폴(Paul)을 만났다. 폴은 캐롤과 사귀기 전에 그녀의 아버지 폴의 허락을 받으러 찾아왔다. 글렌은 기쁘게 허락해 주었다.

그러나 시간이 지나면서, 글렌은 폴의 교리적 신념 몇 가지에 강력하게 반대를 하게 되었다. 글렌을 가장 화나게 만든 것은 칼빈의 예정론을 믿고 있는 폴의 믿음 때문이었다. 딸 캐롤이 폴의 신학을 받아들이고 폴과 함께 교회에 출석한다는 것을 알았을 때 글렌은 몹시 기분이 상했다.

글렌은 더 이상 참을 수가 없었고, 폴에게 캐롤을 다시는 만나지 말라고 일러두고 그의 딸에게는 당장 집으로 돌아오라고 명령했다. 폴과 캐롤은 깊은 상심에 빠졌다. 그 둘은 이미 약혼도 생각하고 있을 정도로 매우 가까웠다. 둘은 글렌에게 인정을 받고 싶었지만 글렌은 폴과는 대화조차 하려 하지 않았다. 캐롤은 이러한 상황을 수습하고 부모님과의 관계를 회복시키기 위해서 몇 달간 집에서 지냈지만, 부모님은 캐롤의 설득과 부탁을 아예 들으려 하지 않았다.

그래서 폴과 캐롤은 그들이 다니던 교회의 목사님께 도움과 조언을 구했고, 목사는 캐롤의 아버지에게 연락하여 이야기를 나누었다. 글렌은 폴이 늘 신사다우며 예정론을 믿는 것 외에는 아무 문제가 없지만 "나는 내 손자가 꼬마 칼빈주의자로 자라는 것을 원하지 않습니다"라고 말했다. 목사가 딸에게 선택의 자유를 주도록 캐롤의 아버지를 권면하자, 글렌은 오히려 이렇게 말했다.

"자녀는 부모에게 순종하여야 한다고 성경은 말합니다. 캐롤은 나의 딸이고, 아버지인 나는 내 딸이 결혼할 수 있는 사람과 결혼할 수 없는 사람을 정할 권리를 당연히 갖고 있습니다. 그 이상 어떤 설명도 이유도 필요 없습니다!"

목사는 글렌이 비록 아버지이지만 불합리한 논리로 자식의 마음에 노여움을 일으키고 있다고 말해주자(엡 6:4), 글렌은 오히려 목사에게 으름장을 놓았다.

"당신이 그 애들을 결혼하라고 부추기거나 결혼식 주례를 봐 주기라도 한다면 당신은 나에게서 내 딸을 훔친 죄를 짓는 것이고 하나님의 저주가 당신과 당신의 목회에 내려질 것이요."

또한 글렌은 딸에게 만약 폴과 결혼을 한다면 온 가족과의 인연이 끊어질 것이라고 일러두었다.

이제 폴과 캐롤과 글렌은 어떻게 해야 하는가?

당신이라면 폴에게 어떤 조언을 해주겠는가?

자녀가 결혼을 할 때 부모가 받는 상처는 많은 영화와 연극에서 절묘하게 표현된다. 뮤지컬 "지붕 위의 바이올린"(Fiddler On The Roof)은 아버지 테브예(Tevye)가 다섯 딸을 차례대로 시집보내면서 딸들이 아버지가 바라고 원하는 것에서 점점 멀어지는 것을 보고 고통스러워하는 것을 그린다. 그리고 뮤지컬 중간에는 테브예가 아내와 대화를 나누며 어린 딸들이 언제 그렇게 커버렸는지 신기해하는 장면이 있다. 많은 사람이 이런 기분을 느꼈으리라 생각한다. 자녀가 결혼한다는 것은 정말 기쁜 일이지만, 그 일이 막상 현실로 다가올 때는 믿겨지지 않을 수 있다.

한편, 영화 "달콤한 백수와 사랑 만들기"(Failure to Launch)는 자녀가 마땅히 독립하고 결혼을 해야 하는데 그렇지 않고 집에서 빈둥거리면서 일어나는 문제들을 고통스럽지만 유머러스하게 지적한다.

'자녀의 결혼 시기가 너무 일찍 온 것은 아닐까?'

'너무 늦은 것은 아닐까?'

'내가 자녀의 배우자를 정해줄 수 있다면 얼마나 좋을까?'

이런 많은 생각이 들 정도로 자녀의 결혼문제는 부모에게 어려운 것이다. 이 어려운 전환 시기를 더욱더 복잡하게 만드는 요인들 몇 가지를 살펴보자.

1. 누구의 꿈인가?

자녀가 태어난 순간부터 자녀의 배우자를 위해 기도하는 부모는 많다. 그리고 많은 부모가 꿈같이 펼쳐질 자식들의 결혼식을 상상한다.

아버지는 흰 웨딩드레스를 입은 신앙심 깊은 아름다운 딸을 데리고 교회 통로를 걸어갈 것이고, 그들 앞에는 부모의 적극적인 지원을 받고 있는 멋진 크리스천 사위가 (친한 친구의 아들이면 더욱 좋고) 기다리고 있을 것이다. 부모가 바라는 사위는 경건하고 순수한 젊은 청년이며, 딸이 필요로 하는 모든 것을 채워줄 능력이 있는 사람일 것이다. 딸과 사위는 둘 다 부모 집 근처에 살면서 자식을 많이 낳고 행복하게 살 것이고, 사위는 훗날 장인의 사업에 동참할 것이다. 당신이 어린 딸아이를 재우며 꿈꾸던 미래는 바로 이런 것이었을지도 모른다.

안타깝게도 많은 부모는 이런 꿈이 실현될 것 같기도 전에 사라지는 것을 경험하게 된다.

자녀의 연애사는 부모의 통제권 밖에 있고, 대부분의 경우 부모는 자녀의 선택을 마음에 들어 하지 않는다. 자녀가 부모의 이런 꿈을 산산조각 내놓을 때 (고의가 아니겠지만) 부모는 경건한 태도로 자녀로부터 오는 실망을 받아들일 준비가 되어 있어야 자녀와의 원만한 관계를 유지할 수 있다.

2. 결국 누구의 선택인가?

연애로 인해 자녀와 부모 간에 충돌이 일어나는 것은 새로운 현상이 아니다. 셰익스피어의 유명한 희곡 『로미오와 줄리엣』은, 결혼을 반대하는 부모로 인해 자녀들이 겪을 수밖에 없는 시대를 초월하여 공감하는 비극을 잘 표현하고 있다.[1]

우리는 자녀가 평생의 반려자를 선택할 때 부모의 지혜를 구하는 것이 가장 좋은 방법이라고 생각한다. 또한 현대 문화 속의 연애 방식에는 많은 문제점이 있으며, 그런 문제는 성적 문란함과 씻을 수 없는 마음의 상처를 불러온다(예를 들어, 쉽게 이혼해 버리는 가벼운 결혼).

자녀는 "사랑"에 눈이 멀어 돌이킬 수 없는 관계로 곧장 뛰어드는 반면 부모에게는 대부분의 경우 문제를 꿰뚫어보는 통찰력이 있다. 단지 끌리는 매력과 호감을 가진 외모는 지혜로운 분별력을 흐려놓을 수 있으며, 특히 젊은 성인들은 섣부른 자신만의 판단으로 쉽게 사랑에 빠져 실수를 저지를 수 있는 시기이기도 하다.

우리는 상담 일을 하면서 많은 젊은이가 부모의 진심이 담긴 지혜로운 조언을 듣고 부적절한 관계에서 벗어나는 것을 보아왔다. 20세인 레아(Leah)는 아버지 스티븐(Stephen)이 자신의 남자

---

[1] 코미디언 앤디 그리피스(Andy Griffith)는 다음과 같이 말한다. "그 교훈은 이렇다. 만일 당신이 싫어하는 여자를 아들이 쫓아다닌다거나, 당신이 싫어하는 남자를 당신 딸이 쫓아다닌다고 하자. 두 번의 장례비용을 부담하고 싶지 않다면, 최선은 그 아이들에게 싸구려 결혼식을 치르게 하는 것이다." Andy Griffith, "Romeo and Juliet Explained…" Epicure, http://www.epicure.demon.co.uk/romeoandjuliet.html.

친구 데이브(Dave)와 만나지 말라고 했을 때 처음에는 몹시 화가 났다. 그녀의 아버지가 딸의 교제를 반대한 이유는 데이브가 자신의 집에 놀러왔을 때 인터넷 음란물을 보고 있는 것을 두 번이나 발견했고, 또한 그가 쉽게 흥분하여 감정을 조절하지 못한다는 것에 대해 신경이 쓰였기 때문이다.

레아는 이런 아버지의 판단을 존중하고 데이브와의 관계를 끊게 되었고, 시간이 지나면서 레아는 데이브의 미성숙함을 스스로 볼 줄 알게 되었다. 그리고 자신을 보호하기 위해 입장을 분명히 해주셨던 아버지가 있다는 것에 감사하게 되었다.

배우자를 선택하는 중요한 과정에서 부모가 참여하는 것이 좋다고 본다. 특히 딸인 경우에는 남자와 사귈 때 부모의 조언과 감독 하에 사귀는 것이 지혜롭다고 생각한다. 딸이 어릴 때에는 더더욱 그렇다. 부모는 젊은 남녀가 앞으로 직면하게 될지도 모를 문제와 미래의 반려자가 될 사람 속에 잠재되어 있는 인격을 통찰할 수 있는 삶의 경험을 가지고 있다.[2]

젊은이들은 결혼 전에 있을 수도 있는 남녀관계에 개입되지 않고 순결하게 결혼생활로 들어설 수 있도록 몸과 마음을 지키는 것 또한 가장 이상적인 방법이라고 본다. 또한 양가 모두 결혼식의 시기, 장소, 신부의 드레스와 피로연에 쓸 그릇 등에 대해 원만하게 합의하는 것도 이상적일 것이다. 하지만 이 타락한 세상에서 완벽한 이상만을 실현하는 사람은 극히 드물다.

---

[2] 부모는 자녀가 결혼할 사람에게 관심을 가져야 한다는 현명한 지적이다. 우리는 누구보다도 우리 자녀의 죄와 약점을 잘 알고 있다.

3. "성년" 원칙

자녀의 결혼에 대한 부모의 권한은 크리스천 사이에서도 의견이 갈린다. 1장에서 자녀가 성인이 되면 삶의 선택권과 책임이 자녀에게 있다는 것을 성경적 바탕을 두고 설명했다. 이 원칙은 부모와 자녀의 관계를 통제와 순종의 관계에서 존중과 조언의 상호관계로 발전하는 것이다.

성경이 이 원칙을 가르치고 있기 때문에 부모는 자녀에게 결혼 상대자를 강요할 권리가 없다. 심지어 여성의 권리가 비교적 없었던 성경 시대에서조차 여성은 결혼 상대를 직접 선택했다. 아브라함의 종이 이삭을 위해 아내감을 찾던 중 리브가를 만났을 때, 그녀의 가족은 리브가에게 이삭과 결혼하러 갈 것인지를 물어보았다.[3]

민수기 36:6에서 하나님은 슬로브핫의 딸들이 아버지의 가계 안에서 "마음대로 시집가도록" 허락해 주셨다. 고린도전서 7:39에서 사도 바울은 과부는 자유롭게 "자기 뜻대로 시집갈 것이나 주 안에서만 하여야 한다"라고 가르치고 있다. 오직 아버지와 오빠가 선택하는 남자와만 결혼해야 한다고 가르치는 것이 아니다.

몇몇 목회자들은 고린도전서 7:36-38을 바탕으로 부모의 통제권을 주장한다. 그 이유는 어떤 번역본에서는 처녀 딸의 결혼은 아버지에게 그 결정권이 있음을 말하는 것처럼 보이기 때문이다. 사실 원서에서는 "딸"이라는 단어가 나타나지 않는다. 문맥이

---

[3] "그들이 이르되 우리가 소녀를 불러 그에게 물으리라 하고 리브가를 불러 그에게 이르되 네가 이 사람과 함께 가려느냐 그가 대답하되 가겠나이다"(창 24:57-58).

결혼을 할 것인가 안 할 것인가에 대한 개인의 선택에 대해 언급하고 있는 점으로 보아, ESV 영어 성경처럼[4] 이 구절은 "약혼자"를 가리키는 것으로 받아들여야 한다. 부모의 승낙을 받는 것이 이상적이기는 하지만, 모든 경우에 반드시 그래야 하는 것은 아니다.

4. 아빠는 언제나 옳은가?

"아빠의 딸: 딸의 연애와 아버지의 권리"라는 제목의 한 기사에서 딸은 아버지로 인해 태어났기 때문에 당연히 아버지는 딸을 "소유"하게 되고, 그렇기 때문에 딸에 대한 모든 결정권은 아버지가 갖고 있다고 주장한다.[5] 이 말은 "딸을 위한 아버지의 뜻이 곧 하나님의 뜻이다"라는 것이다.[6] 또한 자녀(특히 딸)의 배우자 선택에 대해 부모가 절대적인 결정권을 가지고 있다고 가르치는 목회

---

[4] "만일 누가 자기의 약혼녀에 대한 행동이 합당하지 못한 줄로 생각할 때에 그 약혼녀의 혼기도 지나고 그같이 할 필요가 있거든 원하는 대로 하라 그것은 죄 짓는 것이 아니니 그들로 결혼하게 하라 헬, 처녀 또는 처녀 딸헬, 처녀 또는 처녀 딸 그러나 그가 마음을 정하고 또 부득이한 일도 없고 자기 뜻대로 할 권리가 있어서 그 약혼녀를 그대로 두기로 하여도 잘하는 것이니라 헬, 처녀 또는 처녀 딸 그러므로 결혼하는 자도 잘하거니와 결혼하지 아니하는 자는 더 잘하는 것이니라"(고전 7:36-38).

[5] 하나님이 모든 것을 만들었으므로 하나님의 바람대로 모든 것을 처리하실 권리를 가지셨다고 기자는 설명한다(롬 9:21). 그렇지만 그 기자가 놓치고 있는 것은, 궁극적으로 딸들을 만들고 또 소유하는 것은 이 땅의 아버지가 아닌 하나님이시라는 것이다. 하나님은 말씀을 통하여 뜻을 나타내신다. 그런데 많은 아버지가 이 표본을 따르지 못하고 있다.

[6] Sarah Faith Schlissel, "Daddy's Girl: Courtship and a Father's Rights," *Bible Topics*, http://www.bibletopics.com/BIBLESTUDY/92b.htm.

자들도 많다. 어떤 선생(신학 선생)은 "부모의 동의 없이 하는 결혼은 하나님의 축복이 없다"라고 가르치기까지 하며, (비록 부모가 크리스천이 아닐지라도) 부모의 뜻을 거역하고 결혼하는 부부는 여러 세대에 걸쳐 저주가 있을 것이라고 경고한다.[7]

물론 부모가 자녀의 선택에 동의하는 것이 이상적이고 그렇게 하도록 노력해야겠지만, 부모에게 모든 권한이 있다고 주장하는 가르침은 성경의 가르침에서 벗어난다고 본다.[8]

아버지가 이슬람교도이기 때문에 크리스천 딸이 크리스천 형제와 결혼하는 것을 반대한다면 어떻겠는가?

또는 부모가 딸이 가정을 꾸리는 것을 허락하지 않고 부모의 이기적인 욕심을 충족시키기 위해 딸을 계속해서 자신의 집에만 있게 한다면 어떻겠는가?

한 여성은 자신의 부모에 대해 이렇게 적는다.

"저를 위한 부모님의 계획은 제가 결혼을 하지 않고 박사 학위를 받아서…결국 부모님 집에서 계속 사는 것이었어요. 저희 부모님을 아시는 분들이 이미 여러 번 말씀하신 것처럼, 부모님은 제 약혼자에게 불만이 있는 것이 아니라, 약혼자가 의미하는 것에 대해 불만이 있으셨죠. 그것은 바로 부모님이

---

[7] Bill Gothard, "What Is Courtship?" *Bill Gothard*, http://billgothard.com/bill/teaching/courtship/.
[8] 부모는 자녀에게 어떤 특정인과 결혼하라고 또는 그 사람과 반드시 결혼을 해야 한다고 강요할 권한이 없다고 고사르드(Gothard)가 말한 것에 일관성이 없다는 것은 흥미롭다. 만일 부모의 권한이 절대적이어서 부모가 나쁜 동기에서 그리고 이기적인 동기에서 어떤 결혼을 금지할 수 있다면, 왜 부모가 나쁜 동기에서 또 다른 결혼은 하라고 명령할 수는 없겠는가?

저에 대한 통제권을 잃는 것이에요. 부모님은 제 인생을 그저 부모님의 인생에서 파생된 것으로 보기 때문에 저는 언제까지나 부모님께 의지하며 집에서 같이 살아야 하는 거에요."

부모가 자녀를 지나치게 통제하고 간섭하면서 결혼을 못하게 한다면 어떻겠는가?

우리는 절대 이런 가르침에 동의하지 않는다. 아버지가 언제나 옳은 것은 아니다.

부모의 권위를 포함한 모든 인간의 권위에는 제한이 있다고 성경은 가르친다. 모든 인간의 권위는 하나님의 권위 아래 있기 때문이다. 하나님의 무오한 말씀만이 우리 최고의 권위이다. 사도들이 "사람보다 하나님을 순종하는 것이 마땅하니라"(행 5:29)고 선포한 것은 그 당시의 종교 지도자들을 향한 도전으로, 인간 권위의 제한점을 다시 정의하고 있었던 것이다. 사도들의 대항은 우리가 비성경적인 권위에 저항할 자유가 있는 것뿐만 아니라 저항할 의무 또한 있다는 점을 증명한다.

당신이 자녀가 마음대로 결혼하지 못하게 막았다고 확신을 해도, 사실 당신은 이를 절대 막을 수 없다. 당신은 이렇게 말하며 이의를 제기해도 상관없다.

"그렇지만 딸이 열두 살이었을 때 나에게 순결 반지를 주면서 아빠 허락 없이는 연애도 결혼도 하지 않겠다고 맹세했어요!"

순결 반지 같은 것은 아버지와 딸 사이의 이상적인 관계에 대한 좋은 메시지를 줄 수는 있지만, 결과적으로 이제 스물셋이 된 딸에게 어른이 되면 생각이 어떻게 바뀔지 모르는 열두 살 때의 약속을 지키라는 것은 불합리하다고 본다. 또한 순결 반지를 받았다고 해서 아버지 마음대로 권위를 휘두를 수 있는 허가증을 받은 것도 아니다.

부모가 자녀를 향해 맹목적인 힘으로 얻는 통제권보다 은혜로운 사랑으로 그들에게 영향을 끼칠 수 있는 권리를 얻는 것이 훨씬 현명할 것이다. 자녀의 마음을 얻지 못한다면, 당신이 부모의 권한을 어떻게 이해하든, 아이가 어렸을 때 무슨 약속을 했든, 당신은 자녀의 결혼에 아무런 영향을 끼치지 못할 것이다.

5. 당신의 허락 없이도 자녀는 결혼할 수 있다

다시 말하지만, 가장 이상적인 방법은 성인 자녀가 부모의 축복을 받으며 결혼하는 것이다. 부모의 승낙 없이 하는 결혼은 매우 안타깝게도 정상에서 벗어난 경우지만, 부모는 자녀가 자신의 동반자를 선택할 권리가 있다는 것을 인정해야 한다. 만약 부모가 타당한 성경적 이유가 아닌 다른 이유로 반대를 하여도 자녀는 원하는 사람과 결혼할 자유가 있다.

우리는 부모의 권한이 남용되는 가슴 아픈 경우를 많이 보아 왔다. 부모가 약혼자의 가족 배경에 대한 편견 때문에 결혼을 중단시키려는 것을 본 적도 있다. 한 부모는 자녀의 청혼자가 자녀보다 외모가 준수하지 않다는 이유로 반대하기도 했다. 또 어느 어머니는 딸의 약혼을 깨려 했는데, 그 이유는 어떤 문제가 있어서가 아니라 그 관계를 끊어야 한다고 하나님이 음성을 들려주셨다고 주장하기 때문이었다. 어떤 부모는 이유도 밝히지 않고 그저 맹목적인 권위를 내세우며 자녀의 결혼을 무산시키려 했다.

한 젊은 부인은 다음과 같은 자신의 경험을 말했다.

> "부모님은 제게 스스로 생각할 자유조차도 주지 않으셨어요. 부모님의 교리와 정확히 맞는 사람을 찾을 때까지 저는 그저 묵묵히 부모님의 말을 절대적으로 따랐어야 했죠. 남편과 제가 결혼 전에 저의 아버지와 함께 대면을 했을 때, 저희 앞에서 아버지께서는 제가 아버지와는 다른 생각을 갖는 것을 금지하신다는 말씀까지 하셨어요. 부모님께 순종하고 저의 생각에 따라 결정을 짓지 않는 것이 저의 의무라고 말씀하셨죠. 그 말을 듣고 저희는 이제 부모님의 허락 없이도 결혼을 진행해야겠다고 결심했었죠."

하나님은 권위를 받은 자는 자신의 위치를 알고 아래 사람을 섬기는 데 권위를 사용할 것을 기대하신다. 심지어 예수 그리스도께서도 자신의 권위를 우리를 섬기는 데 사용하셨다(막 10:45; 요 13:3-20).

만약 부모님이 자신의 연애나 약혼을 반대한다면 부모가 염려하는 점을 이해하고 지혜롭게 검토하며 부모의 승낙을 얻도록 애를 쓸 것을 권면하는 바이다. 결혼식을 지연하면서까지 부모의 승낙을 기다리는 젊은이들에게 경의를 표한다. 그런 젊은이들은 다니는 교회의 목사님이나 다른 교회 지도자들이 이런 상황을 중재 해주도록 조언과 도움을 구하는 것이 좋다. 부모와 자녀 양쪽 모두에게 부족한 부분이 있을 때가 종종 있기 때문이다.

만약 어느 한 쪽이 먼저 겸손하게 자신의 실수를 고백하고 용서를 구한다면(마 7:3-5) 관계는 훨씬 원만해지고 화해가 이루어질 것이다. 올바른 관계를 유지하고 또 회복하기 위해 필요한 노력을 하지 않으면서도 (혹은 자신의 꿈을 하나님께 맡기려 하지 않으면서) 완고하게 자신의 주장만을 펼치는 젊은이 혹은 부모를 보면 실망하지 않을 수 없다.

결혼을 전제로 만나는 남녀가 부모와 원만한 관계를 유지하기 위해 가능한 모든 노력을 다해도(롬 12:18) 결과가 나아지지 않을 것이라고 생각될 때, 마지막으로 한 번 더 교회의 지인들과 다른 가족에게 조언을 구하고 같이 행동할 것을 부탁하는 것이 좋다. 우리는 교회 지인들이 남녀가 할 수 있는 한 최선의 노력을 보고 그들의 결혼을 적극적으로 지원하기 위해 함께 참여하는 사례를 본 적이 있다.[9]

만일 교회 지도자와 구성원들도 남녀의 관계에 대한 반대와 염려를 제기한다면, 결혼하기 전에 다시 한 번 자신들의 관계를 점검할 것을 강력하게 권면하는 바이다.

부모가 지지를 해주지 않을 때 친척들이 (특히 조부모가) 개입하여 현명한 조언과 도움의 말을 해주는 경우도 있다. 한 여성은 어려운 상황에 있을 때 조부모가 어떠한 도움을 주었는지 다음과 같이 말한다.

---

[9] 징계가 비성경적인 방식으로 행해졌다고 결론을 내린 후에 교회 지도자들이 다른 교회에서 징계를 받았던 사람을 교회 회원으로 받아들인 것과 마찬가지로, 부모가 권한을 합당치 못하게 사용했다는 결정을 교회 지도자들이 내릴 수도 있을 것이다.

"조부모님은 저에게 전화를 걸어 저와 칼렙의 관계를 인정해 주셨어요. 조부모님은 저를 자랑스러워하신다고 말씀하셨고, 저를 언제나 성숙하고 책임감 있는 어른으로 보아왔다고 말씀하셨어요. 그리고 이제 스물 셋이 되었으니, 제가 스스로 제 인생에서 하나님의 뜻이 무엇인지 구별할 나이가 되었다고 하셨죠. 하나님은 우리의 결혼식을 굉장히 축복해 주셨어요. 예기치 못했던 가족의 깊은 지지를 받게 된 거에요. 부탁도 하지 않았는데 많은 친척과 친구들이 저희 편을 들어주었고 분에 넘치는 지원을 보내주셨죠. 특히 하나님께서 주신 제일 특별한 선물은 바로 할아버지께서 가족 대표로 저와 칼렙의 관계를 인정하고 전폭적인 지지를 하며 저희를 자랑스럽게 생각하신다고 말씀하신 거에요."

6. 자녀의 꿈과 우리의 꿈이 충돌할 때

자녀가 각자의 상대를 만나 연애를 시작할 때 부모의 기대와는 달리 어리석은 선택을 하는 것만큼 괴로운 일도 없을 것이다. 자녀가 매우 부적절한 결혼 상대자와 맺어지는 것을 보면서 큰 고통을 받는 경건한 부모를 수없이 보아왔다. 그런 부모들은 자녀가 세상 문화를 따라 문란한 성생활을 하거나 동성애에 빠지는 모습도 보고, 실패할 것이 뻔한 결혼생활을 시작하는 모습도 본다. 이런 행동은 이제 어린아이가 아닌 다 큰 성인 자녀의 결정이기 때문에 아무리 자녀의 선택이 가슴 아파도 우리는 부모로서 끝까지 자녀를 존중과 사랑으로 대해주어야 한다.

부모의 기대에 불순종하거나 혹은 부모가 믿고 있는 성격적 원리에 거스르는 자녀와는 관계를 끊어야 한다고 가르치는 목회자들이 몇몇 있다는 것을 안다. 그런 사람들은 자녀의 배우자가 마음에 들지 않으면 상종을 하지 말라고도 가르친다. 나아가 결혼을 승낙하지 않은 부모는 결혼식에 참석하지 말아야 하며, 결혼한 후에도 자녀가 스스로 잘못했다고 인정할 때까지 연을 끊어야 한다고 말한다. 자녀와 연을 끊기로 결심한 부모는 대게 거기서 멈추지 않고 다른 친척들도 그 아이와 상종을 않게 만들기도 하고,[10] 자신들의 뜻에 따르지 않을 경우에는 그 친척 또한 만나지 않겠다고 으름장을 놓기도 한다.

부모의 뜻을 거슬렀다고 자녀의 사진을 모조리 불태워 없애 버렸다는 경우를 들은 적도 있다.[11] 이런 행동은 비성경적이며, 성경의 의로움이 아닌 교만과 자신의 말을 거역한(부모의 꿈을 짓밟은) 자녀에 대한 복수심과 분노에 의해 일어나는 행위이다(롬 12:19; 약 1:19-20).

비록 그 자녀가 정말 잘못했다고 하더라도 이런 식으로 행동한다면 자녀가 부모의 의견을 받아들이기까지는 수 년 혹은 수십 년이 걸릴지도 모른다. 평생 부모와 상종을 안 할지도 모른다. 그렇게 된다면 그런 부모는 자녀를 사랑하고 도와줄 기회를 놓치게 되는 것이다.

---

[10] 어느 딸이 이렇게 말했다. "저의 부모님은 멀리 계시는 친척들에게 연락을 해서 자기들이 이 결혼을 반대하고 있으니, 만약 친척들이 결혼식에 참석하기로 결정한다면 가족의 연을 끊겠다고 하여 우리 결혼식을 망쳐 놓으려고 했었어요."

[11] 어떤 이들은 자녀의 모습을 가족사진에서 잘라내 버리기까지 했다.

7. 우리는 사랑하고 환영할 자유가 있다

우리는 우리에게 죄를 지은 자를 사랑할 자유가 있다고 성경이 가르친다.[12] 이 자유가 없다면 우리는 그 누구도 사랑할 수 없을 것이다. 결국 우리가 알고 있는 모든 사람이 어떤 형태로든 서로에게 죄를 짓기 때문이다. 예수 그리스도는 우리가 원수를 사랑함으로써 하나님을 닮아간다고 가르치셨다(마 5:43-48). 물론 그리스도는 이런 사랑을 가르치신 것뿐만 아니라 우리를 위해 목숨을 내려놓으면서까지 그 사랑을 몸소 실천하셨다.

우리가 그리스도를 조롱했을 때도 그리스도는 우리를 "친구"라고 불러주셨다. 사도 바울은 우리가 모든 사람과 화목하기 위해 최선을 다하여야 한다고 가르쳤고, 누군가 우리에게 악을 저질렀으면 우리는 선을 베풀면서 악을 극복해야 한다고 선포했다(롬 12:18-21). 우리는 우리에게 잘못한 사람을 절대로 원망하며 외면해서는 안 된다.[13]

우리가 죄인임에도 불구하고 우리를 사랑하신 하나님의 큰 사

---

[12] 사도 바울이 부도덕한 사람들과는 함께 먹지조차 말라고 가르치고 있는 고린도전서 5:11을 사용하여, 불순종하는 자녀는 멀리하여야 한다고 주장하는 사람들도 있다. 하지만 이 성경본문의 문맥은 교회의 치리이고, 오직 신앙고백을 한 크리스천에게만 적용되는 것이다. 만일 당신의 자녀가 믿는 자라고 고백하지 않는다면, 이 본문은 그 상황에 전혀 적용이 되지 않는 것이 분명하다. 만일 당신의 엇나간 자녀가 자신이 신자라고 주장한다면, 우리가 아는 한 당신은 그 자녀와 (즉 영적인 일에 대해 서로 이야기한다든가 하는) 크리스천의 교제를 할 수 없다. 그러나 그렇다고 해서 가족 관계까지 배제하라는 것은 아니다(예를 들어, 남편이 사기를 쳐서 징계를 받았다고 하여 아내가 남편을 상종하지 말아야 한다고 생각하지 않는다).

[13] 창세기 45장에서 요셉이 자신을 노예로 팔아버린 형제를 용서하고 포용하는 모습은 참으로 의미심장하다. 특히 요셉의 형제들은 창세기 50장에서 몇 년 후에야 용서를 구하니 말이다.

랑과 그분의 메시지를 통해 우리는 우리 마음에 들지 않는 자녀의 결혼 상대자라도 진실된 사랑으로 대할 수 있다. 자녀가 왜 그 사람을 좋아하는지 그리고 그 사람이 어떠한 사람인지를 진심으로 이해하기 위해 노력할 수 있다. 죄인도 사랑과 환영을 받을 수 있다는 복음의 메시지를 마음에 품고 우리는 환영받지 못한 자를 따뜻하게 품을 수 있는 것이다.

당신이 마음의 문을 열면 이 환영받지 못한 자는 당신을 친구로, 혹은 조언자로 볼 수도 있다. 좋아하지 않는 사람에게 조언을 듣고 싶은 사람은 아무도 없을 것이다. 만일 당신이 자녀의 연애 상대자를 무조건 반대하는 것이 아니라 오히려 환영해 준다면 자녀는 당신에게 조언을 구하러 올지도 모른다.

자녀가 부모를 의식하지 않고 자유롭게 선택하고 생각할 권리가 주어졌을 때, 자녀는 오히려 더욱더 자신을 되돌아볼 줄 알게 되고 실수를 인정하게 된다. 하지만 반대로 부모가 자녀를 통제하기 위해 불만을 가지고 시비를 걸게 된다면, 자녀는 즉각적으로 방어태세에 들어가서 애초에 불안하게 생각했던 자신의 입장을 고수하기 위해 어쩔 수 없이 더 강하게 변호하게 될지도 모른다.

한 지혜로운 어머니는 그다지 자신의 마음에 들지 않는 상대를 사귀던 아들에게 이런 말했다.

"네가 그 사람과 함께 살 수 있다면 우리도 기꺼이 그 사람과 가까이 지낼 수 있다."

그 어머니는 자신의 접근방식을 이런 식으로 설명한다.

"이 시기에 저희는 다른 가족이 흔히 범하는 실수를 피하려고 노력했어요. 스물넷이 된 아들을 어린아이로 취급하지 않고 성인으로 대하려고 애를 썼죠. 순종할 것을 강요하지 않고 선택권은 아들에게 있다는 것을 믿으며 묵묵히 부모의 자리를 지켰어요."

당신의 며느리 혹은 사위가 될지도 모르는 사람에게 무심코 내뱉는 말은 그 사람에게 씻을 수 없는 상처가 될 수도 있고, 후에 그 사람과 당신의 관계를 손상시키기도 한다. 어느 현명한 아버지는 다음과 같은 글을 썼다.

"저희는 저희 손자들을 알고 싶어요. 며느리와 사위를 인정하든 안하든 우리는 저희 자녀와 손자들을 위해서 최선을 다할 것입니다."

만일 당신의 자녀가 당신이 허락하지 않는 상대와 결혼하더라도 당신은 결혼식에 참석하여 자녀의 결혼생활이 원만하고 행복할 수 있도록 도와주겠다는 의사를 밝혀야 한다.[14] 당신이 결혼식

---

[14] 우리 아들들이 아직 어렸을 때, 한 친구의 성인 아들이 여자 친구와 라스베가스로 도망가서 결혼을 했다. 나는 이 상황이 내 친구와 그의 아내에게 어떤 영향을 끼치는지 자세히 보았다. 특히 여자 친구의 부모님은 라스베가스 결혼식으로 초대받았는데, 내 친구 부부는 초대받지 못했기 때문이다. 결혼식이 지나고 며칠 후 내 친구 부부는 아들 내외를 위해 작은 피로연을 열어주셨다. 나는 그때 친구에게 이렇게 말했다. "왜 그렇게 했지? 아들은 너에게 상처를 줬잖아!" 그런데 그때 나는 내 친구가 가장 옳은 일을 했다는 것을 깨달았다. 아들에게 은혜를 베푼 것이다. 그리고 그 뒤 몇

에 참석하는 것을 거부한다면 당신과 자녀 내외 그리고 다른 일가친척 사이에서도 불화가 생길 수 있고, 이런 불화는 수십 년이고 지속될 수도 있다.[15]

우리는 자녀의 연애사를 통제할 수 없지만, 자녀가 죄를 짓도록 방치해서는 안 된다. 동성애는 결혼을 위한 하나님의 계획을 조롱하는 것이기 때문에, 동성애자 결혼식에 참석하는 것은 옳지 않다. 마찬가지로 당신의 자녀가 문란한 성생활을 한다면 자녀와 자녀의 연애상대가 집에 놀러왔을 때 각방을 쓰도록 해야 한다. 하지만 이것이 자녀를 불쾌하게 만든다면 자녀는 따로 호텔방에서 자도록 해야 한다.

사도 바울은 로마서 14:23에서 유용한 지침을 준다.

> 믿음을 따라 하지 아니하는 것은 다 죄니라(롬 14:23).

8. 자녀가 여전히 자신의 꿈이 실현되기를 기다릴 때

우리는 이 장을 시작하면서 뮤지컬 "지붕 위의 바이올린"의 아버지 테브예 이야기를 했다. 극중에는 중매인이 등장하는데 우

년 후 친구 부부와 아들 내외는 아주 좋은 관계를 형성할 수 있었다.

[15] 어느 딸이 부모와의 비극적인 경험을 다음과 같이 말했다. "자녀가 잘못된 선택을 했다고 해서 그 잘못을 인정하기 전까지 자녀와 상종을 하지 않는 부모는 잘못되었어요. 저희 부모님은 저의 형제들을 위해 저를 본보기로 삼으신 것 같아요. 하지만 정반대의 결과를 초래했죠. 저의 형제들은 잘못을 저지르면 부모님께 솔직히 말하는 대신 무슨 수를 써서라도 숨기게 되었어요. 이제 저희 가족은 서로서로 담을 쌓고 살아요."

리는 절대로 그 중매인처럼 행동하며 성인 자녀에게 결혼을 너무 강요해서는 안 된다. 다시 말하지만 우리는 자녀를 위한 하나님의 계획을 알 수 없다.

하나님이 자녀를 얼마 동안 아니면 평생 독신으로 지내라고 부르셨을 수도 있다(고전 7:1, 18, 32-33). 또는 자녀가 결혼생활이 주는 막중한 책임을 떠맡을 준비가 아직 안 되어 있을 수도 있다. 아무리 자녀에게 완벽하게 어울리는 배우자를 찾았다는 확신이 있어도, 등 떠밀듯이 그들의 결혼을 서두르는 것은 삼가야 한다. 또한 비록 우리가 자녀의 이성 관계를 가로막고 있는 어떤 문제점을 정확히 알게 되더라도, 그것을 일일이 지적하지 않는 편이 자녀에게 더 좋을 수도 있다.

9. 우리의 꿈과 하나님의 은혜로운 선택

부모는 성인 자녀의 이성 관계를 통제할 수 없다는 것을 받아들여야 한다. 상식적으로 자녀에게 이성 문제의 결정권이 있다는 것은 당연하다. 아무리 부모가 자녀를 위한 완벽한 계획을 갖고 있다 하더라도 말이다.

결과적으로 하나님이 모든 주권을 갖고 계심을 확신하면서 현재 자녀와 우리 마음속에서 하나님의 계획을 이루고 계신다고 믿으면서 살아가야 한다. 물론 하나님의 계획과 우리의 꿈이 정확히 일치하리라는 법은 없지만 하나님의 계획이 최선의 방법이라는 것은 분명하다(롬 8:28).

자녀의 이성 문제로 인해 당신의 꿈이 산산조각이 났기 때문에 당신은 지금 이 순간에도 괴로워하고 있을지 모르겠다. 그렇다 할지라도, 하나님을 사랑하는 자들을 위해서 하나님은 모든 것을 유익하게 만드신다는 것을 믿어야 한다. 우리도 하나님이 반드시 당신의 상황을 유익하게 만드시리라 믿는다.

우리는 하나님이 "자기 자신의 아들이라도 아끼지 아니 하시고 우리 모두를 위해 내어 주셨기" 때문에 아무 망설임 없이 절대적으로 신뢰할 수 있는 것이다. 우리는 흠이 없고 순결한 그리스도의 신부가 될 자격이 없음에도 불구하고 그리스도는 우리를 당신의 신부로 맞이하기 위하여 몸소 갈보리에서 핍박받으신 것을 기억하라.

즉 그리스도의 고난을 기억하며 우리는 "그 아들과 함께" 하나님이 "모든 것을 우리에게"(롬 8:32) 주실 것을 믿을 수 있다. 하나님의 좋은 계획은 당신이 이 힘든 시기를 통하여 점점 더 그리스도와 닮아가는 것이고, 이 계획을 생각하며 당신은 오늘도 힘을 낼 수 있는 것이다.

예수 그리스도는 당신에게 꼭 맞는 웨딩드레스를 입을 수 있도록 하시며, 당신의 신뢰를 통해 당신의 인격을 형성하고 계신다. 예수 그리스도 안에서 힘을 얻으면서 당신은 그리스도의 평화를 자녀와 자녀의 배우자에게도 베풀 수 있을 것이다.

기억하라. 당신은 당신에게 "능력 주시는 자 안에서" "모든 것을 할 수" 있다(빌 4:13).

좀 더 이야기해 보자

1. 「크리스채너티 투데이」는 "이른 결혼의 주장"이라는 제목으로 2009년 8월호의 커버스토리를 다루었다. 그 기사에서 사회학자 마크 레그너러스(Mark Regnerus)는 젊은 복음주의 신자들이 20대 후반 혹은 30대 초반이 될 때까지 결혼을 연기하고 있다는 우려를 표했다. 레그너러스는 현대 문화의 발전과 변화가 자녀의 기본 훈련기간을 연장시키고 재정적으로 독립하는 데 더 오래 걸리게 만드는 원인이라고 주장했다.

   레그너러스가 제안한 해결책의 일부분은 젊은이들에게 일찍 결혼하라고 권면하는 것이고, 이것이 가능하기 위해서는 부모가 자녀에게 재정적인 도움을 (예를 들어, 교육을 마치기 위하여) 주어야 한다고 주장했다.[16] 자녀가 재정적으로 독립할 때까지 결혼을 미루는 것이 이상적일지는 모르나, 결혼을 미루게 되면 직면하게 될지도 모르는 성적 유혹과 여러 요인을 고려해보아야 한다. 결혼생활을 충분히 해낼 수 있을 만큼 성숙한 젊은이들이 20대를 독신으로 지내지 않고 오히려 빨리 결혼하는 것이 나을 것이다. 앨버트 몰러(Albert Mohler)와[17] 존 파이퍼(John Piper)[18] 또한 일찍 결혼하는 것이 20대 크리스천에게 좋을

---

[16] Mark Regnerus, "The Case for Early Marriage," *Christianity Today*, August 2009, http://www.christianitytoday.com/ct/2009/august/16.22.html.

[17] Albert Mohler, "The Case for (Early) Marriage," *Crosswalk*, August 3, 2009, http://www.godrev.com/disprss/?/Crosswalk/focus/2536535/The-Case-for-Early-Marriage.html.

[18] "독신의 삶으로 부르심 받은 것을 축하해주면서, 독신으로 부르심을 받지 않은 사람은 교회에서 일찍 결혼하도록 권면해야 할 것이다. 설령 학생 신분으로 결혼하더라도

것이라고 적극적으로 추천했다."

위의 제안을 통해 혹 자녀가 결혼을 한 후에는 그들 스스로 모든 것을 해결해야 한다고 믿는 부모가 있다면, 자신의 입장을 다시 생각해봐야 할 것 같다. 일찍 결혼한 자녀들에게 교육비나 재정적인 도움을 준다고 해서 부모들이 돈을 이용하여 그들을 통제할 수도 있다. 그리고 아직 아무런 준비가 되어 있지 않은 미성숙한 자들이 결혼을 한다는 것에는 많은 위험 요소도 있겠지만, 결과적으로 자녀가 일찍 결혼하는 것은 그렇지 않은 것보다 유익한 점이 많다는 것이다. 당신은 이 문제를 어떻게 생각하는가?

2. 자녀가 선택하는 친구 또는 배우자 때문에 고민한 적이 있는가? 당신은 어떤 반응을 보였는가? 당신의 반응은 복음에 비롯되고 관계를 위해 마음의 문을 열었는가? 만약 그렇게 했다면 어떻게 그런 결심을 했는가? 그렇게 하지 못했다면 이제 관계를 원만하게 하기 위해서 어떠한 조치가 있는가?

3. 자녀의 선택을 바라보는 당신의 시각에 신랑 되신 예수 그리스도의 희생이 어떠한 영향을 끼쳤는가? 당신은 현재 자신을 더럽혀진 신부라고 보는가? 하나님이 당신을 영원히 외면하지 않기 위해 예수 그리스도께서 직접 갈

말이다." John Piper, "A church-Based Hope for 'Adultolescents,'" *Desiring God*, November 13, 2007, http://www.desiringgod.org/ResourceLibrary/TastAndSee/ByDate/2007/2487_A_ChurchBased_Hope_for_Adultolescents/.

보리에서 하나님께 외면당하신 것을 이해하는가? 그 사실을 안다는 것이 당신의 며느리 혹은 사위를 받아들이는 데 어떤 영향을 주었는가?

4. 이 장에서 배운 것을 네다섯 문장으로 요약해 보라.

10장

부모의 새로운 계산법: 빼는 것이 곧 더하는 것이다

마침내 그날이 왔다. 딸이 드디어 결혼을 한다. 결혼식이 끝나고 당신과 당신의 배우자는 텅 빈 집으로 돌아왔다. 그리고 이제 당신의 삶은 외로움이 가득할 것이라고 생각한다. 그러나 어느새 사위 식구들과 점심 식사를 자주 하게 되고, 명절에는 오히려 식탁을 하나 더 들여야 한다. 이제는 자녀의 가족뿐만 아니라 당신의 새로운 친구가 된 사돈 내외도 놀러 오기 때문이다.

그리고 곧 손자들이 태어난다!

자녀의 결혼은 표면적으로 우리의 인간관계를 전부 앗아가는 것처럼 보이지만, 사실 인간관계를 두 배 혹은 세 배로 증가시켜 준다. 자녀의 결혼은 당신의 인간관계에 손실을 가져오는 것이 아니라 오히려 더해주는 것이다. 그리고 언제나 그렇듯이 새로운 관계는 새로운 어려움이 따른다. 이제는 우리 가족만 있을 때 겪었던 단순한 어려움 대신에 다른 가족들의 어려움까지 공유해야 한다.

사돈 내외와는 얼마나 자주 만날 것인가?

아이들이 추수감사절에는 누구 집에 갈 것인가?

사돈 내외와 비교했을 때 우리는 손자들과 얼마나 더 많은 시간을 보낼 수 있는가?

안토니(Anthony)는 오랜 솔로생활 끝에 실리(Cely)를 만나 마침내 결혼하게 되어 무척 행복했다. 하지만 결혼 후 한 달이 지나 실리의 부모님은 모든 재산과 직장을 정리하고, 안토니와 실리가 사는 작은 콘도로 이사 오려 했다.

이 과정에서 안토니는 큰 충격을 받았다. 아내 실리 자란 가족 문화에서는 자녀가 부모님을 자식의 집으로 초대함으로써 부모에게 공경을 표하고, 부모님은 딸의 집에서 살면서 살림을 가르치고 손자를 키우는 것이 평범한 일이었다. 그러나 안토니는 사생활이 없어지는 것을 염려해 실리 부모님이 집으로 들어오는 것을 반대했다. 실리는 안토니에게 간청했다.

"부모님을 그냥 모른 척 할 수는 없잖아요. 절대 그렇게 할 수 없어요. 온 친척들에게 창피를 당할 거에요."

부모는 결혼한 자녀의 삶에 어느 정도 개입을 해야 적절할까?

행크(Hank)와 젠(Jen)에게는 안토니와는 또 다른 어려움이 있다. 아들 브라이언(Brian)은 말은 별로 없지만 부모와 좋은 관계를 유지해왔다. 그러나 아들이 캐슬린(Kathleen)과 결혼한 이후에는 부모와의 관계가 이전과 다르게 변해 버렸다. 행크와 젠이 아들에게 전화를 해도 아들은 고작 한두 마디만 할뿐 더 이상 할 말이 없어 이내 전화를 끊어 버린다. 아들 부부를 집으로 초대했을 때에도 종종 거절을 당하곤 했다. 명절 기간에는 가족 분위기가 너무 서먹해서 오히려 명절을 망친 경우도 많다.

크리스마스 이브에 며느리 캐슬린은 시부모에게 마침내 화를 냈다. 시부모가 아들과 며느리를 통제하려는 것에 진절머리가 난다는 것이었다. 그리고 더 이상은 간섭을 받지 않겠다고 마음을 먹었다고 했다. 그때 헹크와 젠이 한 걸음 물러서지 않았더라면 그들의 관계는 아마 거기서 끝이 났을 것이다. 캐슬린이 시부모님에게 대들고 있을 때도 브라이언은 묵묵히 바닥만 쳐다보고 있었다. 마침내 캐슬린의 말이 끝나자, 행크와 젠은 너무나 놀란 나머지 방으로 들어가 흐느끼며 울었다.

이런 문제는 어떻게 다루어야 할까?

1. 새로 맺은 관계에서 갈등을 피하는 법

며느리나 사위와 겪는 갈등은 코미디에서 자주 사용하는 주제이기도 하지만 사실 현실에 근거하는 유머이다. 신문에 실린 고민상담 칼럼만 봐도 알 수 있다.

웨인 맥(Wayne Mack)은 자신의 소책자 『인척: 부모와 결혼하다』[1]에서 부부와 시부모 혹은 장인 장모 간의 관계는 결혼 초기뿐

---

[1] Wayne Mack, *In-laws: married with Parents* (Philipsburg, NJ: P&R Publishing, 2009).

만 아니라 결혼생활을 오래도록 해온 부부에게도 막대한 영향을 끼친다고 보고한다. 맥은 또한 부부가 시부모와 장인 장모와 겪는 갈등은 전혀 새로운 문제가 아니라고 말한다.

이삭의 아내 리브가는 에서가 이방 여인을 아내로 맞이하는 일로 며느리와 문제가 있었다(창 26:34-35). 야곱은 장인 라반과 많은 갈등이 있었고, 다윗의 장인 사울은 다윗을 죽이려고 했다. 그리스도께서도 복음은 가족 관계에 분열을 일으킬 수 있다고 경고하셨다(눅 12:51-53).

물론 시부모나 장인 장모와 좋은 관계를 형성한 예도 있다. 모세는 장인 이드로(출 18장)에게 도움을 많이 받았고, 예수 그리스도는 시몬 베드로의 장모의 병을 고쳐주셨다(눅 4:38-39).

자녀가 결혼하면 새로운 가족이 형성된다고 성경은 가르친다(창 2:24). 하지만 결혼과 함께 자녀를 떠나보내야 하는 이러한 큰 변화에 적응을 쉽게 못하는 부모가 많이 있다.

부모는 여전히 자녀의 교육, 직업, 신앙생활, 투자 계획, 부동산 등에 대해 개입하고 싶고 통제하고 싶어 한다. 이런 식으로 명절 때는 양가 부모 모두 자식들에게 부담을 주기 때문에 마음 편히 찾아뵙는 일도 쉽지는 않다. 신혼부부들은 처음에 양가 부모님의 비위를 맞추려고 노력하지만 몇 년이 지나면서 스트레스가 쌓이기 시작하고 양가 부모님과 거리를 두면서 새로 시작하는 자신들의 가족 전통을 만들고 싶어 한다.

시부모와 장인 장모와의 관계에서 성공하는 방법은 바로 부부 간의 관계가 가장 중요하다는 것을 인식하는 것으로 그 어떤 관계보다 우선순위에 두어야 한다. 부모가 부부 사이를 가장 중요하게 여기게 되면 자녀는 자연스럽게 그것을 보고 배울 것이다.

성경은 결혼한 자녀는 이제 자신만의 가족 문화를 새롭게 이루어야 할 것을 명백하게 가르친다. 그러므로 부모는 결혼한 자녀가 건강한 가족 문화를 형성하도록 적극적으로 도와주라는 명령을 받은 것이나 마찬가지다.

부모는 결혼한 자녀와 그 배우자의 관계에 피해를 주면서까지 그들을 통제하고 싶은 유혹을 받더라도 끝까지 그런 충동에서 벗어나기 위해 노력해야 한다. 그렇지 않으면 자녀는 자신들만의 결혼생활을 보호하기 위해 부모에게서 멀어질 수도 있고, 만약 자녀의 가정에 어떤 문제가 생긴다면 모든 것을 부모의 탓으로 돌리게 될 수도 있다.

자녀는 최우선적으로 부모가 아닌 자신의 배우자를 가장 중요하게 여겨야 한다(고전 7:33-34). 부모와의 관계에 얼마나 많은 노력을 더할 것인가는 자녀의 선택에 달려 있고, 부모가 자녀를 사랑과 존중으로 대한다면 부모에 대한 자녀의 신뢰와 존경심은 더욱 커질 것이다.

신혼부부는 서로 다른 두 가정에서 각자 부모의 생각을 물려받은 두 개의 다른 생각을 가지고 사는 것이 아니라 서로의 생각, 신념, 관심사와 전통을 함께 공유하면서 그들만의 새로운 시각과 개념을 형성해야 한다.

당신이 결혼한지 얼마 되지 않았고 부모님이 당신의 일을 일일이 지적했던 때, 얼마나 방어적이고 얼마나 민감했었는지 기억해보라. 아무리 좋은 의도를 가지고서 지적을 한다 하더라도 때로는 심한 압박을 동반하는 꾸중으로 들릴 수도 있다. 그렇기 때문에 자녀의 일에 지나치게 간섭하기 이전에 우선 자녀가 조언을 청하러 오기를 기다리는 것이 좋다. 어느 부모가 이렇게 말했다.

"입을 닫아두세요! 아주 큰일이 났을 때만 소동을 벌이세요! 당신이 넘어서는 안 될 선이 있어요. 자녀와 자녀의 배우자 사이에 쐐기를 박는 행동을 절대 해서는 안 됩니다. 자녀의 결혼은 성스러운 것입니다."

자녀와 그들 배우자의 흉을 봄으로써 죄를 짓지 말고,[2] 칭찬할 만한 것을 찾아내고 우리와 동등한 가족 구성원으로 대해야 한다. 어느 부모는 다음과 같이 쓴다.

"저는 제 사위가 아주 오랫동안 우리 가족의 일원이었던 것처럼 느끼기를 원했어요. 처음에 사위가 외부인처럼 낯설게 받아들여졌지만, 저는 저의 아이를 대하는 것처럼 사위에게 별명도 지어주면서 사위의 마음이 편해지도록 노력을 많이 했죠. 그리고 같은 가족이 되어서 얼마나 감사한지 모른다고 자주 말해 주었어요."

우리는 또한 사람마다 제각기 다른 관계를 형성한다는 것을 알아야 한다. 어떤 며느리는 시부모를 자신의 부모처럼 편하게 대할 것이고, 어떤 사위는 장인 장모가 여전히 어색하게 느껴질

---

[2] 자녀에게 자녀의 배우자에 대해 나쁘게 말하지 말라. 이는 잘못된 행동이며, 십중팔구 그 말이 돌아와 당신에게 해가 될 것이다. 한 딸은 다음과 같이 말한다. "저의 시어머니가 다른 며느리에 대해 저에게 험담을 하신 적이 있어요. 혹시 나에 대해서도 다른 며느리에게 똑같은 말씀을 하시진 않았을까 생각돼요."

수도 있을 것이다. 우리 자녀와 마찬가지로 사위와 며느리의 신뢰를 얻기 위해서는 기본적인 예의를 지켜야 한다.

우리의 일차적인 목표는 언제나 자녀의 결혼생활을 지지해 주는 것임을 잊어서는 안 된다.[3] 또한 사돈 집안과의 갈등은 매우 흔한 일이기 때문에 우리는 언제나 하나님의 지혜에 의존하여 "모든 사람으로 더불어 화평"(히 12:14)하도록 노력해야 한다(켄 샌드[Ken Sande]는 자신의 저서 『화평하게 하는 자』[4]를 통해 화평에 대한 성경의 가르침을 명확히 설명한다. 며느리 혹은 사위 집안과의 갈등을 해결해야 된다면, 부록 A에 있는 샌드의 원칙을 읽어보라).

어느 정도의 갈등은 불가피하겠지만, 많은 부모가 자녀 내외와 매우 원만한 관계를 갖고 있으며, 부모에게 있어 그들이 자신

---

[3] 안타깝지만, 극단적으로 통제적인 (그리고 학대의 경계선에 있는) 사위가 아내를 친정과 가까이 하지 못하게 하는 경우를 보았다. 장인 장모를 자신의 권위에 위협적인 인물로 여기기 때문이다. 또 다른 경우에는, 자신의 존재에 대해 자신이 없어서 남편의 부모를 자꾸 멀리하려는 며느리도 있다. 자녀와 자녀의 배우자가 사돈과 더 가까이 지내거나 사돈이 금전적인 도움이나 선물 등으로 후하게 할 수 있는 능력이 있다는 것을 감지했을 때 질투를 느끼는 부모도 많다. 때로 자녀가 매우 어려운 결혼생활 속에서 고생을 하는 것을 볼 때 부모는 마음이 아프다. 그러나 당신의 자녀가 그 배우자를 선택했다는 것과 그 결정의 결과와 더불어 살아가는 것이 자녀의 책임임을 당신은 기억해야 한다. 만약 아이들이 싸우거나 불화가 있으면, 당신은 거리를 유지하고 당신 자녀의 편을 무조건 들지 말라. 만일 그 자녀가 당신의 조언을 구하면, 비록 남편이 사랑하기 어려운 사람이라 할지라도(벧전 3:1) 남편을 사랑해야 할 그녀의 의무에 초점을 맞춰라. 그리고 부부 사이를 가깝게 하기 위해 할 수 있는 모든 것을 하게 하라. 어느 어머니는 다음과 같이 쓴다. "당신 딸이 당신에게 짐을 풀어놓게 하지 말라. 그리고 딸의 편을 들지 말라. 그저 들어주라. 고개를 끄덕여주라. 한두 가지 질문을 해도 좋을 것이다. 그리고 나서 네가 직접 해결하라고 하며 그녀를 남편에게로 돌려보내라. 딸에게 사랑하는 마음으로 남편의 리더십에 복종하여야 한다는 것을 상기시켜주라. 그리고 상황이 어려워 보이면 미친 듯이 기도하라고 하라. 예수님은 이렇게 말씀하셨다. '사람이 짝지어 주신 것을 사람이 나누지 못할지니라.'"

[4] Ken Sande, *The Peacemaker: A Biblical Guide to Resolving Conflict* (Grand Rapids: Baker, 2004).

의 가정을 꾸리는 모습을 보는 것은 큰 기쁨이다. 자녀는 부모와 함께 살면서 배운 좋은 전통을 따르며 부모에게 예의를 표하고, 큰 결정을 하기 전에는 부모에게 조언을 구함으로써 존경을 표현한다.

어느 아버지는 다음과 같이 쓴다.

"이 과정에 있어 가장 큰 교훈은 바로 자녀와 자녀의 배우자가 저희 부부에게 얼마나 좋은 '친구'가 될 수 있었다는 것입니다. 우리가 지금까지 경험해본 어떤 우정보다도 더 귀한 것입니다! 이것이야말로 하나님께서 주신 놀라운 선물입니다!"

2. 손자 손녀를 돌보는 것은 축복이다

나는 조부모님과 좋은 관계를 갖고 있다. 그리고 이것은 내게 매우 귀한 축복이다. 특히 내가 어렸을 때 외할아버지 집에서 자주 밤을 보내곤 했었는데, 할아버지는 나에게 멋있는 카우보이 이야기를 들려주시곤 하셨다.[5] 내가 좀 더 나이가 들었을 때, 할아버지는 나에게 사냥을 가르쳐 주셨고, 사냥총을 안전하게 다루는 법도 가르쳐 주셨다. 지금에 와서 돌이켜보니 할아버지가 당신의 손자들을 위해서 하신 일을 생각하면 정말 놀랍다.

할아버지는 은퇴하신 후 텍사스 남부에 있는 작은 목장을 구

---

[5] 달라스 미식축구 카우보이즈가 아니라, 옛날 서부 카우보이들!

입하시고, 그 목장을 손자들이 마음껏 뛰어놀 수 있는 곳으로 만들기 위해 무척 애를 쓰신 것으로 기억한다.

할아버지는 우리가 탈 말도 사셨고, 낚시할 수 있는 연못도 만들어 주셨으며, 사냥 시즌이 되면 손자들을 위해 큰 수사슴을 목장 쪽으로 몰고 오시기도 했다. 우리가 숲 속에 숨어서 사슴을 기다릴 때면 할아버지는 나에게 세상 이치에 대한 이야기를 들려주셨다. 할아버지는 언제나 나를 위해 시간을 내주셨고, 내 삶의 모든 것에 대해 끝없는 관심을 보여주셨다.

나의 기본 사상과 신념은 할아버지와의 대화를 통해 형성되었다. 그중 할아버지가 나에게 끼친 가장 큰 영향은 바로 남편으로서의 본보기였다. 할아버지는 할머니를 여왕처럼 대해 주셨다. 저녁 식사를 마치고 할아버지는 맛있는 저녁을 만들어 주신 할머니에게 고마움을 표하고 할머니를 위해서 188cm나 되는 큰 키로 싱크대 앞에 서서 설거지를 하곤 하셨다. 그 모습에 나는 정말 놀라지 않을 수 없었다. 할아버지가 아니었다면 지금의 나는 없었을 것이다.

3. 더욱 많은 축복을 받다

조부모가 된다는 것은 인생에 있어서 아마 가장 흥분되는 경험일 것이다. 여러 가지 생각이 교차하더라도 새로운 세대의 시작을 보는 것은 언제나 황홀하다.

"나는 조부모가 되기에는 아직 너무 젊어!"

"내가 어렸을 때 우리 할머니 할아버지는 많이 늙으셨지."

처음 포대기에 쌓여 있는 손자 손녀를 보는 순간부터 할아버지와 할머니는 이제 그 아이들과 말로 표현할 수 없는 깊은 관계를 형성하게 된다. 자녀를 키울 때는 일하느라 바빠서 아이들과 마음껏 즐기지 못할 때가 많았고, 또 경험도 부족하여 어찌할 바를 몰라 당황할 때도 많았다.

하지만 이제는 시간적 여유와 경험으로 그들과 함께 즐길 기회를 얻었기 때문에 손자 손녀를 돌보는 것은 너무나도 즐거운 일이다. 성경에서도 손자를 "노인의 면류관"(잠 17:6)이라고 부를 정도로 그들은 정말 각별한 존재다. 또한 성경은 손자를 보는 것만으로도 우리에게는 아주 풍성한 축복이 된다고 말한다(시 128:6).

4. 우리 또한 손자 손녀에게 축복이 되어야 한다

우리가 손자 손녀에게 줄 수 있는 가장 큰 축복은 영적인 축복이다. 하나님의 위대하심을 자녀와 손자에게(신 4:9) 알려주는 것이다.[6]

성경에서 할머니 로이스(Lois)는 자신의 딸과 손자 디모데에게 믿음을 전한 것으로 인해 칭찬을 받았다(딤후 1:5). 이와 같이 하나님은 당신의 믿음이 자녀의 영적인 삶에 능력 있게 영향을 끼

---

6 또한 신명기 6:2와 출애굽기 10:2을 보라.

치도록 하실지도 모른다. 로이스 또한 처음에는 하나님께서 손자 디모데를 향한 자신의 사랑을 어떻게 사용하실지 몰랐을 것이다. 그 결과는 참으로 경이롭다.

자신의 자녀는 크리스천이 아니더라도, 손자에게 영적인 영향을 끼치는 조부모들이 많이 있다. 자녀가 믿음이 없어도 할아버지 할머니가 자신의 아이들을 교회에 데려가거나 성경을 들려주는 것을 허용할 수도 있기 때문이다. 이런 기회는 굉장히 감사하고 조심스럽게 받아들여야 하며, 자녀가 믿음이 없다고 해서 비판이나 지적을 해서도 안 된다.

조부모들이 흔히 겪게 되는 큰 어려움은, 조부모가 손주들에게 성경을 읽어주거나 같이 기도하거나 교회에 데려가는 것을 자녀가 허용하지 않을 때다. 이것은 굉장히 마음 아픈 일이지만, 자녀의 말에 따르는 것이 옳다.

손주들은 자녀의 권위 아래 속하기 때문에 억지로 믿음을 강요하다보면 오히려 손주를 만날 수 있는 기회조차도 잃어버리게 된다. 그들을 계속 사랑하고 기도하면서 하나님께서 어떤 일을 하실지 지켜보라.

당신이 조부모라면 지금 굉장한 기회를 가진 것이다! 최선을 다해서 손자 손녀의 삶에 영향을 끼쳐라. 자기일에만 몰두하지 말고 최선을 다해 손자의 삶에 관여하라. 손녀의 음악회와 손자가 참가하는 운동 경기를 보러 갈 수도 있고, 만약 손자 손녀가 가까이 살지 않는다면 카드, 이메일, 선물이나 사진을 꾸준히 보낼 수도 있다. 생일을 축하해주라. 그리고 하나님이 우리를 구원해주시고 변화시켜주셨다는 것을 알려주어라.

한 아들은 조부모와의 추억을 다음과 같이 들려준다.

"저는 할아버지 할머니와의 좋은 추억이 정말 많아요. 할아버지 할머니와 함께 보낸 시간은 저의 유년시절 가장 행복했던 추억입니다."

5. 당신의 자녀를 축복하라

자녀가 조언을 구하러 오지 않는다고 우리가 나서서 해줄 필요는 없다. 하지만 결혼한 자녀가 부모가 되면 자연스럽게 (때로는 아주 필사적으로) 우리를 찾아올 것이다.

"어머니는 산만한 두 살배기 아들을 어떻게 변기훈련 시키셨어요?"

"열네 살 밖에 안 된 딸이 데이트하러 갈 땐 도대체 어떻게 해야 되죠?"

아이를 키운다는 것이 보기보다 쉽지 않다는 것을 깨닫게 된다. 자녀는 양육의 고통을 겪으면서 부모에 대한 감사의 마음이 생기게 되고, 혹시나 어렸을 적 자신이 부모님께 상처를 주지는 않았나 생각해보기도 한다.

자녀 내외가 데이트나 여행을 갈 수 있도록 우리가 손주들을 봐준다면 자녀는 우리에게 굉장히 감사할 것이다. 아이들을 봐주는 것이 힘들기는 하지만, 손주들이 우리와 함께 있는 시간을 즐기는 것만큼 우리도 손주들과 함께 있는 시간을 즐길 수 있다. 아기가 태어났을 때나 집안 살림에 문제가 생겼을 때 할머니의 존재는 많은 도움이 되며, 할아버지 또한 손주들에게 여러 가지를 가르쳐 줄 수 있고, 같이 소풍도 데려가고 삶의 지혜도 전수해 줄 수 있다.

부부가 맞벌이라면, 조부모가 아이들을 봐주는 경우가 많다. "어머니가 직장에 다니는 다섯 살 이하의 어린이 1130만 명 중에서, 무려 30퍼센트가 어머니가 일하는 시간에 조부모에게 보살핌 받고 있다."[7]

우리는 자녀의 아이들을 돌보면서 자녀와 손주들에게 큰 축복이 될 수 있지만, 그만큼 부모와 조부모는 서로를 배려해야 한다. 부모가 과도하게 조부모를 이용하지 않도록 주의해야 하며, 조부모는 도움을 주겠다고 지나치게 밀어붙이지 말거나 부모가 제의를 거절했을 때도 기분이 상하지 않도록 주의해야 한다.

모든 할아버지 할머니는 자신의 손자들에 대한 각자의 꿈과 바람이 있겠지만 조부모는 허락된 선에서만 손주들에게 영향을 끼칠 수 있다. 조부모가 손주들을 위한 어떤 계획이 있다면, 억지로 강요하지 말고 우선 부모를 통해서 허락을 받는 것이 좋다. 그렇게 하는 것이 조부모가 부모의 양육 권리를 존중하는 것이다.

우리는 또한 부모가 자신의 신념과 양심대로 자녀를 양육할 의무가 있다는 점을 존중해야 한다(엡 6:1-3). 만일 당신의 자녀가 아이들에게 산타클로스는 실제로 존재한다고 가르치기로 결

---

[7] Robert Bernstein, "Nearly Half of Preschoolers Receive Child Care from Relatives," *U. S. Census Bureau News*, February 28, 2008, http://www.census.gov/Press-Release/www/releases/archives/ children/011574.html.

정했다면, 당신은 그 결정을 따라야 한다. 반면 자녀는 아이들에게 산타는 존재하지 않는다고 가르쳤는데 조부모가 나서서 아이들에게 산타가 존재한다고 말한다면 큰 문제가 될 수 있다.

조부모라면 어쩔 수 없이 손주에게 무엇이든 해주고 싶고 사주고 싶을 것이다. 하지만 그렇다고 부모가 싫어할 만한 선물을 주거나 허락되지 않은 곳에 손주를 데려가는 것은 안 된다. 조부모는 부모의 양육 방침을 따라야 하며 그것을 통해 아이들도 자신의 부모의 방침을 존중할 것이다.

한 할머니는 이런 말을 했다.

"자녀가 대들면서 '나는 할머니집이 더 좋아! 할머니는 내 마음대로 하게 해주시니까!'라고 말하는 것을 좋아할 부모가 어디 있겠습니까?"

심지어 어떤 부모는 조부모가 아이들을 체벌할 권한을 주기도 한다. 이런 상황에서는 언제나 명확한 의사소통이 절실히 필요하다. 조부모는 항상 자녀에게 어떤 방식으로 훈육을 하는 것이 좋을지를 묻는 것이 좋다. 만일 조부모가 자녀에게 묻지도 않고 함부로 체벌을 한다면, 자녀는 두 번 다시는 아이들을 조부모에게 보내지 않을 것이다. 만약 아이들이 말썽이 심하고 다루기 힘들다면, 조부모는 자녀에게 어떻게 얼마나 도움을 줄지를 스스로 정할 권리가 있다.

6. 손자 손녀를 보지 못하게 한다면 어떻게 하는가?

언젠가 손자들을 만나지 못하도록 하는 자녀 때문에 상담을 받으러 온 조부모를 만난 적이 있다. 어려운 일을 직면할 때마다 (특히 남들이 우리에게 죄를 지을 때), 우리는 먼저 스스로를 돌아보고 자신의 눈에 들보가 들어있는지 찾아보아야 한다(마 7:3-5). 혹시 우리가 자녀의 기대를 존중해주지 못했는지 생각해봐야 한다. 조부모의 심한 억지와 부모의 방침을 존중하지 않는 관계로 인해 심한 마음고생을 하는 부모도 많이 보았다. 어떤 조부모는 부모의 권한을 우습게 보기도 한다.

이런 문제에 부딪힐 때는 무조건 자녀를 탓하지 말고 우선 스스로에게 잘못이 있었는지를 생각해보고 용서를 구해야 한다. 조부모가 자녀의 권리를 존중하고 사랑으로 대해준다면 그들 사이의 신뢰를 다시 세우는 데 많은 도움이 될 것이다.

7. 조부모가 대리 부모가 될 때

정부의 조사에 따르면, 현재 약 5,700만 명의 아이들이 조부모에 의해 양육되고 있다고 한다.[8] 그중에는 부모가 사망하여 조부모 집에서 살게 된 아이도 있다. 이따금 남편과 사별했거나 이

---

[8] Mike Bergman, "Single-Parent Households showed Little Variation Since 1994, Census Bureau Reports," *U. S. Census Bureau News*, March 27, 2007, http://www.census.gov/Press-Release/www/releases/archives/families_households/009842.html.

혼한 여자가 부모 집으로 돌아와서 자녀양육의 도움을 받기도 한다. 일을 하기 위해 아이를 조부모에게 맡기는 경우도 있다. 때로는 그저 아이를 키울 수 없거나 키우고 싶어 하지 않는 부모 때문에 조부모 손에 맡겨지는 경우도 있다.

우리 주위에도 아직 어린 미혼모이거나 마약과 술에 찌들어 아이를 돌볼 능력이 안 되는 사람이 여럿 있다. 또한 젊은 부부가 이혼한 후에 다시 자유로운 생활을 하기 위해 아이를 조부모에게 맡기는 경우도 있다. 이런 경우는 대게 비극적이지만, 손자 손녀를 하나님께로 인도하고 하나님의 말씀으로 훈육할 수 있는 좋은 기회이기도 하다. 평화롭게 은퇴생활을 즐겨야 할 조부모가 나서서 아이들을 위해 희생하는 것은 참으로 훌륭한 일이라고 생각한다.

손자를 키우기로 한 조부모는 자신의 시간과 에너지와 경제적인 요소를 잘 점검해두어야 한다. 아이들과 같이 있다 보면 젊어지는 느낌이 들지는 몰라도, 당신이 점점 기운을 잃어갈 때 손주들은 어느새 활기 넘치는 10대 청소년이 되어 있을 것이다.

이러한 상황에서 생길 수 있는 가장 심각한 문제는 아이의 유년시절 동안 자리를 비웠던 부모가 갑자기 조부모를 찾아와서 아이를 되찾으려 할 때다. 조부모는 수년간 아이를 위해 피와 땀을 쏟으며 키웠는데, 여태까지 무책임하고 무관심했던 자녀가 갑자기 불쑥 찾아와서 아이를 데려간다는 것이다. 조부모는 지금껏 아이를 성경적으로 잘 양육했는데, 갑자기 세상 물정에 찌든 부모가 아이를 데려간다는 것이 너무 걱정스러울 것이다.

이런 상황은 흔히 지독한 법정 싸움으로 이어지기도 한다. 조부모가 손주를 키울 때는 미리 아이의 양육권을 조부모에게 양도하는 합의서를 받아두는 것이 현명하다고 본다. 조부모가 부모 역할을 할 것이면, 부모의 권한 또한 당연히 조부모에게 있어야 한다. 이렇게 한다면 부모가 아이를 무조건 조부모에게 맡기는 것을 다시 한 번 생각해 볼 계기가 될 수도 있다.

8. 성인이 된 손자 손녀를 대하는 법

손주가 성인기에 도달하면 우리는 그들과 어른 대 어른으로서의 관계를 형성할 수 있다. 아이가 어렸을 때는 부모가 정한 규정에 따라야 하지만 아이가 크고 나면 어느 정도 부모의 규정에서 자유로워질 것이다. 예를 들어 아이에게 하나님의 말씀을 나누는 것이 금지된 사항이었다면, 아이가 다 자란 후에는 이제 자유롭게 하나님의 영향력을 손주에게 끼칠 수 있을 것이다.

우리는 많은 크리스천 할아버지들이 성인 손자의 멘토 역할을 하는 것을 보았다. 또한 성인이 된 손자 손녀가 부모와 어려운 상황에 처했을 때 조부모가 중재 역할을 하는 경우도 보았다. 만일 조부모에게 부모와 손주 간의 갈등을 중재해 줄 기회가 생긴다면, 그 역할을 통해 양쪽 관계에 어떤 영향을 끼치게 될지를 잘 생각해야 한다. 한쪽의 편을 들기 전에 반드시 성경적으로 생각하고 행동해야 한다.

9. 새로운 가족 안에서 믿음으로 살아가기

언뜻 보아서 부모는 아들이나 딸이 결혼하고 나면 외로워질 것이라는 느낌이 든다. 그러나 앞서 우리가 이야기한 내용을 보면 전혀 그렇지 않다는 것을 볼 수 있을 것이다. 흔히 하는 말로, 우리는 아들을 잃은 것이 아니라 딸을 하나 얻은 것이고, 거기에 며느리의 부모, 형제, 친구, 자녀 그리고 그 자녀의 자녀까지 다 얻은 셈이다!

이는 가족의 크기가 줄어드는 것이 아니라 폭발적으로 증가하는 것이다. 그리고 기회도 그만큼 폭발적으로 많아진다. 인간관계에는 불가피하게 갈등, 상심, 죄가 존재하지만, 그만큼 풍성한 사랑의 열매를 맺고 자손 대대로 영향을 끼치는 기회의 문이 될 수도 있다.

우리 가족을 너무나도 사랑하시는 하나님은 우리를 통해 그들에게 복 주길 원하시며 모든 인간관계 안에서 예수 그리스도의 놀라운 소식을 전하고 그분의 사랑 안에서 서로가 성장할 수 있는 기회로 여기신다.

좀 더 이야기해 보자

1. 당신과 사위 혹은 며느리와의 관계는 어떠한가? 당신은 자녀 부부의 관계를 존중하지 못한 일이 있었는가? 만약 있다면 그러한 잘못을 바로 잡기 위해 지금 무엇을 할

수 있는가?

2. 당신과 손자들의 관계는 어떠한가? 당신 자녀의 양육 방침을 존중하지 못한 적이 있었는가? 한 손주를 다른 손주들보다 더 사랑하는가? 잘못을 바로 잡기 위해 지금 무엇을 할 수 있는가?

3. 만일 이들과의 관계에서 갈등이 있다면, 부록 A를 읽고 기도하면서 대책을 숙고하라.

4. 이 장에서 배운 것을 네다섯 문장으로 요약해 보라.

결론

부모이길 포기할 수 없으니 아픔이 따르는 것이다

누구나 처음 부모가 되었을 때는 큰 기대를 갖고 시작한다. 다른 사람들보다 더 잘 할 것이라고 그리고 우리의 자녀는 우리보다 더 나은 사람이 될 것이라고 확신한다. 그러나 자녀가 자라 성인이 되었을 때, 대부분 우리가 바라던 대로 이루어지지 않았다는 것을 깨닫게 된다.

한 아버지가 이런 말을 했다.

"자녀가 성인이 되고 나서 가장 힘들었던 갈등은 제 안에 있는 실망감을 이겨내는 것이었어요. 제 아내와 저는 아직도 이 문제를 다루는 것이 서툴러서, 어떤 때는 잘 대처하지만 실패할 때도 있어요. 저희 마음속 가장 취약한 부분은 자녀에 대해 하나님을 전적으로 신뢰하지 못한다는 점이에요.

두 아들이 믿음을 저버렸다는 것은 저의 인생에서 가장 고통스러운 일이었어요. 두 아들의 불신(하나님을 믿지 않는 것)보다 더 나의 믿음을 시험했던 것은 내 인생에서 이제껏 없었어요."

존 파이퍼 목사는 이 고통에 대해서 이렇게 말했다.

"자녀를 키우는 것이 아버지의 유일한 인생 투자는 아니지만, 그와 같은 투자도 없다. 그리고 그것이 실패했을 때의 슬픔 또한 그보다 더한 슬픔은 없다."[1]

1. 당신의 자녀는 하나님의 것이다

약 5백 년 전 칼빈은 우리 가정 가운데 역사하고 계시는 하나님의 주권적인 은혜에 전적으로 의존해야 한다고 거론한 바가 있다.

"한 가족의 아버지이자 가장이 되는 사람이 자신의 권위 아래 있는 사람을 다룰 때 주의해야 하는 것은 틀림없는 사실이다. 여기서 부모가 해야 하는 가장 중요한 일은 하나님의 품 안으로 피하는 것이다. 자녀를 둔 사람들은 하나님의 주권을 인정하지 않는 이상 그 어떠한 열매도 맺을 수 없고 그 어떠한 목적도 달성할 수 없을 것이다. 설령 자녀가 없어도 가정이

---

[1] John Piper, "The Sorrows of Fathers and Sons," *Desiring God*, July 15, 2009, http://www.desiringgod.org/Blog/1912_the_sorrows_of_fathers_and_sons/.

하나님의 축복 아래에 있지 않다면 오직 궁핍함이 있을 것을 알아야 한다."[2]

자녀가 어릴 때는 하나님의 길로 인도하고 말씀으로 양육하고, 자녀가 나이가 들어감에 따라 경건한 사람이 될 수 있도록 이끄는 것은 부모의 책임이지만, 궁극적으로 오직 하나님만이 우리의 안식처가 되신다. 하나님만이 모든 주권을 지니시고 사랑의 열매를 맺게 하신다. 우리는 하나님께 자녀를 맡겨야 한다.

한 현명한 어머니는 자신의 두려움이 자유로움으로 변화된 이야기를 우리에게 해주었다.

"당신의 아이가 태어나기도 전에 당신은 아이를 하나님의 길로 인도하며 키울 것이라는 기대에 부풀게 된다. 그러나 그렇게 아이를 키우면서 어느새 당신의 생각이 바뀌고 자녀의 미래는 오직 당신의 손에 달려있다는 기분이 든다. 참고로 우리가 원하고 바랄 수 있는 결과는 하나님을 사랑하는 경건한 자녀이다. 이 결과를 위해 수년을 기도하고 은혜를 달라고 간구하여도 하나님의 계획이 나의 계획과는 다르다는 것을 보기 시작하면서 환상이 깨지는 것 같았고 짜증도 났다. 왜 그런지 이해가 되지 않아서 하나님께 기도를 했고, 나는 어느새 내 딸이 내가 바라고 원했던 그 모습으로 이루어지지 않았다는 것을 깨달았다. 그때 나는 내가 원했던 딸의 모습이 내 안의 우상이 되었다는 것을 깨달았다. 나는 기도를 통해 하나님이 원하시는 딸의 모습을 받아들이지 않았던 것을 알게

---

[2] John Calvin, *Sermons on 2 Samuel*, trans. Douglas F. Kelly (Edinburgh: Banner of Truth, 1992), 280.

되었다. 나는 물론 하나님이 원하신 것을 위해 많은 노력을 했지만, 현실에서 나의 반응은 전혀 달랐다. 나의 마음을 선하신 조명(照明)으로 비추어 주신 하나님을 찬양한다. 자녀를 위한 계획은 나의 것이 아니라 하나님의 것이다. 나의 만족을 위한 것이 아니라 하나님의 영광을 위한 것이다.

나는 욥의 말을 기억하면서 하나님의 주권을 인정하기 원했다. '주신 자도 여호와시오 취하신자도 여호와이시니 여호와의 이름이 송축을 받으실지어다.' 편협하지 않은 생각을 하게 되자, 아이들의 선택의 결과에 대한 책임이 내게는 더 이상 없다는 것을 깨닫게 되었고, 그로 인해 자유를 얻었다. 전능하신 하나님께 내 아이들을 완전히 맡겼다. 하나님은 모든 것을 아시고 아이들의 일거수일투족을 보고 계신다. 언제부턴가 나는 아이들의 모든 것을 통제해야만 할 것 같은 느낌이 들었다. 그렇게 하지 않으면, '안 돼! 내가 바로잡지 않으면 아이들이 돌이킬 수 없는 잘못을 저지를 거야!'라며 걱정하던 일이 벌어질 것 같았기 때문이었다. 물론 아이들이 실수로 돌이킬 수 없는 일에 빠지게 될 수도 있다. 하지만 이제 자녀가 성인이 되었으니, 자녀의 안위가 더 이상 내 마음에 짐이 되어서는 안 된다. 하나님은 나의 아이들을 위한 계획을 갖고 계신다. 나는 그저 전달자, 혹은 대사에 불과하다. 결과는 하나님의 손에 있다. 이런 태도는 나에게 정말 큰 자유를 준다. 자녀가 어디서 어떻게 누구와 무슨 일을 하는지 꼭 알아야 하는 강박관념도 이젠 없다. 전지전능하신 하나님이 이미 다 아시기 때문이다. 이제는 마음의 짐을 하나님께 맡기고 나는 자녀와 좋은 관계를 형성하는 일에만 몰두하며 모든 일을 완벽한 계획에 의해 행하실 하나님만 믿으면 된다.

내가 저지른 가장 큰 실수는 두려움으로 자녀를 양육한 것이다. 나는 내가 모든 것을 즉시 바로 잡지 않으면 나중에 가서 돌이킬 수 없는 끔찍한 결과를 초래할 것이라고 생각했고, 그렇게 되면 하나님은 내 자녀가 저지른 죄를 나에게 물으실 것 같았다. 그런 두려움 때문에 나는 항상 초조하고 걱정스럽고 화가 나 있었고, 이로 인해 아이들과의 관계도 많은 피해를 입었다. 이것은 내가 그토록 원했던 자녀와의 사랑의 관계에서 정반대가 되는 관계였다…하나님은 누가 하나님의 사람이 될 것인지 이미 정해 놓으셨다. 이렇게 생각하니 나는 걱정과 불안에서 해방되었고, 모든 일로 자녀에게 지적하거나 심한 잔소리를 하지 않을 수 있었다. 나는 자유의 몸으로 하나님 품안에서 쉬며 기도를 하고 하나님의 지혜와 인도하심만 기다리면 되는 것이다. 자녀를 만나기 전에 내가 준비할 수 있도록 하나님께 기도하고, 이전에 자녀와 갈등이 있었다면 그것을 상기시켜주셔서 관계 개선에 도움이 되도록 해달라고 기도했다. 나머지는 전부 하나님의 은혜에 맡겼다. 하나님의 신실하심을 알고 우리 삶의 문제들에 대하여 하나님의 계획에 의지하자, 나의 마음은 하나님 뜻에 굴복하게 되었고 인내심을 가지고 기다릴 수 있게 되었다. 문제와 싸우거나 걱정하거나 무사히 없어졌으면 좋겠다고 떼를 써도 다 소용없다. 하나님이 그런 문제를 우리 삶에 있도록 허락하셨고, 그것을 견뎌낼 길을 열어 주실 것이다. 그리고 어차피 세상만사 다 거기서 거기이므로, 나는 이런 일들이 왜 내게 벌어지는지 의아해 하지 않아도 되고, 남들이 무슨 생각을 하는지 신경 쓰지 않아도 된다. 그저 하나님의 은혜로 시련을 통해서도 기뻐하고 평화로우면 된다."

2. 예수 그리스도는 부모를 위해 기적을 일으키신다

구약 선지자들의 말은 성인 자녀와의 관계로 인해 마음고생하는 부모에게 큰 위로가 될 수 있다. (예수 그리스도의 사역으로 성취된) 이 옛 언약의 약속은, "아비의 마음"이 그 자녀들에게 돌아가게 하고 "자녀들의 마음을 그들의 아비에게로" 돌아가게 하는 것이다(말 4:6). 평화롭게 하는 것은 사랑이 많으신 예수 그리스도의 일이다. 오직 그리스도만이 우리의 마음을 하늘에 계신 우리 아버지께 향하도록 하시며 오직 그분만이 자녀의 마음을 우리에게 그리고 우리의 마음을 자녀에게 돌아가도록 하실 수 있다.

내가 자녀 때문에 매우 힘든 시기를 보내고 있을 때, 한 친구가 나에게 예수 그리스도가 행하신 기적 가운데 부모의 간청에 대한 응답으로 자녀를 위해 행하셨던 것을 알게 해 주었다.[3] 그리스도의 사역은 병든 자를 고치시고 우리를 죄 가운데서 구원하신 것뿐만 아니라 자녀로 인해 고뇌에 빠져 있는 부모의 간청에도 귀를 기울이신다는 것을 알아야 한다.

그것이 자녀의 죄로 인한 것이든 혹은 우리의 죄로 인한 것이든, 죄로 인해 부모와 자녀가 분리되었을 때의 고통은 하나님께서도 직접 경험하셨다. 죄가 없으심에도 불구하고 하나님은 사랑하시는 아들과 분리되는 고통을 겪으셨다. 우리를 위해 독생자조차 외면하시기까지 큰 사랑을 우리에게 베푸셨기 때문에 우리는

---

[3] 야이로의 딸을 살리심(막 5:22-43), 왕의 신하의 아들을 고치심(요 4:46-54), 귀신 들린 소년(마 17:14:14-21), 수로보니게 여인의 딸(마 15:22-28), 나인성 과부의 아들을 살리심(눅 7:11-17).

안심하고 그분의 사랑 안에서 편히 쉴 수 있다. 우리에게 어려운 시기가 닥칠 때에도 하나님께로 돌아가면 그분은 두 손을 벌려 우리를 환영하신다.

자녀가 나이가 적든 많든 상관없이 하나님은 자녀의 삶에 기적을 행하실 능력이 있으시다.

그러니 기도하라!

하나님은 모든 것을 이해하시고, 모든 것에 귀를 기울이신다. 당신이 겪는 모든 고통을 직접 겪으셨고 죄로 의한 갈등 또한 직접 겪으셨다.

혹 누군가로부터 버림받은 느낌이 드는가?

그리스도께서는 십자가에서 "나의 하나님 나의 하나님, 어찌하여 나를 버리셨나이까?"라고 울부짖으셨다.

하나님은 당신 마음속의 공허함을 알고 계시며, 당신의 절망을 이해하신다. 당신을 위해서 기도하라. 자녀를 위해서 기도하라. 구원을 위해 기도하라. 그리고 "나의 원대로 마옵시고 아버지의 원대로 하옵소서"라는 말로 기도를 마쳐라.

그리스도는 당신이 잃었다고 생각했던 그 모든 것을 채워주실 수도 있고, 자신이 걸으신 고통의 길을 이해하시기 때문에 당신이 견뎌낼 수 있는 은혜를 주실 수도 있다. 그 어떤 경우에서도 당신은 안전하게 하나님의 품 안에서 휴식을 취할 수 있다. 하나님 또한 당신의 부모이기를 포기하지 않으실 것이기 때문이다.

부록 A

며느리 또는 사위와의 갈등을 해결하는 방법

1. 작은 실수나 과실은 재빨리 넘어가라(벧전 4:8)

아들과 며느리가 크리스마스 이브는 같이 보냈지만, 사돈과는 추수감사절과 크리스마스 둘 다 같이 보낼 수도 있다. 현명한 사람이라면, 이것을 문제 삼으려 하지 않을 것이다. 대신에 아이들이 당신과 조금이라도 함께 있었다는 것에 고마워하면서, 감사와 존중을 표할 것이다. 또한 당신이 섬기는 교회에 대해 사위가 무심코 던진 부정적인 말을 엿듣게 될 수도 있다.

그럴 때에는 스펄전(Spurgeon)이 말한 것을 기억하라.

심한 비평이라고 판단되는 것은 못 들은 체하라.[1]

---

[1] Charles H. Spurgeon, "The Blind Eye and the Deaf Ear," *Lectures to My Students* (New

2. 말을 조심하라

성경은 우리에게 이렇게 가르친다.

> 무릇 더러운 말은 너희 입 밖에도 내지 말고 오직 덕을 세우는 데 소용되는 대로 선한 말을 하여 듣는 자들에게 은혜를 끼치게 하라(엡 4:29).

잠언 또한 우리에게 이렇게 가르친다.

> 말이 많으면 허물을 면하기 어려우나 그 입술을 제어하는 자는 지혜가 있느니라(잠 10:19).

한 번의 말실수로 수년간 안 좋은 관계가 지속될 수 있다는 것을 기억하라. 우리는 항상 말하기 전에 주의 깊게 생각해야 하고, 나 자신에게 먼저 물어봐야 한다.
'내가 하려는 말이 덕을 세울 것인가, 아니면 단지 내 속의 화를 뿜어내는 것인가?'

3. 자신의 눈 속에 있는 들보를 빼어내라(마 7:3-5)

죄는 속임수의 성질이 있기 때문에, 스스로의 죄와 허물을 뚜

York: Robert Carter & Brothers, 1889), 250.

렷하게 직시하지 못할 때가 많다. 만일 당신과 자녀의 관계에서 무언가 잘못되었다는 것이 감지된다면, 시간을 두고 먼저 스스로를 뒤돌아보라.

자녀가 당신을 피하는 것 같다면, 혹시 자녀의 기분을 상하게 할 행동은 하지 않았는지 물어보고, 관계를 더욱 원만하게 유지하기 위해 당신이 어떻게 행동하면 되는지도 물어보라.

자녀가 지적을 하면 절대 방어적인 태도를 보이지 말고 자녀의 시각과 관점에서 이해하려고 노력해야 한다. 예를 들어 자녀가 당신이 너무 스트레스를 준다고 불평을 한다면, 자녀가 정확히 불편해하는 것이 무엇인지 파악하라. 그리고 겸손하고 존중어린 태도로 자녀의 결혼생활을 존중하지 못한 점에 대하여 용서를 구하라.

4. 원한을 품지 말고 기꺼이 용서하라

에베소서 4:32의 말씀과 같이 우리는 행해야 한다.

> 서로 친절하게 하며 불쌍히 여기며 서로 용서하기를 하나님이 그리스도 안에서 너희를 용서하심과 같이 하라(엡 4:32).

복음은 죄인과 죄인들의 관계를 서로 성공적으로 유지할 수 있게 하는 열쇠다. 우리는 깨끗이 용서받았기 때문에, 그만큼 우리에게 죄를 지은 자를 용서할 수 있다. 감히 가늠할 수 없을 정도의 죄의 빚에 대해 예수 그리스도께서 대신 대가를 치르셨기 때문에 우리 또한 우리에게 상처를 준 사람을 용서할 수 있어야 한다.

또한 우리는 하나님이 우리의 죄를 용서하신 것과 같이 서로의 죄를 용서해야 하기 때문에, 용서한다는 것은 서로의 죄를 더 이상 기억하지 않는 것이다(렘 31:33).

우리가 남을 용서할 때, 하나님이 우리를 용서받은 자로 대하신 것처럼 우리도 그 사람을 그렇게 대하겠다고 약속하는 것이다. 이것은 그들이 마치 우리에게 죄를 지은 적이 한 번도 없었던 것처럼 대하는 것이다.

그 죄를 다른 사람에게 알리지도 말고, 아예 우리의 생각 속에서 지워버려라. 서로를 속히 용서하지 않는다면 복음과 모순되는 것이며, 사탄이 우리 가족을 넘볼 수 있는 발판을 마련하는 것이나 다름없다.

> 분을 내어도 죄를 짓지 말며 해가 지도록 분을 품지 말고 마귀에게 틈을 주지 말라(엡 4:26-27).

5. 자녀의 시각에서 이해하도록 노력하라

사도 바울은 예수 그리스도의 길을 걷는 자는 다음과 같다고 가르친다.

> 아무 일에 다툼이나 허영으로 하지 말고 오직 겸손한 마음으로 각각 자기보다 남을 낫게 여기고 각각 자기 일을 돌아볼뿐더러 또한 각각 다른 사람들의 일을 돌아보아 나의 기쁨을 충만케 하라(빌 2:3-4).

우리는 갈등이 있을 때 자신의 시각에만 갇혀 상대방의 관점을 이해하지 못할 때가 많다. 우리가 만일 자녀의 말에 좀 더 귀를 기울였다면 문제는 속히 해결될 것이다. 언쟁 중에도 남의 말에는 귀 기울이지 않고 그저 반론할 생각에만 집중할 것이다.

성경은 늘 다른 이의 안위를 우리의 안위보다 더 중요하게 생각해야 한다고 가르친다. 이것이 바로 화목의 열쇠다. 다니엘과 그의 친구들은 제사로 받혀진 바벨론의 부정한 음식을 거부했을 때, 환관장이 그들이 앙상하게 뼈만 남는다면 자신이 벌을 받게 될 것을 두려하는 것을 알아채고, 서로가 만족할 만한 해결책을 내놓았다.

며느리가 어째서 당신을 만나기 싫어하는지 알고 있는가?

아들이 왜 자꾸 당신에게 압박을 느낀다고 말하는지 알고 있는가?

혼자만의 독선적인 시각에 머물지 말고 늘 주위 사람을 이해하고 도우려고 노력하라.

6. 죄를 지적해야 할 경우에는 온유하게 그리고 조심스럽게 하라

다음의 말씀을 기억하라.

> 사람이 만일 무슨 범죄한 일이 드러나거든 신령한 너희는 온유한 심령으로 그러한 자를 바로잡고 너 자신을 살펴보아 너도 시험을 받을까 두려워하라(갈 6:1).

결혼한 자녀와 자녀의 배우자에게 지적할 일이 생긴다면, 당신의 훈계가 개인적인 감정이 아닌 성경에 근거를 두고 있는지 먼저 확인하라.

자녀에게 말을 하기 전에, 하나님께 당신의 말을 축복해주시고 관계가 원만해지도록 도와주시고 당신의 말을 들을 사람의 마음을 준비시켜 달라고 기도하라.

자녀에게 어떤 말을 어떻게 해야 할지 신중하게 계획하라(잠 16:21; 25:11). 남의 잘못을 지적하여 바른 길로 가도록 고쳐주는 것은 사람의 눈에서 티를 제거하는 것과 같다고 예수 그리스도는 말씀하셨다(마 7:5). 이 일은 그만큼 매우 조심스럽다는 것이다.

또한 당신이 당신의 자녀를 변화시키거나 통제할 수 없다는 것을 기억하라. 당신의 소망은 언제나 변화를 일으키시는 하나님의 은혜에 있어야 한다.

7. 당신 혼자 힘으로는 화해할 수 없다

할 수 있거든 너희로서는 모든 사람과 더불어 화목하라(롬 12:18).

우리는 화평을 추구하기 위해 최선을 다하라는 명령을 받았다. 하지만 때로 평화는 우리의 손이 닿지 않는 곳에 있기도 하다. 시부모와 사위, 며느리 관계가 수년간 서먹한 경우도 많다. 심지어 지인 중에 자녀에게 의절당한 부모도 있다. 그 부부는 자녀와 손자들의 생일 카드와 결혼기념일 축하 카드를 매년 보내지만, 그들은 열어보지도 않고 되돌려 보낸다. 이것은 굉장히 가슴 아픈 일이지만, 이런 상황에 처했다면 포기하지 말고 하나님이 주실 평화를 간구하라. 그리고 하나님의 평화가 그들의 마음을 열고 화해를 가져올 수 있도록 계속 기도하라.

부록 B

뒤바뀐 역할: 부모를 돌보는 자녀

올해로 50세가 된 에드워드(Edward)는 언제나 착한 아들이었다. 그는 적어도 일주일에 한 번은 부모님을 찾아뵙고 별 일 없는지 확인하기 위해 매일 밤 부모님께 전화를 드리고 매주 토요일 오후를 부모님을 도우며 시간을 보냈다. 2년 전에는 부모님이 재정 관리에 서투른 것을 알고 그들의 재정까지 관리했었다. 이제는 아버지의 치매와 건강 문제 때문에 더 이상 부모님이 홀로 지낼 수 없다고 판단했다.

에드워드는 부모님을 집으로 모시고 싶어 하지만, 아내 나타샤(Natasha)는 아직 확신이 서질 않는다. 남편은 이미 많은 시간을 부모님과 함께 보내고 있기 때문에, 만약 시부모님이 집으로 들어온다면 집안 분위기가 온통 시부모 중심으로 돌아갈 것을 염려하는 것이다. 또한 에드워드의 누이 크리스티(Christie)로 인해 갈등이 생기기 시작했다. 여태껏 자기중심적인 삶을 살면서 부모님 일에는 관심조차 보이지 않다가, 갑작스럽게 모든 중대한 결정에 자신도 관여해야 한다고 주장하는 것이다. 게다가 오빠 에드워드가 부모님의 재산을 관리하면서 몰래 장부를 조작하거나 관리인의 권한을 남용하고 있다고 은근히 눈치를 주는 말을 했기 때문이다. 항상 부모님을 위해 "올바른 일"만 해온 에드워드는 부모님 일에는 관심도 없이 사고만치는 여동생의 그런 태도에 너무나 화가 나서 다 포기하고 싶을 지경까지 이르렀다.

하지만 에드워드는 여전히 부모님에게 도움이 필요하다는 것을 알고 있기에, 이제 정확히 어떤 방식으로 이 일을 해결해야 할지 고민하고 있다.

1. 부모를 공경하라

이 책을 통해 우리는 성인 자녀가 부모의 통제로부터 자유로워지기는 하지만, 여전히 부모를 공경해야 할 책임이 있다는 것을 함께 살펴보았다(출 20:12). 자녀가 중대한 결정을 내리기 전 부모의 조언을 구하는 것도 부모를 공경하는 하나의 방법이다. 자주 찾아뵙고 전화를 드리는 것도 사랑과 존경의 마음을 보여주는 것이다. 이런 공경의 행위는 평생 기억에 남을 추억을 만들며 자녀와 손자들과의 깊고 친밀한 관계를 형성할 기회가 된다. 성인 자녀가 자라면서 더욱 성숙한 어른이 되었을 때, 부모님이 얼마나 자신을 힘들게 키우셨는지 깨닫고 감사하게 될 것이다.

2. 부모의 필요를 충족시켜 드림으로써 공경을 표하라

자녀가 떠나고 난 뒤 이제야말로 자유를 만끽할 시간이라고 기대하지만, 이 시기야말로 늙어가는 부모님이 우리의 도움을 절실히 필요로 하는 시기이다. 우리는 부모를 공경할 의무를 가지고 있다고 예수 그리스도께서 가르치셨다. 여기에는 부모님의 물질적인 필요가 충족되도록 보장해 드리는 것이 포함되어 있다. 예수 그리스도는 하나님께 드릴 헌물을 핑계로 부모를 섬기는 의무를 피하려 했던 바리새인들을 강하게 꾸짖으셨다(마 15:3-6).

그리스도는 십자가에서 죽으실 때 더 이상 인간으로서 어머니를 돌볼 수 없음을 아시고 어머니가 물질적 보살핌을 받으실 수 있도록 사랑하는 친구, 사도 요한에게 어머니를 부탁했고 요한은 예수님의 어머니를 자신의 집으로 모심으로써(요 19:26-27) 부모 공경의 율법까지 성취하셨다.

사도 바울은 과부된 어머니와 할머니가 있다면 자녀와 손주들이 교회에 도움을 청하기 전에 먼저 그들을 경제적으로 돌보고 지원하라고 명령한다(딤전 5:4). 사실 바울은 이 기본적인 가족의 의무를 행하지 않는 것이 불신자보다도 더 나쁘다고 정죄한다(딤전 5:8).

안타깝게도 현대의 기독교 문화는 성경적 가치로부터 급속하게 멀어지고 있다. 노인을 돌보는 책임이 가족에서 국가로 옮겨가고 있으며 대부분의 성인 자녀는 늙은 부모에게 필요한 것을 공급하는 것이 정부의 일이라고 당연하게 생각한다. 설령 물리적인 필요가 기관에 의해 채워지고 있다 하더라도 여전히 외로움에 고통 받는 노인이 많다. 자녀들은 자신의 가정과 직장 일로 너무 바쁘기 때문에 늙어가는 부모를 위해 보낼 시간이 별로 없다. 그들은 부모가 물질적인 필요가 채워지고 있으니 자신들의 방문은 필요 없을 것이라고 당연히 생각한다.

우리 사회가 오로지 자신의 이익에만 열중하다 보면 노인들만 고통을 받게 된다. 뱃속의 태아가 자신이 원하는 삶에 방해가 된다면 낙태시키라고 배운 현 세대는 이제 삶에 방해가 되는 노인들을 어떻게 처리해야 할지 고민한다.[1]

베이비부머(baby boomer) 세대가 은퇴할 연령이 되었기 때문에 앞으로 노인 인구가 훨씬 많아질 것이다. 고령화 시대가 되면서 노인 연금, 의료 보험 그리고 노인을 위한 여러 제도의 기금을 내는 세금 납부자들이 줄어 들 것이다. 계속 치솟는 의료비는 안락사나 치료 유보를 통해서 해결하자는 압박도 증가할 것이다.[2] 현재 정계는 제한된 자원을 어차피 오래 살지 못할 비생산적인 노인들에게 낭비하는 것이 괜찮은지 의문을 품고 있다.

---

[1] "미성년 자녀들을 돌보지 않는 '게으름뱅이' 부모에게는 경멸을 퍼부으면서, 연약한 부모를 돌보지 않는 성인 자녀는 너그러이 봐주는 이유가 무엇일까? 아마도 자녀를 돌보는 일은 아무리 기저귀를 수시로 갈고 아이를 씻기는 힘든 일을 한다 하더라도 즐겁지만, 늙는다는 것은 말로 다할 수 없는 서글픔과 냉대가 연관되어 있기 때문일 것이다. 어쩌면 그것은 죽음과 맞닥뜨리고 싶지 않은 우리 마음과도 관련이 있을 것이다… 만성적인 병을 앓고 있거나 노쇠한 부모를 돌보는 일은 성인 자녀들에게는 참을 수 없을 만큼 고통스럽다. 세속적인 세상은…죽음을 시야 밖으로 치워버리려 한다. 즉 두꺼운 벽 속의 병원과 형식적인 의사, 간호사와 장례식장 직원들…의 처리에 맡겨 버리려 한다. 부모를 공경하고 사랑하라는 명령에는 특정한 기간을 두지 않는다. 그리스도께서 우리를 사랑하셨던 것처럼 다른 사람들을 사랑할 기회를 우리에게 주기 때문이다." Mollie Ziegler Hemingway, "'Honor thy Father' for Grownups," *Christianity Today*, July 1, 2009, http://www.christianitytoday.com/ct/2009/july/12.52.html.

[2] 아마 "조부모는 모두 필요한 사람"(Every grandparent a wanted grandparent)이라는 피켓을 들고 다니는 사람들의 항의가 있을 것이다.

3. 크리스천에게는 세상의 빛이 될 기회가 있다

초기 크리스천들이 고아들을 돌보아줌으로써 생명의 가치와 인간애를 보였던 것처럼,³ 우리에게도 연로한 가족을 돌보면서 예수 그리스도의 빛을 세상에 비출 기회가 주어졌다. 많은 기독교 가정들이 과부가 된 할머니나 병약한 할아버지를 집으로 모셔 마지막 남은 생애를 사랑하는 이들과 함께 살 수 있도록 도와주고 있다. 부모가 아직도 혼자서 지낼 수 있는 사람들은 그들을 자주 찾아뵙고 집안일을 돕기도 한다.

이러한 사랑은 예수 그리스도의 희생적 사랑과 유사하다. 그리스도는 자신의 시간, 안락함, 사생활, 재물 모두를 다른 이를 사랑하기 위해 아낌없이 희생하셨다. 노부모를 돌보는 것은 매우 힘든 일이다. 특히 몸이 불편하신 분을 돌보는 경우는 더더욱 그렇다. 그러나 우리는 사랑을 받았기 때문에 사랑을 줄 수 있다(요일 4:19).

4. 제한 사항 받아들이기

연로한 부모가 자녀의 집으로 들어오면, 이제는 자신의 아들이나 사위가 그 집안의 가장이라는 점을 인식해야 한다. 노부모는 아무런 간섭 없이 오랫동안 편하게 살아왔을지라도, 이제는

---

3 Elizabeth Lev, "The Return of Infanticide, Infant Exposure," *Catholic Online*, September 5, 2008, http://www.catholic.org/politics/story.php?id=29115.

가장의 권위 아래에서 생활을 해야 한다. 아무리 자녀를 사랑한다 하더라도, 이러한 관계의 변화에는 누구든지 어려움이 따를 것이다.

노인들이 직면하는 가장 어려운 문제는 새로운 제한 사항들을 받아들이는 일이다. 그들은 더 이상 혼자 살수도 없고, 운전도 못하고 재정 관리도 할 수 없다는 것을 인정하기 어려워한다. 또한 가족 안에서 대접만 받는 것이 아니라 남들을 배려해야만 하는 위치에 놓여지게 되며(마 7:12) 만일 골치 아픈 초기 치매증상 치료를 받아야 한다면, 예전처럼 기억이 잘 나지 않는다는 것 때문에 짜증이 날 것이다. 그리고 언젠가는 무엇을 결정할 때 주위의 사랑하는 이들에게 의지해야 할 때가 올 것이다.

이러한 인생의 상실과 허탈감을 극복하는 길은, 모든 주권을 가지신 하나님이 우리에게 모든 것을 주셨던 것처럼 다시 모든 것을 가져가신다고 생각하면 된다(욥 1:21). 크리스천에게는 모든 것이 임시적이라는 기쁜 소식을 기억해야 한다. 우리의 소망은 언젠가 연약한 몸에서 벗어나 예수 그리스도의 영광스러운 몸과 같이 부활할 것이다(빌 3:20-21). 이 약속만으로도 우리는 사망의 음침한 골짜기를 건너갈 수 있다. 그것이 치매와 같이 서서히 죽어가는 병일지라도 말이다.

간혹 연로하신 부모를 둔 자녀가 도움을 거절하는 부모를 어떻게 설득해야 하는지 조언을 구하러 온다. 자녀는 홀로 지내는 부모가 염려되고, 주위 사람들도 그들이 염려된다(혹여 운전을 하지 말아야할 사람이 운전을 한다면). 부모를 억지로 현명하게 만들 수도 없기 때문에 자녀는 이때 자신의 능력의 한계를 받아들여야 한다. 만약 모든 일을 억지로 하다 보면 오히려 관계만 서먹해질 것이다. 연로하신 부모가 중대한 위험에 처하지 않은 이상, 하나님을 믿고 기다려보는 수밖에 없다.

또 다른 큰 문제는 형제간의 갈등이다. 부모를 모시고 사는 자녀는, 다른 형제들은 모두 뒷짐 지고 모른 척 하는데 자신만 모든 짐을 짊어진 기분이 들 수 있다. 멀리 사는 자녀는 혹시 부모와 가깝게 지내는 형제가 모든 유산을 챙기는 것은 아닐까 걱정하게 된다. 이런 상황을 피하기 위해서 형제간의 의사소통은 물론이고, 모든 일은 반드시 성경적으로 처리해야 된다. 그것은 항상 긍정적으로 생각하며(고전 13:7), 사소한 허물을 덮어주며(벧전 4:8), 다른 사람의 유익을 자신의 유익보다 더 중요하게 생각해야 하는(빌 2:3-4)것이다.

이런 문제 속에서 믿음을 갖고 살아가는 것은 어쩌면 너무 힘든 일로 보일 수도 있다. 노부모를 모시는 일과 당신의 기본적인 책임(배우자, 자녀, 분가한 자녀)을 저울질하는 것은 때론 감당하기 힘든 일일 것이다. 그러니 당신의 목사나 교회 지인에게 성경적 상담을 받는 것을 권면하는 바이다. 문제를 직시하고 성경적으로 해석하는 지혜를 얻기 바란다. 책 뒤에 "도움이 되는 자료"를 몇 가지 추천했으니 참고하기 바란다.

부록 C

역사상 최고의 뉴스
by 엘리제 핏츠패트릭

　나는 스물한 번째 생일이 되기 전, 그해 여름까지도 복음을 전혀 이해하지 못했다. 비록 유년기에는 가끔 교회에 다니기는 했지만 나의 신앙에는 큰 변화가 없었다. 끌려가다시피 주일학교에 가서 예수님에 대한 이야기를 듣기도 했고, 완전하게 이해는 할 수 없었지만 크리스마스와 부활절의 중요성에 대해서도 알고 있었다. 어릴 적 나는 정원의 문을 두드리는 예수님의 모습이 그려져 있는 크렌베리 열매의 붉은 빛과 밝은 하늘색이 아름답게 어우러진 교회 유리창을 보면서 신앙을 갖는다는 것은 좋은 것이라고 막연히 느꼈던 기억이 난다. 그러나 나는 복음에 대해서는 기본적인 개념조차 가지고 있지 못했다.
　사춘기가 막 시작되던 시절, 내가 기억할 수 있는 감정들은 낙심과 분노뿐이었다. 나는 언제나 말썽을 피웠고, 그러한 나를 지적하는 사람이라면 누구나 증오했다. 매일 밤, 착하게 살 것을 다짐했고 좀 더 구체적으로 말하자면 그동안 내가 피웠던 말썽에서 벗어나 완전히 새롭게 시작할 것을 다짐하는 기도를 했던 적도 있었다. 그러나 다음날 나는 곧 실패했고, 그런 나 자신에 대해 더 실망하고 더 화가 났다.

열일곱 살에 고등학교를 졸업한 후, 나는 결혼을 했고 아이를 임신했고 그리고 이혼을 했다. 내 인생의 20년이 되기도 전에 이미 모든 것이 일어났다. 나는 그 후, 수년간은 마약과 알코올, 부정한 관계가 가져오는 마취 효과를 즐기며 살았다. 비록 내가 파티를 좋아하는 재미있는 여자애로 알려지기는 했지만, 나의 방황은 끝이 없었고 내 안에는 기쁨이 없었다.

언젠가 한 친구에게 나는 이미 50살이 된 것 같은 기분이 든다고 말했다. 그 당시 나는 50살이 내 인생에 있어 마지막 시기라고 생각했던 것 같다. 완전히 기진맥진한 상태로 내 삶에 구역질이 났다. 그래서 나는 내 자신을 개선시키기로 결심했다. 하루 여덟 시간 일하는 정규 직업을 가졌고, 내가 살고 있던 도시의 가장 평범한 대학에서 많은 과목을 수강하며 아들을 직접 키웠다. 나의 생활 패턴을 바꾸었고 모든 것을 새로 시작하기 위해 노력했다.

하지만 그런 가운데서도 내 안에서 역사하시는 성령님과 그리스도 예수께로 인도하시는 그분의 역사를 전혀 깨닫지 못했다. 그저 무엇인가 달라져야 한다는 것만 알고 있었을 뿐이다. 오해하지 말기 바란다. 나는 여전히 부끄러울 만큼 악한 삶을 살고 있었다. 그저 뭔가 다른 것을 시작하고 싶다는 기분이 들 뿐이었다.

그 때 줄리(Julie)가 내 인생의 문을 두드렸다. 줄리는 이웃에 사는 크리스천이었다. 줄리는 나를 친절히 대해 주었고 우리는 곧 친구가 되었다. 줄리에게는 나를 끌어당기는 무언가가 있었다. 그리고 항상 구주 예수님에 대해서 이야기했고 나를 위해 기도하고 있다는 것을 알려주었다. 그리고는 항상 "구원받으라"는 말로 나를 격려해 주었다. 나는 비록 앞서 잠깐 소개할 정도의 주일학교 훈련을 받았지만, 그녀가 들려주는 이야기들은 내가 기억하고 있던 것과는 무엇인가 전혀 다른 것이었다. 그것은 내가 거듭나야한다는 것이었다.

1971년 6월 어느 무더운 날 밤, 작은 아파트에서 나는 무릎을 꿇고 주님의 소유가 되고 싶다고 기도했다. 그 당시 나는 복음에 대해서 많이 알고 있지는 못했지만 이것만은 알고 있었다. 물론 자포자기의 상태에 있던 나였지만, 오직 주님만이 이런 나를 도와주실 수 있는 분이심을 믿고 있었다는 것이다.

그날 밤 그 기도가 나의 모든 것을 바꾸어 놓았다. 35년 후인 지금도 나는 그 일을 마치 어제의 일처럼 생생하게 기억하고 있다. 그날 밤 나는 내가 구원받아야 한다는 것을 알았고, 오직 그 분만이 나를 구원하실 수 있다는 것을 믿었다.

예수님을 따르는 사람들을 만났던 한 남자가 이와 똑같은 질문을 했던 사건을 성경은 기록하고 있다.

"내가 어떻게 하여야 구원을 얻으리이까?"

그 대답은 간단했다.

"주 예수를 믿으라. 그러면 네가 구원을 얻으리라."

매우 간단하다. 크리스천이 되기 위하여 당신은 무엇을 믿어야 하는가? 당신은 구원과 도움과 혹은 구조가 필요하다는 것을 알 필요가 있다. 하나님을 감동시키기 위해 자신을 바꾸려 하거나 도덕적으로 완벽한 인간이 되려고 애써서는 안 된다. 하나님은 거룩하신 분이시며, 다시 말해 도덕적으로 완벽하신 분이시므로, 그분의 기준을 만족시켜드릴 만큼 스스로 충분히 선해질 수 있다는 생각을 완전히 포기해야만 한다.

이것은 나쁜 소식이며 또한 좋은 소식이다. 이 소식은 당신 스스로는 변할 수 없다는 불가능의 상황에 있다는 것을 알려주기 때문에 나쁜 소식이다. 하지만 결국에는 실패로 끝나버릴 수밖에 없는 자신의 끊임없는 노력으로부터 당신을 완전히 해방시켜 주기 때문에 이는 좋은 소식이다.

또한 당신이 할 수 없는 것, 즉 완벽하게 거룩한 삶을 살아야 한다는 사실을 오직 당신을 위해 하나님이 이루어 놓으셨다는 것을 믿어야 한다.

이것은 매우 복되고 복된 소식이다.

이것이 복음이다.

기본적으로 복음이란, 하나님께서 시간의 흐름 속에서 어떻게 자기 백성을 지키시고 어떻게 그들에 대한 자기 사랑을 확정하셨는지에 대한 이야기이다. 특정 시점에 하나님은 자기 아들을 세상에 보내시고 우리와 같은 사람이 되게 하셨다. 이는 우리가 크리스마스 때 듣는 이야기이다. 이 아기는 자라서 성인이 되어 30년 동안 세상에 알리지 않았던 자신이 과연 누구인가를 세상 사람들에게 알리기 시작했다.

예수님은 기적을 행하심으로, 병자들을 고치심으로, 죽은 자를 살리심으로 자신이 누구인지 보여 주셨다. 또한 사람들에게 하나님께서 그들에게 무엇을 요구하고 계시는지를 가르치심으로써, 자신의 신성을 나타내셨다. 그리고 앞으로 있을 자신의 죽음과 부활을 계속하여 예언하셨다. 그리고 자신이 곧 하나님이심을 선포하셨다.

자신이 곧 하나님이심을 말씀하심이 당시의 정치 권력자들과 종교 지도자들의 분노를 일으켰고, 이들은 결국 예수님께 부당한 사형 선고를 내렸다. 비록 예수님은 전혀 죄가 없는 분이셨지만 채찍에 맞으셨고, 조롱을 받으셨으며, 수치스런 십자가 형벌을 당하셨고, 마침내 죽으셨다. 비록 그분은 실패한 것처럼 보였지만, 사실 이것이 처음부터 하나님께서 세우신 계획이었다.

십자가에서 내려진 그분의 시신은 동산에 있는 바위 무덤 속에 안치되었다. 3일 후에 예수님을 따르던 몇 명이 그분의 무덤을 찾았다가 예수님이 죽음에서 부활하셨다는 사실을 알게 되었다. 그들은 다시 살아나신 예수님과 이야기를 했고, 그분을 만져 보았고, 그분과 함께 먹었다.

이것이 부활절을 기념하는 이야기이다. 40일 후에, 예수님은 다시 하늘로 올림을 받으셨다. 여전히 그분은 육체를 가지고 계셨으며 그의 제자들에게 자신이 올라간 똑같은 방식으로 이 땅에 다시 돌아오실 것을 말씀하셨다.

나는 당신이 알고 믿어야 할 것이 두 가지 있다고 말했다.

첫째, 당신은 인간 스스로가 결코 충족시킬 수 없는 중대한 도움을 필요로 하고 있다는 것이다.

둘째, 예수 그리스도가 그 도움을 주실 분이시며 만일 당신이 그분께 나아가면 그분은 당신을 외면하지 않으실 것을 믿어야 하는 것이다. 우리는 그 이상 더 많은 것을 알 필요가 없다. 그리고 만일 이 진리를 진정으로 믿는다면, 당신의 삶은 그분의 사랑으로 변화될 것이다.

당신을 위해 몇 개의 성경 구절을 적어 보았다. 각 성경 구절을 읽어가면서 하나님이 마치 당신 바로 옆에 계시는 것처럼 하나님께 말을 해봐라(왜냐하면 하나님은 어디에나 계시기 때문에). 그리고 깨달을 수 있도록 도움을 구하라. 그분의 전적인 도움은 완벽히 이해할 수 있는 당신의 이해력이나 당신의 능력과는 상관없음을 기억하라. 당신이 하나님을 신뢰할 때, 그분은 당신을 도우실 것이라고 약속하셨다. 그것이 지금으로서 당신이 알아야 할 전부다.

모든 사람이 죄를 범하였으매 하나님의 영광에 이르지 못하더니(롬 3:23).

죄의 삯은 사망이요 하나님의 은사는 그리스도 예수 우리 주 안에 있는 영생이니라(롬 6:23).

우리가 아직 연약할 때에 기약대로 그리스도께서 경건하지 않은 자를 위하여 죽으셨도다 의인을 위하여 죽는 자가 쉽지 않고 선인을 위하여 용감히 죽는 자가 혹 있거니와 우리가 아직 죄인 되었을 때에 그리스도께서 우리를 위하여 죽으심으로 하나님께서 우리에 대한 자기의 사랑을 확증하셨느니라(롬 5:6-8).

하나님이 죄를 알지도 못하신 이를 우리를 대신하여 죄로 삼으신 것은 우리로 하여금 그 안에서 하나님의 의가 되게 하려 하심이라(고후 5:21).

네가 만일 네 입으로 예수를 주로 시인하며 또 하나님께서 그를 죽은 자 가운데서 살리신 것을 네 마음에 믿으면 구원을 받으리라 사람이 마음으로 믿어 의에 이르고 입으로 시인하여 구원에 이르느니라 성경에 이르되 누구든지 그를 믿는 자는 부끄러움을 당하지 아니하리라 하니 유대인이나 헬라인이나 차별이 없음이라 한 분이신 주께서 모든 사람의 주가 되사 그를 부르는 모든 사람에게 부요하시도다 누구든지 주의 이름을 부르는 자는 구원을 받으리라(롬 10:9-13).

아버지께서 내게 주시는 자는 다 내게로 올 것이요 내게 오는 자는 내가 결코 내쫓지 아니하리라(요 6:37).

그런즉 누구든지 그리스도 안에 있으면 새로운 피조물이라 이전 것은 지나갔으니 보라 새 것이 되었도다(고후 5:17).

수고하고 무거운 짐 진 자들아 다 내게로 오라 내가 너희를 쉬게 하리라 나는 마음이 온유하고 겸손하니 나의 멍에를 메고 내게 배우라 그리하면 너희 마음이 쉼을 얻으리니 이는 내 멍에는 쉽고 내 짐은 가벼움이라 하시니라(마 11:28-30).

그러므로 이제 그리스도 예수 안에 있는 자에게는 결코 정죄함이 없나니(롬 8:1).

원한다면 다음과 같이 하나님께 기도를 드려라.

"사랑하는 하나님, 나 스스로는 이 모든 것을 완전히 이해하지 못한다는 것을 인정합니다. 하지만 저에게 도움이 절실히 필요하다는 것과 하나님은 저를 도우시기를 원한다는 것, 이 두 가지를 진심으로 믿습니다. 저도 엘리제처럼, 제가 어려움을 겪고 있거나 저 자신이 형편없다는 생각이 들 때를 제외하고는 제 평생 하나님을 무시해왔음을 고백합니다. 그리고 제가 하나님도, 내 이웃도 사랑하지 않았다는 것을 고백합니다. 저는 벌을 받아 마땅하며 정말로 도움이 필요한 사람임을 고백합니다. 하지만 저는 하나님이 저를 도우시기 위하여 이 순간까지 인도하시고 이 글을 읽게 하셨음을 믿습니다. 만일 제가 하나님께 도움을 구한다면, 하나님은 저를 빈손으로 돌려보내지 않으실 것도 믿습니다. 하나님이 저를 위하여 독생자 예수님을 어떻게 하셨는지 그리고 그 아들이 치른 희생 때문에 제가 하나님과 어떤 관계를 가질 수 있게 되었는지를 이제 이해하기 시작했습니다. 아버지, 저를 좋은 교회로 인도하여 주시고 하나님의 말씀을 이해하도록 도와주십시오. 저의 삶을 당신께 드립니다. 그리고 제가 하나님의 소유가 되기를 간구합니다. 예수님의 이름으로 기도합니다. 아멘."

여기서 생각해야 할 것이 두 가지 더 있다.

첫째, 예수님은 그분의 선하심으로 교회를 세우시고, 우리에게 용기를 주시어 이 두 가지 진리를 이해하고 이 진리대로 살아가도록 도와주신다. 당신에게 도움이 필요하다는 것과 예수님이 그 도움을 공급해 주실 수 있다는 것이 믿어진다면, 또는 아직 의문이 들기는 하지만 좀 더 알기를 원한다면, 동네에 있는 좋은 교회를 찾아가 하나님과의 만남을 시작해보라.

좋은 교회는 우리 자신의 선한 행위로는 스스로를 결코 구원할 수 없다는 것을 인정하는 교회이며, 이 구원은 오직 예수 그리스도만(그리고 그 밖에는 그 누구도 없음)을 전적으로 의지할 때 얻을 수 있음을 믿는 교회다.

전화를 걸어 이 질문을 직접할 수도 있다. 또는 인터넷에 들어가 지역 교회 리스트를 찾아 볼 수도 있다. 보통 교회는 "우리는 이것을 믿는다"와 같은 신조를 웹사이트에 올려놓을 것이다. 그것을 통해 교회에 관한 정보를 얻을 수 있을 것이다. 몰몬교나 여호와의 증인은 기독교가 아니다. (자신들은 기독교라고 말할지 모르지만) 그들은 복음을 믿지 않는다. 좋은 교회를 찾는 것은 때로 쉽지 않은 과정이다. 그러니 당장 찾지 못한다 하더라도 실망하지 말라. 계속해서 찾아보면서, 하나님께서 당신을 도우실 것을 믿으라.

둘째, 새로운 믿음 생활에서 성장해 가는 데 도움이 되는 또 하나의 요인은 그분의 말씀, 즉 하나님 자기 자신에 관한 것과 우리에 관한 것이 기록된 성경을 읽기 시작하는 것이다.

(성경의 마지막 1/3쯤 되는 부분인) 신약성경에서는 예수님의 생애에 관한 네 개의 복음서가 기록되어 있다. 그중 첫 번째 복음서인 마태복음을 먼저 읽어보라고 권하고 싶다. 그런 다음 다른 세 복음서도 읽어 나가라. ESV 영어 성경과 같은 좋은 현대 번역본을 구입할 것을 권하고 싶다. 그렇지만 본인에게 편한 번역본을

구입하여 지체하지 말고 읽어나가기 시작하라.

만일 이 책을 통해 예수님을 따르기 원한다면, 당신에게 하고 싶은 마지막 부탁은, 나의 웹사이트 www.elysefitzpatrick.com를 통해서 나를 만나달라는 것이다.

시간을 내어서 당신이 듣게 된 많은 소식 중 가장 중요한 설명을 들어주어 너무나 감사하다. 이제 당신은 성경을 읽을 수 있고 또 주께서 당신의 이해를 도우실 것을 믿을 수 있게 되었다. 이제 당신은 주님께서 원하시는 그런 사람이 될 수 있으며 측량할 수 없는 그분의 사랑이 당신의 정체성과 당신의 인생 모두를 바꾸어 놓을 것이다.

부록 D

성인 자녀와 맺을 수 있는 계약서 샘플

기본적인 요구사항

1. 자녀는 일주일에 최소 50시간 생산적인 일(학교, 직장, 집안일, 자원봉사 등)을 해야 한다(엡 20:8-9; 살후 3:10-12; 잠 6:6, 9-11).

2. 자녀는 부모 집에서 생활하는 동안은 부모와 합의한 명확한 목적(교육, 저축 등)을 갖고 있어야 한다(잠 21:5).

3. 자녀는 부모와 다른 가족을 존중해야 한다(출 20:12; 잠 30:17; 마 7:12).

4. 자녀는 외출할 때 최소한 어디에 가며 언제쯤 귀가 하는지 그리고 저녁식사는 같이 할 것인지 부모에게 알려야 한다.

만일 늦게 들어오는 경우에는 이미 잠자리에 든 사람이 방해받지 않도록 최대한 배려해야 한다(빌 2:3-4).

5. 자녀는 집안 정돈을 도울 것이고, 특히 공동으로 쓰는 공간과 자신의 방은 항상 깨끗하게 유지해야 한다. 또한 집안일에도 협력해야 한다(롬 15:2-3; 잠 10:5).

6. 자녀는 집에서든 밖에서든 불법이나 부도덕한 행위(성적 문란함, 과도한 음주, 음란물 등)에 일절 가담하지 않아야 한다(살전 5:7; 히 13:4; 잠 20:1; 23:29-35; 롬 13:14).

7. 자녀에게는 재정적으로 책임져야 할 의무(자녀 몫의 생활비와 방세를 지불해야 된다)가 있다(잠 22:7).

8. 가장 중요한 것은 신뢰다. 자녀는 부모에게 정직해야 된다. 부모에게 거짓을 고하는 것은 부모를 대적하는 것이고, 그렇게 행동한다면 함께 생활할 수 없다(엡 4:25).

늘 말썽을 부리는 자녀를 위한 계약서 견본

1. 자녀는 부모의 요구에 따라 언제든지 마약과 음주 테스트를 받을 수 있다.

2. 자녀는 매주 토요일 저녁까지 일주일간의 생활 보고서를 부모에게 제출한다.

3. 자녀는 소득과 지출을 기록할 것이며 부모와 합의한 대로 빚을 갚아나갈 것이다.

요구사항을 어겼을 시(갈 6:7)

1. 집안일 추가.
2. 벌금: 예를 들어, 거실에 물건을 어질러 놓을 때(1만원), 방을 어지럽혔을 때(1만원), 일주일 동안 생산적인 시간을 50시간 채우지 못했을 때(1만 5천원).
3. 상환: 예를 들어, 대학이나 직업훈련 교육에서 낙제를 한다면 수업료를 부모에게 돌려줘야 한다.
4. 휴대폰, 컴퓨터, 인터넷 사용 금지, 자동차 몰수 등.
5. 부모가 정한 규칙을 따르지 않거나 규칙을 어겼을 때의 결과에 순응하지 않는다면, 자녀는 부모의 집에서 더 이상 살지 못한다.

부모가 자녀에게 지킬 사항

1. 우리는 언제나 요구사항을 명확하게 전달할 것이다.
2. 우리는 분노로 인한 잔소리, 꾸중, 훈계를 하지 않을 것이다(마 5:21-22; 잠 25:28; 약 1:19).
3. 갈등 문제를 다룰 때 우리는 성경적 원칙을 적용할 것이다.
4. 우리는 자녀의 삶의 사소한 것을 통제하지 않고, 같은 성인으로서 자녀를 존중할 것이다.

5. 우리는 자녀의 말에 귀를 기울일 것이다(잠 20:5; 야 1:19).

6. 우리가 잘못을 하면 그 잘못을 인정할 것이다(마 5:23-24).

7. 우리는 언제나 긍정적인 시각으로 자녀를 대할 것이다(고 13:7).

8. 우리는 우리의 가정이 기쁨과 즐거움이 넘치는 곳으로 만들기 위해 노력할 것이다.

참고자료

결혼생활

Harvey, Dave. When Sinners Say I Do: Discovering the Power of the Gospel for Marriage. Wapwallopen, PA: Shepherd Press, 2007.

Mack, Wayne. A Homework Manual for Biblical Living: Family and Marital Problems. Phillipsburg, NJ: P&R Publishing, 1980.

Mack, Wayne. Strengthening Your Marriage. Phillipsburg, NJ: P&R Publishing, 1999.

Mack, Wayne. Sweethearts for a Lifetime: Making the Most of Your Marriage. Phillipsburg, NJ: P&R Publishing, 2006.

Piper, John. This Momentary Marriage: A Parable of Permanence. Wheaton, IL: Crossway, 2009.

Ricucci, Gary. Love That Lasts: When Marriage Meets Grace. Wheaton, IL: Crossway, 2007.

남편의 역할

Priolo, Lou. The Complete Husband: A Practical Guide to Biblical Husbanding. Amityville, NY: Calvary Press, 2005.

Scott, Stuart, The Exemplary Husband: A Biblical Perspective. Bemidji, MN: Focus Publishing, 2002.

아내의 역할

Fitzpatrick, Elyse. Helper by Design: God's Perfect Plan for Women in Marriage. Chicago: IL: Moody Publishers, 2003.

Peace, Martha. The Excellent Wife: A Biblical Perspective. Bemidji, MN: Focus Publishing, 1999.

자녀양육

Fitzpatrick, Elyse, Jim Newheiser, and Laura Hendrickson. When Good Kids Make Bad Choices: Hope and Help for Hurting Parents. Eugene, OR: Harvest House Publishers, 2005.

Peace, Martha, and Stuart Scott. The Faithful Parent: A Biblical Guide to Raising a Family. Phillipsburg, NJ: P&R Publishing, 2010.

Ray, Bruce. Withhold Not Correction. Phillipsburg, NJ: P&R Publishing, 1978.

Tripp, Tedd. Shepherding a Child's Heart. Wapwallopen, PA: Shepherd Press, 1995.

Tripp, Paul. Age of Opportunity: A Biblical Guide to Parenting Teens. Phillipsburg, NJ: P&R Publishing, 2001.

노부모 돌보기

Fitzpatrick, Elyse. The Afternoon of Life: Finding Purpose and Joy in Midlife. Phillipsburg, NJ: P&R Publishing, 2004.

부모이길 포기하지 말라 You Never Stop Being a Parent

2012년 8월 15일 초판 발행

지은이 | 짐 뉴하이저 & 엘리제 핏츠패트릭
옮긴이 | 이영란 & 신보경

펴낸곳 | 개혁주의신학사
등록 | 제21-173호(1990. 7. 2)
주소 | 서울시 서초구 방배동 983-2
전화 | 02) 588-8546(본사) 031) 923-8762~3(영업부)
팩스 | 02) 597-1642(본사) 031) 923-8761(영업부)
홈페이지 | www.clcbook.com
이메일 | prpkor@gmail.com
온라인 | 기업은행 073-073466-01-010
　　　　 예금주: 개혁주의신학사

ISBN 978-89-7138-017-8(03230)
* 낙장 · 파본은 교환해 드립니다.

총판 | 사) 기독교문서선교회 clckor@gmail.com